中等职业学校"十二五"国际商务专业规划教

出入境报检业务操作

童宏祥　　主　编
彭　茵　童莉莉　副主编

上海财经大学出版社

图书在版编目(CIP)数据

出入境报检业务操作/童宏祥主编.—上海：上海财经大学出版社，2011.11
(中等职业学校"十二五"国际商务专业规划教材)
ISBN 978-7-5642-1197-4/F·1197

Ⅰ.①出… Ⅱ.①童… Ⅲ.①国境检疫-中国-中等专业学校-教材
Ⅳ.①R185.3

中国版本图书馆CIP数据核字(2011)第193867号

□ 封面设计　钱宇辰
□ 责任编辑　刘晓燕　刘　兵
□ 电　　话　021-65904706
□ 电子邮箱　exyliu@sina.com

CHURUJING BAOJIAN YEWU CAOZUO
出 入 境 报 检 业 务 操 作

童宏祥　　　主　编
彭　茵　童莉莉　副主编

上海财经大学出版社出版发行
(上海市武东路321号乙　邮编200434)
网　　址:http://www.sufep.com
电子邮箱:webmaster@sufep.com
全国新华书店经销
上海市印刷十厂印刷
上海远大印务发展有限公司装订
2011年11月第1版　2011年11月第1次印刷

700mm×960mm　1/16　15.25印张　307千字
印数:0 001—5 000　定价:27.00元

(本教材有电子课件和参考答案,欢迎与责任编辑联系)

总　序

教育部在《2010年国家级教学团队建设通知》中指出：探索教学团队在组织架构、运行机制、监督约束机制等方面的运行模式，改革教学内容和方法，开发教学资源，促进教学研讨和教学经验交流，推进教学工作传、帮、带，提高教师的教学水平。从2008年起，教学团队是以教研室、实训基地、研究所和教学基地等单位为组织形式，以课程、专业或专业群等形式为平台开展工作的。

本着教育部关于教学团队建设的有关精神，笔者试图探索教学团队的模式，建立以专业或专业群带头人命名的专业工作室。专业工作室的宗旨是在教育职能部门的指导下，贯彻《国家中长期教育改革和发展规划纲要》和《上海市中长期教育改革和发展规划纲要》的精神，以工作室为平台、以职业院校为依托，广泛吸收社会资源，结合专业或专业群的建设，探索职业教育专业人才培养模式，开展多视角、多层面的校企合作，提升职业教育的水平。

"童宏祥专业工作室"由职业院校（含应用型本科、高专高职、中职）、行业协会（中国对外贸易经济合作企业协会全国国际商务单证员考试中心、全国外经贸从业人员考试中心）、企业（国际商务有限公司、进出口有限公司、报关有限公司、物流有限公司、教学软件公司、生产企业）、出版社（上海财经大学出版社、复旦大学出版社）等单位的专家、教授、业务经理、软件工程师、编辑、骨干教师、操作层面的能工巧匠所构成，根据职业教育教学改革发展的要求，适时地组成若干项目组，开展专业教学研究、策划组编中高职国际商务专业系列教材、指导青年教师企业实践、开设专业讲座、研发专业教学实训软件、协办各级国际商务职业技能大赛、建立国际商务专业群实习基地、为学生提供实习和就业岗位。

本系列中等职业学校"十二五"国际商务专业规划教材主要包括：《国际贸易业务流程》、《外贸单证制作》、《进出口业务——外贸单证缮制综合练习》、《外贸跟单业务操作》、《外贸跟单业务操作练习与解答》、《出入境报检业务操作》、《进出口报关业务》、《国际商务法律法规应用实务》、《出口业务模拟实训操作》、《常用国际货运代理单证制作》、《商务旅游日语会话》等。

"童宏祥专业工作室"衷心希望为全国各中等职业学校国际商务专业建设提供一个交流、合作平台，愿与职业教育领域的同仁和企业界的朋友共同探索多元化校企合作的模式，真正实现专业工作室的奋斗目标。

童宏祥专业工作室

2011年8月

前 言

出入境报检业务操作主要涵盖了出入境过程中办理进出口货物与包装的报检、检验检疫以及对发货人和收货人监管等内容。随着我国对外贸易经济的迅猛发展，出入境报检业务的工作已显得尤为重要，并在报检公司、报关公司、进出口公司、外贸生产企业、国际货运代理公司、国际物流公司等企业中形成了独立的工作岗位。

《出入境报检业务操作》是中等职业学校国际商务、商务英语等专业的专业方向课程，是一门重要的职业技能课程。在近十多年的国际商务专业教学中，编者感到适应中职学校出入境报检业务操作的课程教材甚少，大多数学校只能选用高职的《报检实务》教材予以弥补。基于此现状，编写一本针对中职国际商务专业培养目标与检验检疫实际工作岗位要求的《出入境报检业务操作》的课程教材显得十分亟需。

面向学生的就业岗位、立足出入境检验检疫工作、突出出入境业务的工作过程、注重专业知识技能的培养，是编写《出入境报检业务操作》教材的基本理念。为此，本教材力求体现下列四方面的特色：

一是课程结构对接工作过程。本教材以我国进出口贸易业务为背景，突出检验检疫工作过程的主体地位，围绕进出口货物及运输包装这一主线，按照实际工作情境构建课程结构，形成一个比较完整的业务过程。

二是课程内容对接职业能力。本教材以项目为驱动，引用实际业务中的案例，通过"实例操作"的形式将专业知识与职业能力进行了有机衔接。本教材内容还融入了报检员资格认证的基本要求，学生学习完本书可以直接参加报检员资格认证考试。

三是课程知识对接最新法律。本教材不仅运用了2011年的有关检验检疫工作的法律法规，还介绍了2012年即将施行的有关检验检疫工作的行政法规，体现了知识的时效性和预先性。

四是课程结构对接学生认知特点。本教材根据业务的操作环节分成多个学习情境，每个学习情境按照中职学生的认知特点分成"项目背景"、"案例导入"、"学习指南"、"案例分析"、"实例操作"和"活动测评"六个模块，强调专业理论知识为业务操作服务，边讲边做，并在每个项目后设置思考与检测题，对专业知识技能起到复习与巩固的作用。

　　本书由童宏祥担任主编,彭茵、童莉莉任副主编,由童宏祥策划并负责总纂。具体编写的分工是:上海市工业技术学校副教授、高级讲师童宏祥(项目一、项目二、项目三),上海市商贸旅游学校副校长曾海霞(项目四),上海市群星职业学校高级教师彭茵(项目五),上海市服装进出口公司国际商务师卢叶敏(项目六),上海市工业技术学校高级讲师蒋学莺(项目七),上海市商业会计学校教师童莉莉(项目八、项目九),上海市商贸旅游学校教师胡娜(项目十),上海在野岛进出口公司总经理王善祥(项目十一)。由于笔者的水平有限,书中难免有错误或纰漏,恳请同行和专家不吝赐教。

编　者

2011 年 8 月

目　录

总　序 1

前　言 1

项目一　认识行业——出入境检验检疫工作 1
　学习情境一　了解检验检疫机构的发展轨迹 1
　学习情境二　明确检验检疫机构职能 4
　学习情境三　熟悉检验检疫工作内容 8
　　思考与检测 16
　　学习活动测评表 19

项目二　进入业界——报检企业的设立 20
　学习情境一　设立报检企业的工商登记 21
　学习情境二　报检企业的税务登记 28
　学习情境三　代理报检企业的报检注册登记 31
　　思考与检测 40
　　学习活动测评表 44

项目三　步入职场——报检员执业资格的确立 45
　学习情境一　取得报检员资格证书 45
　学习情境二　办理报检员注册 50
　　思考与检测 59
　　学习活动测评表 65

项目四　开展业务——一般货物出入境报检 ………………………………… 66
学习情境一　办理一般货物出境报检 …………………………………… 67
学习情境二　办理一般货物入境报检 …………………………………… 78
思考与检测 …………………………………………………………… 93
学习活动测评表 ……………………………………………………… 98

项目五　开展业务——玩具出入境报检 ……………………………………… 99
学习情境一　办理玩具出境货物报检 …………………………………… 99
学习情境二　办理玩具入境货物报检 …………………………………… 110
思考与检测 …………………………………………………………… 119
学习活动测评表 ……………………………………………………… 123

项目六　开展业务——食品出入境报检 …………………………………… 124
学习情境一　办理出境食品的报检 ……………………………………… 124
学习情境二　办理入境食品的报检 ……………………………………… 130
思考与检测 …………………………………………………………… 138
学习活动测评表 ……………………………………………………… 139

项目七　开展业务——化妆品出入境报检 ………………………………… 140
学习情境一　办理出境化妆品的报检 …………………………………… 140
学习情境二　办理入境化妆品的报检 …………………………………… 145
思考与检测 …………………………………………………………… 152
学习活动测评表 ……………………………………………………… 153

项目八　开展业务——动物及动物产品出入境报检 ……………………… 154
学习情境一　办理出境动物及动物产品的报检 ………………………… 154
学习情境二　办理入境动物及动物产品的报检 ………………………… 159
思考与检测 …………………………………………………………… 165
学习活动测评表 ……………………………………………………… 166

项目九　开展业务——木质包装出入境报检 ……………………………… 167
学习情境一　办理出境货物木质包装报检 ……………………………… 168
学习情境二　办理入境货物木质包装报检 ……………………………… 174
思考与检测 …………………………………………………………… 181
学习活动测评表 ……………………………………………………… 187

项目十　开展业务——集装箱出入境报检 ……………………………………… 188
　学习情境一　办理出境集装箱报检 …………………………………………… 188
　学习情境二　办理入境集装箱报检 …………………………………………… 197
　　思考与检测 …………………………………………………………………… 204
　　学习活动测评表 ……………………………………………………………… 206

项目十一　快捷放行——检验检疫费用、证单、放行 ……………………… 207
　学习情境一　出入境检验检疫的收费 ………………………………………… 207
　学习情境二　出入境检验检疫证单与通关 …………………………………… 214
　学习情境三　出入境检验检疫直通放行 ……………………………………… 224
　学习情境四　出入境检验检疫绿色通道 ……………………………………… 229
　　思考与检测 …………………………………………………………………… 233
　　学习活动测评表 ……………………………………………………………… 234

项目一 认识行业
——出入境检验检疫工作

```
学习与考证目标
● 了解检验检疫机构的发展轨迹
● 明确检验检疫机构的主要职能
● 熟悉检验检疫工作的主要内容
```

项目背景

出入境检验检疫工作系指检验检疫机构依照进出口国有关法律、行政法规及国际惯例的规定,实施对报检人申报出入境的货物、交通运输工具、货物包装、集装箱以及人员等进行检验检疫、认证和签发官方检验检疫证明等监督管理业务的统称。中职国际商务专业学生,不管将来就职于进出口公司、国际货运代理公司,还是专业报检公司、专业报关公司,都必须了解出入境检验检疫机构的工作职能及工作内容。

学习情境一 了解检验检疫机构的发展轨迹

 案例导入

2009年4月30日晚8时,国家质检总局召开全国质检系统防控甲型 H1N1 流

感紧急视频会议,将人们的视线带到大洋彼岸突发的流感疫情。墨西哥发现第一例甲型 H1N1 流感病例,仅半个月内就有 80 多人因感染该病毒而死亡,疑似病例逾 4 000 人,所有学校停课,取消一切大型公众活动,关闭博物馆等大型公共场所。这次流感疫情流行全球,逼近国门,共和国检疫将士严阵以待,在陆海空口岸第一线上构筑起一道防控疫魔的铜墙铁壁。

 思考:出入境商品检验机构、出入境动植物检疫机构、国境卫生检疫机构、出入境检验检疫机构如何演变?

一、出入境商品检验机构的演变

通过表 1-1 的主要事记及相关内容,呈现出新中国成立后我国出入境商品检验机构的发展轨迹。

表 1-1

主要事记	相关内容
商品检验处 (1949 年)	该年中央贸易部国外贸易司设立了商品检验处,统一领导全国商检工作,并在各地设立了商品检验局。
商品检验总局 (1952 年)	该年在外贸部内设立了商品检验总局,统一管理全国的进出口商品检验工作。1953 年制定了《输出输入商品暂行条例》,并于 1954 年 1 月 3 日实施。
进出口商品检验总局 (1980 年)	该年国务院做出了关于改革商检管理体制的决定,将外贸部商品检验总局改为中华人民共和国进出口商品检验总局,各地改为进出口商品检验局。
国家进出口商品检验局 (1982 年)	该年进出口商品检验总局更名为国家进出口商品检验局。1989 年通过了《进出口商品检验法》,2005 年通过了《进出口商品检验法实施条例》。

二、出入境动植物检疫机构的演变

通过表 1-2 的主要事记及相关内容,呈现出新中国成立后我国出入境动植物检疫机构的发展轨迹。

表 1-2

主要事记	相关内容
商品检验总局 （1952年）	该年明确外贸部商品检验总局负责对外动植物检疫工作，其中畜产品检验处负责动物检疫，农产品检验处负责植物检疫。
动植物检疫所 （1965年）	该年国务院在全国27个口岸设立了中华人民共和国动植物检疫所，又相继在开放口岸设立进出境动植物检疫机构。
国家动植物检疫总所 （1982年）	该年成立了国家动植物检疫总所，负责统一管理全国口岸动植物检疫工作，并颁布了《进出口动植物检疫条例》。翌年颁布了《进出口动植物检疫条例实施细则》，1991年通过了《进出境动植物检疫法》。
国家动植物检疫局 （1995年）	该年国家动植物检疫总所更名为国家动植物检疫局。

三、国境卫生检疫机构的演变

通过表1-3的主要事记及相关内容，呈现出新中国成立后我国国境卫生检疫机构的发展轨迹。

表 1-3

主要事记	相关内容
交通检疫所 （1949年）	该年卫生部将原17个海陆空检疫所更名为"交通检疫所"。1957年通过第一部卫生检疫法规《国境卫生检疫条例》，翌年颁布《国境卫生检疫条例实施细则》。1980年发布《国境卫生传染病检测试行办法》，1986年通过《国境卫生检疫法》。
卫生检疫总所 （1988年）	该年成立了中华人民共和国卫生检疫总所。1989年颁布了《国境卫生检疫法实施细则》。
卫生检疫局 （1995年）	该年将卫生检疫总所更名为中华人民共和国卫生检疫局。

四、出入境检验检疫机构的演变

通过表1-4的主要事记及相关内容，呈现出新中国成立后我国出入境检验检疫机构的发展轨迹。

表 1-4

主要事记	相关内容
国家出入境检验检疫局 （1998年）	该年由国家进出口商品检验局、国家动植物检疫局、国家卫生检疫局合并组建为国家出入境检验检疫局，主管全国出入境卫生检疫、动植物检疫和商品检验工作，各地直属检验检疫局及分支检验检疫机构挂牌。

续表

主要事记	相关内容
国家质量监督 检验检疫总局 （2001年）	该年由国家出入境检验检疫局和国家质量技术监督局合并组建为国家质量监督检验检疫总局（简称国家质检总局）。原国家出入境检验检疫局设在各地的出入境检验检疫机构、管理体制及业务不变。
国家认证认可监督管理委员会 国家标准化管理委员会 （2001年）	该年成立国家认证认可监督管理委员会和国家标准化管理委员会，分别统一管理全国质量认证、认可和标准化工作。

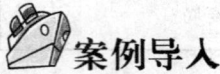 案例导入

从1985年至2005年，组织起草有关质量监督检验检疫方面的法律、法规草案有15项。从2001年至2006年，发布有关质量监督检验检疫方面的总局令共计93项。从2001年至2006年，与69个国家和地区签署了有关质量监督检验检疫方面的多项双边合作协议580份。请分析上述组织起草法律法规草案、发布总局令、签署合作协议的，是国家出入境检验检疫局、国家质量监督检验检疫总局、国家认证认可监督管理委员会，还是国家标准化管理委员会？

答：是国家质检总局。

学习情境二 明确检验检疫机构职能

 案例导入

从1985年至2005年，由国家质检总局负责组织起草有关质量监督检验检疫方面的法律、法规草案有15项。从2001年至2006年，发布的国家质量监督检验检疫总局令共计93项。从2001年至2006年，国家质检总局与69个国家和地区签署了多项双边合作协议580份。

 思考：国家质检总局的建制、职能与主要作用如何？

学习指南

一、国家质检总局的机构

国家质量监督检验检疫总局(简称国家质检总局)是中华人民共和国国务院主管全国质量、计量、出入境商品检验、出入境卫生检疫、出入境动植物检疫、进出口食品安全和认证认可、标准化等工作,并行使行政执法职能的直属机构。

1. 国家质检总局内设主要部门

国家质检总局内设法规司、质量管理司、计量司、通关业务司、卫生检疫监管司、动植物检疫监管司、检验监管司、进出口食品安全局、特种设备安全监察局、产品质量监督司、食品生产监管司、执法督查司、国际合作司(WTO办公室)、科技司等部门。

国家质检总局对中国国家认证认可监督管理委员会(中华人民共和国国家认证认可监督管理局,简称国家认监委)和中国国家标准化管理委员会(中华人民共和国国家标准化管理局,简称国家标准委)实施管理。国家认监委(副部级)是国务院授权的履行行政管理职能,统一管理、监督和综合协调全国认证认可工作的主管机构。国家标准委(副部级)是国务院授权的履行行政管理职能,统一管理全国标准化工作的主管机构。

2. 国家质检总局下设主要机构

为履行出入境检验检疫职能,国家质检总局在全国31省(自治区、直辖市)共设有35个直属出入境检验检疫局,海陆空口岸和货物集散地设有近300个分支局和200多个办事处,共有检验检疫人员3万余人。质检总局对出入境检验检疫机构实施垂直管理。

为履行质量技术监督职责,全国共设有31个省(自治区、直辖市)质量技术监督局,并下设2 800多个行政管理部门,共有质量技术监督人员18万余人。质检总局对省(自治区、直辖市)质量技术监督机构实行业务领导。

二、国家质检总局的职能

1. 制定有关法律、法规

国家质检总局负责组织起草有关质量监督检验检疫方面的法律、法规草案,制定和发布有关质量监督检验检疫方面的规章和制度,形成基本适应行政执法需要的质量监督检验检疫法规体系,并负责组织实施与质量监督检验检疫相关的法律法规,指导和监督质量监督检验检疫的行政执法工作。

2. 依法实施通关管理

依法制定《出入境检验检疫机构实施检验检疫的进出境商品目录》,对涉及环境、卫生、动植物健康、人身安全的出入境货物、交通工具和人员实施检验检疫通关管理，在口岸对出入境货物实行"先报检，后报关"的检验检疫货物通关管理模式。出入境检验检疫机构负责实施进出口货物法定检验检疫，并签发"入境货物通关单"和"出境货物通关单"，海关凭此放行；签发出境检验检疫证书至100多个国家和地区；依法对出入境检验检疫标志和封识进行管理；负责签发普惠制原产地证、一般原产地证、区域性优惠原产地证和专用原产地证及注册等相关业务。

3. 依法实施出入境卫生检疫管理

根据《国境卫生检疫法》及其实施条例，国家质检总局负责在我国口岸对入出境人员、交通工具、集装箱、货物、行李、邮包、尸体骸骨、特殊物品等实施卫生检疫查验、传染病监测、卫生监督和卫生处理，促进国家对外开放政策的实施，防止传染病的传入和传出，保证出入境人员的健康卫生。

4. 依法实施出入境动植物检疫管理

根据《进出境动植物检疫法》及其实施条例，国家质检总局对进出境和旅客携带、邮寄的动植物及其产品和其他检疫物，装载动植物及其产品和其他检疫物的装载容器、包装物、铺垫材料，来自疫区的运输工具，以及法律、法规、国际条约、多双边协议规定或贸易合同约定应当实施检疫的其他货物和物品实施检疫和监管，以防止动物传染病、寄生虫病和植物危险性病、虫、杂草以及其他有害生物传入传出，保护农、林、牧、渔业生产安全和人体健康，促进对外贸易的发展。

5. 依法实施进出口商品检验管理

根据《进出口商品检验法》及其实施条例，国家质检总局对进出口商品及其包装和运载工具进行检验和监管。对列入《出入境检验检疫机构实施检验检疫的进出境商品目录》中的商品实施法定检验和监督管理；对《目录》外商品实施抽查；对涉及安全、卫生、健康、环保的重要进出口商品实施注册、登记或备案制度；对进口许可制度民用商品实施入境验证管理；对法定检验商品的免验进行审批；对一般包装、危险品包装实施检验；对运载工具和集装箱实施检验检疫；对进出口商品鉴定和外商投资财产价值鉴定进行监督管理；依法审批并监督管理从事进出口商品检验鉴定业务的机构。

6. 依法实施进出口食品安全管理

根据《食品卫生法》和《进出口商品检验法》及相关规定，国家质检总局对进出口食品和化妆品安全、卫生、质量进行检验监督管理，组织实施对进出口食品和化妆品及其生产单位的日常监督管理。对进口食品(包括饮料、酒类、糖类)、食品添加剂、食品容器、包装材料、食品用工具及设备进行检验检疫和监督管理。建立出入境食品检验检疫风险预警和快速反应系统，对进出口食品中可能存在的风险或潜在危害采取预防性安全保障和处理措施。

7. 依法实施产品质量监督管理

根据《产品质量法》及其实施条例,国家质检总局组织实施国家产品质量监督抽查;拟订国家重点监督的国内产品目录并组织实施监督;组织实施QS标志制度。管理和协调产品质量的行业监督、地方监督与专业质量监督;管理质量仲裁的检验和鉴定工作;监督管理产品质量检验机构,管理国家产品质量监督抽查免检工作,管理工业产品生产许可证的工作。

8. 依法实施食品生产监管

根据《产品质量法》、《食品卫生法》及其实施条例,国家质检总局组织实施国内食品生产加工环节质量安全卫生监督管理。组织实施国内食品生产许可、强制检验等食品质量安全准入制度。负责调查处理国内食品生产加工环节的食品安全重大事故。

9. 依法实施国际合作

国家质检总局负责管理质量监督检验检疫方面的国际合作与交流。国家质检总局与世界大多数国家和地区的相关主管部门建立了合作关系,与许多国家和地区建立了双边磋商合作机制;积极参与双边、多边及区域经济体的合作,单独或参与外交部、商务部与有关国家进行磋商和谈判;以备忘录、议定书、会谈纪要、合作协议等多种形式,与50多个国家和地区签署了多项双边合作文件。

10. 依法实施认证认可监督管理

依据《中华人民共和国认证认可条例》,国家认监委负责制定、发布和执行国家认证认可、安全质量许可、卫生注册和合格评定方面的法律、法规和规章,协调并指导全国认证认可工作,负责监督管理认可机构和人员注册机构。

11. 依法实施标准化管理

依据《标准化法》及其实施条例,国家标准委负责起草、修订国家标准化法律法规的工作,拟定和贯彻执行国家标准化工作的方针和政策,拟定全国标准化管理规章,制定相关制度,组织实施标准化法律法规和规章制度。

三、国家质检总局建制的作用

其主要作用表现为:(1)有利于制定统一的质量技术标准、防止和打击质量违法行为;(2)有利于把好出入境检验检疫关,保护企业和消费者合法权益;(3)有利于充分发挥检验检疫和质量监督的整体优势,进一步加强质量监督和出入境检验检疫工作;(4)有利于引导企业提高产品和服务质量;(5)有利于我国在WTO规则内更好地开展国际合作和竞争。

 **案例讨论**

国家质检总局于 2009 年 4 月 30 日晚 8 时召开全国质检系统防控甲型 H1N1 流感紧急视频会议。会上将人们的视线带到大洋彼岸突发的流感疫情和令人揪心的严峻态势：4 月 13 日，墨西哥发现并确诊第一例甲型 H1N1 流感病例，短短半个月内，就有 80 多人因感染病毒死亡，疑似病例逾 4 000 人，所有大、中、小学停课，取消一切大型公众活动，关闭博物馆等大型公共场所。这是 21 世纪首次流感疫情全球大流行，疫情逼近国门，共和国检疫将士严阵以待，在陆海空口岸第一线，构筑起一道防控疫魔的铜墙铁壁。请分析国家质检总局的主要职能及作用体现在哪些方面？

学习情境三　熟悉检验检疫工作内容

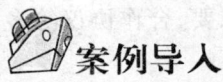 **案例导入**

某国 AGAPE 基金会与我国 A 市慈善会签订了《AGAPE 基金会与 A 市慈善会捐赠协议书》，由 AGAPE 基金会向 A 市某医院非营利性免费提供一批医疗耗材（总费用约 80 万元人民币）。该省检验检疫局在对捐赠的医疗用品进行检验时，发现捐赠物均存在着包装破损、霉变、污渍、药品过期和部分医疗一次性用品已使用过等现象。国家质量监督检验检疫总局明确指出："AGAPE 基金会以捐赠名义向我国转移不合格医疗器械，甚至医疗垃圾，存在重大的安全和健康隐患……从即日起，停止该国 AGAPE 基金会向中国出口医疗器械。"

 思考：国家质检总局的主要工作内容有哪些？

一、出入境检验检疫工作的内容

1. 对进出口商品进行检验、鉴定和监督管理

加强进出口商品检验工作，规范进出口商品检验行为，维护社会公共利益和进出口贸易有关各方的合法权益，促进对外贸易的顺利发展。

> **相关连接** ▶ **出入境检验检疫局查获燃料油短重**
>
> 某日,一艘泰籍油轮经当地检验检疫局鉴定工作人员登轮查验,发现整票货物的净重量比提单量少了 137.926 公吨,短重比例高达 3.5%。其主要原因是装货港原发短量和运输损耗造成短量所致。检验检疫局出具检验证书,由收货方向有关方进行索赔。此案获得圆满解决。

2. 对出入境动植物及其产品进行检疫和监督管理

对出入境动植物及其产品,包括其运输工具、包装材料的检疫和监督管理,防止危害动植物的病菌、害虫、杂草种子及其他有害生物由国外传入或由国内传出,保护我国农、林、渔、牧业生产及国际生态环境与人类的健康。

> **相关连接** ▶ **出入境检验检疫局对有害昆虫菜豆象除害**
>
> 某日,福建出入境检验检疫局对来自美国经停巴拿马入境的"伊万格里利亚"轮实施船舶查验时,截获重大植物检疫性害虫菜豆象。菜豆象的幼虫蛀食豆粒,对储藏豆类可造成 35% 以上的严重损失,且传播广,根治困难,位列一类危险性昆虫之首。为防止该重大检疫性有害生物的传入,检验检疫部门迅速组织人员对该轮依法实施严格的防疫除害处理。

3. 对出入境人员、交通工具及可能传播检疫传染病的物品进行检疫和监督管理

对出入境人员、交通工具、运输设备以及可能传播检疫传染病的行李、货物、邮包等物品实施国境卫生检疫和口岸卫生监督,防止传染病由国外传入或由国内传出,保护人类健康。

> **相关连接** ▶ **出入境检验检疫局严查输入性甲型 H1N1 流感**
>
> 某日,一艘自厦门口岸入境的利比里亚籍货轮上,有四名船员经厦门检验检疫局发现转送地方卫生部门并确诊为甲型 H1N1 流感病例,同船还有 13 名船员被留船医学观察。从 4 月 25 日至 7 月 26 日,经厦门口岸入境的输入性甲型 H1N1 流感确诊病例 54 例,其中由厦门检验检疫局在入境检疫时发现的有 44 例,口岸查获率约为 81.5%。

4. 按照 SPS/TBT 协议建立有关制度打破国外技术壁垒

质检总局对 2008 年国外技术性贸易措施对我国出口企业影响进行了调查,其结

果显示：有36.1%的出口企业受到国外技术性贸易措施不同程度的影响（2007年为34.6%，2006年为31.4%），全年出口贸易损失为505.42亿美元（2007年为494.59亿美元，2006年为359.2亿美元），其主要是机电仪器、农食产品、纺织鞋帽、木材纸张、非金属和化矿金属等行业，来自于欧盟、美国、日本、俄罗斯和拉美等国家和地区。对此，出入境检验检疫机构可按照SPS/TBT协议（实施动植物卫生检疫措施协议/贸易技术壁垒协议）建立有关制度，打破国外技术壁垒。SPS协议明确规定"各成员国有权采取为保护人类、动物或植物的生命或健康所必需的卫生与植物卫生措施，只要此类措施与本协定的规定不相抵触"。检疫机构可以合理利用其规则，打破国外技术壁垒，使我国许多产品，特别是农副产品能走进发达国家的市场。

二、出入境检验检疫工作的内容

出入境检验检疫工作的内容主要有：

1. 实施法定检验检疫

法定检验检疫又称强制性检验检疫，是指出入境检验检疫机构根据《进出口商品检验法》、《进出境动植物检验检疫法》及其实施条例、《国境卫生检疫法》及其实施条例、《中华人民共和国食品卫生法》及其实施条例，以及其他有关法律法规的规定，对出入境人员、货物、运输工具、集装箱及其他法定检验检疫物实施检验、检疫和鉴定等业务。

除国家法律、行政法规规定必须由出入境检验检疫机构检验检疫的货物以外，输入国规定必须凭检验检疫机构出具的证书方准入境，或有关国际条约规定须经检验检疫机构检验检疫的进出境货物，货主或其代理人也应在规定的时限和地点向检验检疫机构报检。

2. 实施进出口商品检验

对进出口商品检验的范围规定如下：

（1）列入《法检商品目录》内的商品，检验检疫部门依法实施检验，判定其是否符合国家技术规范的强制性要求。该程序是由抽样、检验和检查，评估、验证和合格保证，注册、认可和批准以及各项组合所构成。

（2）法律法规和有关规定的必须检验检疫的出入境货物，如废旧物品（包括旧机电产品）、需做外商投资财产价值鉴定的货物、需做标识查验的出口纺织品、援外物资等，其无论是否在《法检商品目录》内，均应当向检验检疫机构申报。

（3）检验检疫机构可对法定以外的进出口商品，依据有关规定实施抽查检验，并可公布抽查检验结果，或向有关部门通报。

检验检疫机构根据需要，对检验合格的进出口商品加施检验检疫标志或者封识。

3. 实施进出境动植物检疫

对进出境动植物检疫的范围规定如下：

(1)检验检疫机构对进境、出境、过境的动植物、动植物产品和其他检疫物实行检疫监管。对进境动物、动物产品、植物种子、种苗及其他繁殖材料、新鲜水果、烟草类、粮谷类及饲料、豆类、薯类和植物栽培介质等实行进境检疫许可制度,输入单位在签订合同前办理检疫审批手续;对出境动植物、动植物产品或其他检疫物的生产、加工、存放过程实施检疫监管。

(2)口岸检验检疫机构对来自动植物疫区的运输工具实施现场检疫和有关消毒处理。

(3)检验检疫机构对装载动植物、动植物产品和其他检疫物的装载容器、包装物、铺垫材料,实施检疫监管。

(4)检验检疫机构对携带、邮寄动植物、动植物产品和其他检疫物进境实行检疫监管。

(5)检验检疫机构对进境拆解的废旧船舶,实行检疫监管。

(6)法律法规、国际条约和贸易合同所规定的,应实施进出境动植物检疫的其他货物和物品。

(7)对于国家列明的禁止进境物,检验检疫机构作退回或销毁处理。

> **相关连接** **出入境检验检疫局严查集装箱货物**
>
> 某日,检验检疫机构对某公司从美国进口的装载废电机集装箱实施查验,发现该箱废电机表面和集装箱底部等部位附着我国规定禁止入境的土壤。经对土壤取样进行实验室分离,又从中分离出国家二类危险性害虫松材线虫活体。检验检疫机构依据有关规定出具检验证书,将该集装箱货物作退运处理。

4. 实施出入境人员、交通工具、集装箱、行李、货物等卫生检疫与处理

对出入境的人员、交通工具 集装箱、行李、货物等过境卫生检疫与处理的范围规定如下:

(1)检验检疫机构对出入境的人员、交通工具、集装箱、行李、货物和邮包等实施医学检查及卫生检疫,对未染有检疫传染病,或者已实施卫生处理的交通工具签发出境或入境检疫证。

(2)检验检疫机构对出入境人员实施传染病监测,有权要求出入境人员填写健康申明卡,出示预防接种证书和健康证书及有关证件。对患有鼠疫、霍乱、黄热病的出入境人员实施隔离留验;对患有艾滋病、性病、麻风病、精神病和开放性肺结核的外国人阻止其入境;对患有监测传染病的出入境人员,根据不同情况分别采取留验或发放就诊方便卡等措施。

(3)检验检疫机构对国境口岸和停留在国境口岸的出入境交通工具的卫生状况

实施卫生监督。其主要内容有：监督和指导对啮齿动物、病媒昆虫的防除；检查和检验食品、饮用水及其储存、供应、运输设施；监督从事食品、饮用水供应的从业人员的健康状况；监督和检查垃圾、废物、污水、粪便、压舱水的处理；对卫生状况不良，或可能引起传染病传播的因素采取必要措施。

（4）检验检疫机构对发现患有检疫传染病、监测传染病、疑似检疫传染病的入境人员实施隔离、留验和就地诊验等医学措施，对来自疫区、被传染病污染、发现传染病媒介的出入境交通工具、集装箱、行李、货物、邮包等物品进行消毒、除鼠和除虫等卫生处理。

5．实施进口废物原料、旧机电产品装运前的检验

对进口废物原料和旧机电产品装运前的检验范围规定如下：

（1）国家允许作为原料进口的废物和涉及国家安全、环境保护、人类和动植物健康的旧机电产品，在装运前实施检验制度。其可防止境外有害废物，或不符合我国有关安全、卫生和环境保护等技术规范强制性要求的旧机电进入国内，从而有效地保护了人身财产和自然环境。

出入境检验检疫局严查废弃进口货物

某日，某公司向检验检疫机构申报一批来自香港的散装废报纸，货值为64 821美元。检验检疫人员会同海关监管人员随机抽取14件完整包，在港区海关监管仓库进行拆包分拣，发现未经有效清洗的塑料可乐瓶、牛奶瓶、果汁瓶，且瓶内存在残留液体，并有虫蛹。另分拣出其他大量废弃物。检验检疫机构依据相关环控标准出具不合格证书，并作退运处理。

（2）进口单位应在合同中订明进口废物装运前的检验条款，在进口废物原料之前应取得国家环保总局签发的《进口废物批准证书》。出口商应在装船前向指定或认可的检验机构申请实施装运前检验，经检验合格后方可装运。

出入境检验检疫局严查进口废塑料货物

某日，某公司向检验检疫机构申报进口废塑料，共计72个集装箱，并提供编号为第7285号进口废物批准证书，检验检疫机构对该证书的真伪产生怀疑，经查该证书系伪造，检验检疫机构依据有关法规进行处理，将全部货物做退运处理。

（3）进口单位需进口旧机电产品时，应在签订合同前向国家质检总局或收货人所在地直属检验检疫局办理备案手续，需要实施装运前检验的，必须进行检验。

（4）检验检疫机构仍可按规定对已实施装运前检验的废物原料和旧机电产品，在

运抵口岸后实施到货检验。

6. 实施进口商品认证管理

对进口商品认证管理的范围规定如下：

凡是列入《中华人民共和国实施强制性产品认证的产品目录》内的商品，必须经过指定认证机构的认证，取得认证证书并加注认证标志后，方可进口。对此，检验检疫机构严格按照规定进行验证、查证和核对货证。

7. 实施出口商品质量许可和卫生注册管理

对出口商品质量许可和卫生注册管理的范围规定如下：

(1)实施质量许可制度的出口商品有机械、电子、轻工、机电、玩具、医疗器械和煤炭类等，该商品出口必须由生产企业或其代理人向当地检验检疫机构申请出口商品质量许可证书，否则不准出口。

(2)国家对出口食品及其生产企业（包括加工厂、屠宰场、冷库、仓库等）实施卫生注册登记制度。该企业只有取得卫生注册登记证书后，方可生产、加工和储存出口食品。

8. 实施出口危险货物运输包装的检验

对出口危险货物运输包装检验的范围规定如下：

(1)生产出口危险货物运输包装容器的企业，必须向检验检疫机构申请包装容器的性能鉴定，当鉴定合格才可用于包装危险的出口货物。

(2)生产出口危险货物的企业，必须向检验检疫机构申请危险货物包装容器的使用鉴定，当鉴定合格后，方可包装危险货物出口。

9. 实施外商投资财产价值鉴定

对外商投资财产价值鉴定的范围规定如下：

外商投资财产价值鉴定包括有外商投资财产的品种、质量、数量、价值和损失鉴定等范围。检验检疫机构受当事人的委托进行价值鉴定，鉴定后出具《价值鉴定证书》，供企业办理验资手续。

10. 实施货物装载和残损鉴定

对货物装载和残损鉴定的范围与规定：

(1)用冷冻船舱与集装箱装运易腐烂变质的出口食品，承运人、装箱单位或者其代理人须在装运前向口岸检验检疫机构申请清洁、卫生、冷藏、密固等适载的检验，经检验合格后方可装运。

(2)对外贸易关系人及仲裁、司法等机构，对海运进口商品可向检验检疫机构申请办理监视、残损鉴定、监视卸载等鉴定工作。

11. 实施进出口商品质量认证

对进出口商品质量认证的范围规定如下：

检验检疫机构可以根据国家质检总局的规定，同国外有关机构签订协议，或接受国外有关机构的委托进行进出口商品质量认证,准许有关单位在认证合格的进出口商品上使用质量认证标志。

12. 实施涉外检验检疫、鉴定、认证机构审核认可和监督

对涉外检验检疫、鉴定、认证机构审核认可和监督的范围规定如下:

(1)国家质检总局对于拟从事进出口商品检验、鉴定、认证的中外合资或合作公司,进行资格信誉、技术力量、装备设施和业务范围等的审查,核准后出具《外商投资检验公司资格审定意见书》。然后,经商务部门批准,领取营业执照,再到国家质检总局办理《外商投资检验公司资格证书》,方可开展经营活动。

(2)国家质检总局对从事进出口商品检验、鉴定、认证业务公司的经营活动实行统一监督管理,对境内外的检验鉴定认证公司所设立在各地的办事处,实行备案管理。

13. 开展与外国和国际组织合作

对开展与外国和国际组织合作的范围规定如下:

(1)检验检疫部门承担世界贸易组织贸易技术壁垒协议(WTO/TBT)和"实施动植物卫生检疫措施的协议"(WTO/SPS协议)咨询业务。

(2)承担联合国(UN)、亚太经合组织(APEC)等国际组织在标准与一致化和检验检疫领域的联络工作。

(3)负责对外签订政府部门间的检验检疫合作协议、认证认可合作协议、检验检疫协议执行议定书,并组织实施等。

三、出入境检验检疫工作的作用

中国出入境检验检疫工作是"国门卫士",对维护国家人民权益和国民经济发展、突破国际贸易技术壁垒有着非常重要的作用。

1. 体现了国家主权

出入境检验检疫机构作为执法机构,根据国家法律授权,代表国家行使检验检疫职能。其主要表现如下:

(1)对出入境货物、运输工具、人员等法定检验检疫对象进行检验、检疫、鉴定、认证及监督管理。不符合我国强制性要求的入境货物,一律不得销售、使用。

(2)对涉及安全卫生及检疫产品的国外生产企业的安全卫生、检疫条件进行注册登记。

(3)对不符合安全卫生条件的商品、物品、包装和运输工具,有权禁止进口,或视情况进行消毒、灭菌、杀虫或其他排除安全隐患的措施等无害化处理,在重验合格后方准进口。

(4)对于应经检验检疫机构实施注册登记的向中国输出有关产品的国外生产加工企业,必须取得注册登记证后方准向中国出口其产品。

(5)有权对进入中国的外国检验机构进行核准。

2. 体现了国家管理职能

出入境检验检疫机构依照法律授权,按照中国、进口国或国际性技术法规规定,行使国家管理职能。具体表现如下:

(1)对出入境人员、货物、运输工具实施检验检疫。

(2)对涉及安全、卫生和环保要求的出口产品生产加工企业、包装企业,实施生产许可加工安全或卫生保证体系注册登记。

(3)必要时帮助企业取得进口国主管机关的注册登记。

(4)经检验检疫发现质量与安全卫生条件不合格的出口商品,有权阻止出境。

(5)不符合安全条件的危险品包装容器,不准装运危险货物。

(6)不符合卫生条件或冷冻要求的船舱和集装箱,不准装载易腐易变的粮油食品或冷冻品。

(7)对属于需注册登记的生产企业,未经许可不得生产加工有关出口产品。

(8)对涉及人类健康与安全、动植物生命与健康、环境保护与公共安全的入境产品实行强制性认证制度。

(9)对成套设备和废旧物品进行装船前检验。

3. 保证了我国对外贸易顺利进行和持续发展

实施对出口商品的检验检疫监管,能有效地促进我国企业的管理水平和产品质量的提高,不断开拓国际市场,也是突破国外技术贸易壁垒,建立国家技术保护屏障的重要手段。尤其是在国际贸易中,出入境检验检疫机构对进出口商品实施检验并出具的各种检验鉴定证明,为各有关当事人在履行贸易、运输保险合同及索赔等方面提供了公正权威的凭证。

4. 保证了农、林、牧、渔业生产安全与农畜产品对外贸易的发展

出入境检验检疫工作保证了农、林、牧、渔业生产安全,免受国际上重大疫情灾害影响。对动植物及其产品和其他检疫物品,以及装载动植物及其产品和其他检疫物品的容器、包装物,如来自动植物疫区的运输工具(含集装箱),要实施强制性检疫,这对防止动物传染病、寄生和植物危险性病、虫、杂草及其他有害生物等检疫对象和危险疫情的传入传出,保护国家农、林、渔业生产安全和人民身体健康,促进我国农畜产品的对外贸易都具有重要作用。

5. 保证了我国人民的健康

中国是开放口岸最多的国家之一,随着国际贸易、旅游和交通运输的发展,以及出入境人员迅速增加,鼠疫、霍乱、黄热病、艾滋病等一些烈性传染病随时都有传入的危险。因此,对出入境人员、交通工具、运输设备以及可能传播传染病的行李、货物、邮包等物品实施国境卫生检疫与处理,对防止检疫传染病的传入或传出,保护人民身体健康具有重要作用。

案例讨论

近日,土耳其、保加利亚、罗马尼亚官方分别宣布在其境内发现高致病性禽流感病例。为防止该病传入我国,保护我国畜牧业安全,国家质检总局根据我国《进出境动植物检疫法》及其实施条例等有关法律、法规的规定,暂停直接或间接从土耳其、保加利亚、罗马尼亚输入禽类及其产品,停止签发以上三国的《进境动植物检疫许可证》,并撤销已经签发的从以上三国进口禽类及其产品的《进境动植物检疫许可证》。同时规定:禁止邮寄或旅客携带来自土耳其、保加利亚、罗马尼亚的禽类及其产品进境;在途经我国或在我国停留的国际航行船舶、飞机和火车等运输工具上,如发现有来自土耳其、保加利亚、罗马尼亚的禽类及其产品,一律作封存处理,其废弃物、泔水等一律在出入境检验检疫机构的监督下作无害化处理,不得擅自抛弃;凡截获非法进境的来自土耳其、保加利亚、罗马尼亚的禽类及其产品,一律在就近的出入境检验检疫机构监督下作销毁处理。

请分析国家质检总局上述决定或措施体现了出入境检验检疫工作哪几方面的内容?

教学方案设计与建议

学习内容	教学组织形式	实施教学手段	课时
1. 申请报检企业名称的预先核准 2. 报检企业设立的工商登记 3. 报检公司申办组织机构代码证 4. 企业名称预先核准申请书 5. 报检企业的税务登记 6. 代理报检企业的报检注册登记	学习指南 ——讲授法、案例法 实例操作 ——情景教学法、角色互动法、案例演绎法 组织形式 ——分成若干小组,以小组为单位开展讨论、模拟操作	学习场所: 普通教室、专业实训室 教学设备: 计算机、服务器 学习资料: 电子课件、电子表格	6
累计:			6

思考与检测

一、单项选择题

1. 1980年国务院改革商检管理体制,将外贸部商品检验总局改为中华人民共和国(　　)。

A. 动植物检疫局 B. 进出口商品检验总局
C. 卫生检疫局 D. 出入境检验检疫局
2. 1982年将进出口商品检验总局更名为（　　），由外经贸部归口管理。
A. 国家进出口商品检验局 B. 检验检疫总局
C. 卫生检疫局 D. 出入境检验检疫局
3. 《中华人民共和国国境卫生检疫法》于（　　）颁布实施。
A. 1989年12月　　B. 1988年　　C. 1987年　　D. 1986年
4. 统一管理全国质量认证、认可工作的机构是（　　）。
A. 质检总局　　B. 商品检验总局　　C. 国家认监委　　D. 国家标准委
5. （　　）是国务院授权的履行行政管理职能，统一管理全国标准化工作的主管机构。
A. 质检总局　　B. 商品检验总局　　C. 国家认监委　　D. 国家标准委
6. 对国家认监委与国家标准委实施管理的机构是（　　）。
A. 质检总局　　B. 商品检验总局　　C. 国务院　　D. 以上都不是
7. 法定检验的进口商品到货后，（　　）必须向卸货口岸或到达口岸的检验检疫机构办理报检。
A. 收货人或其代理人 B. 用货人
C. 发货人 D. 其他贸易关系人
8. 报检人向产地检验检疫机构报检，检验检疫合格后获取（　　），凭其向口岸检验检疫机构报检。
A. 出境货物通关单 B. 检验检疫证
C. 出境货物换证凭单 D. 合格通知单
9. 法定检验检疫货物完成入境报检后，报检人应领取（　　）到海关办理通关手续。
A. 入境货物通关单 B. 检验证书
C. 检验检疫通知单 D. 以上都需要
10. 对产地和报关地相一致的出境货物，经检验检疫合格后出具（　　）。
A. 检验检疫证 B. 出境货物通关单
C. 出境货物换证凭单 D. 合格通知单

二、多项选择题
1. 国家认证认可监督管理委员会分别统一管理全国（　　）。
A. 质量技术标准 B. 出入境检验检疫
C. 质量认证 D. 质量认可
2. 1982年颁布了（　　），翌年又颁布了农业部制定的（　　），作为我国进出动植物检疫的法律依据。
  A. 进出口动植物检疫条例 B. 进出口动植物检疫条例实施细则
  C. 国境卫生检疫条例 D. A 与 B
 3. 报检人是（ ）的统称。
  A. 货代公司 B. 进出口公司 C. 报检员 D. 报检单位
 4. 出入境检验检疫工作是指检验检疫机构对报检人申报的（ ）和（ ）等进行检验检疫、认证和签证等监督管理工作。
  A. 出入境货物 B. 出入境交通运输工具
  C. 出入境人员 D. 出入境食品
 5. 出入境检验检疫工作是出入境检验检疫机构依法对进出境的（ ）分别实施检验检疫、鉴定、卫生监督。
  A. 商品 B. 动植物 C. 交通工具 D. 运输设备
 6. 出入境检验检疫工作的主要作用是（ ）。
  A. 体现国家主权 B. 体现国家管理职能
  C. 保证我国对外贸易持续发展 D. 保证了我国人民的健康

三、判断题

 1. 出入境检验检疫机构是主管出入境卫生检疫、动植物检疫、商品检验、鉴定监督管理的执法机构。（ ）
 2. 国家质检总局由原国家出入境检验检疫局和国家质量技术监督局合并组建而成。（ ）
 3. 国家质检总局成立后，原国家出入境检验检疫局设在各地的出入境检验检疫机构、管理体制及业务随之发生相应的变化。（ ）
 4. 中华人民共和国卫生检疫局的前身是卫生检疫总所和商品检验检疫局。（ ）
 5. 国家质检总局对涉及环境、卫生、动植物健康、人身安全的出入境货物、交通工具和人员实施检验检疫通关管理。（ ）
 6. 在口岸对出入境货物实行"先报关，后报检"的检验检疫货物通关管理模式。（ ）
 7. 出入境检验检疫机构负责实施对进出口货物检验检疫，并签发"入境货物通关单"和"出境货物通关单"，海关凭其放行。（ ）
 8. "一次报检、一次抽样、一次检验检疫、一次卫生除害处理、一次计收费、一次发证放行"是指"三检合一"的工作模式。（ ）

四、流程示意题

出入境商品检验机构	出入境动植物检疫机构	国境卫生检疫机构
国家出入境检验检疫局		国家质量技术监督局

学习活动测评表

测评范围	评判标准	总分	自我评价
单项选择题	错1个扣1.5分	15	
多项选择题	错1个扣2分	16	
判断题	错1个扣1.5分	12	
流程示意题	错1个扣3分	30	
案例分析	错1个扣3分	27	
合　计		100	

项目二 进入业界
——报检企业的设立

学习与考证目标
- 了解报检企业设立的工商登记程序
- 熟悉报检企业税务登记的基本程序
- 掌握报检企业注册登记的基本程序
- 具备报检企业设立的基本能力

项目背景

近年来伴随着我国外贸经营方式的变化,在进出口贸易中出现了专门提供代理报检业务的社会中介机构——代理报检企业。根据2010年6月1日实施的《出入境检验检疫代理报检管理规定》,只要取得《企业法人营业执照》、注册资金在100万元以上、有5名拟任报检员、有固定经营场所与相应设施,并取得《报检注册登记证》的,方可从事代理报检业务。

学习情境一 设立报检企业的工商登记

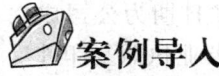案例导入

田方是上海市某中职学校国际商务专业的学生,为自己制定了职业发展规划,在毕业后与同学一起创立一家专业报检公司。为此,一边在校学习、一边模拟创业上海田方报检公司。设立报检公司须根据我国《公司法》和《公司登记管理条例》的有关规定办理公司登记,领取《企业法人营业执照》。

 思考:如何办理报检公司的工商登记?

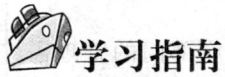学习指南

一、申请报检企业名称的预先核准

设立有限责任公司,应当由全体股东指定的代表或者共同委托的代理人向公司登记机关申请名称预先核准;设立股份有限公司,应当由全体发起人指定的代表或者共同委托的代理人向公司登记机关申请名称预先核准。公司登记机关对符合规定的,予以核准,出具《企业名称预先核准通知书》。

二、报检企业设立的工商登记

1. 提交企业设立登记的文件

设立有限责任公司应由全体股东指定的代表或者共同委托的代理人到公司登记机关提出设立登记申请,也可以通过信函、传真和电子邮件等方式提出设立登记申请,并提交有关文件,其主要包括:公司法定代表人签署的设立登记申请书;全体股东指定代表或者共同委托代理人的证明;公司章程;验资机构出具的出资证明书;股东的主体资格证明或者自然人身份证明;载明公司董事、监事、经理的姓名与住所的文件以及有关委派、选举或者聘用的证明;公司法定代表人任职文件和身份证明;企业名称预先核准通知书;公司住所证明。

2. 受理设立登记的申请

公司登记机关对通过信函、传真和电子邮件等方式提出设立企业申请的,自收到申请文件和材料之日起 5 日内,对符合要求的申请者出具《受理通知书》。

3. 颁发《企业法人营业执照》

公司登记机关对申请文件等材料核准无误后,按其注册资本总额的 0.8‰ 收取设立登记费,并颁发企业法人营业执照。企业法人营业执照的签发日期为公司成立日期。企业应在企业设立登记之日起 30 日内,将加盖企业公章的营业执照复印件反馈给企业名称核准机关备案。设立公司可凭企业法人营业执照刻制公司印章、财务专用章和法人代表印章。

三、报检公司申办组织机构代码证

报检公司设立后,应向当地质量技术监督局申请组织机构代码证,填写中华人民共和国组织机构代码证申请表。经签发机构审定,符合规定的,颁发由中华人民共和国国家质量监督检验检疫总局签章的组织机构代码证。

组织机构代码证书

组织机构代码是国家质量技术监督检验检疫总局为满足政府部门的管理需求,确保对境内所有经济活动主体进行统一标识,根据国家有关代码编制原则,给每一个机关、企事业单位和社会团体颁发一个在全国范围内唯一的、始终不变的法定代码标识。组织机构代码广泛应用于税务、银行、外汇、海关、外贸和社会保障等各个方面,并在电子政务建设过程中起到了重要的作用。

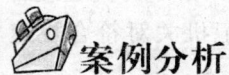

杭州张小泉剪刀厂于 1963 年在杭州市工商行政管理局进行了注册登记。南京张小泉刀具厂于 1992 年 8 月 24 日在江宁县工商行政管理局予以注册登记,其菜刀产品上和包装盒上刻印有"南京张小泉"和"张小泉"字样。由于杭州张小泉剪刀厂是剪刀行业的知名企业,这就给南京张小泉刀具厂带来市场发展的空间。为此,杭州张小泉剪刀厂对南京张小泉刀具厂提起诉讼,称其侵犯了原告的企业名称权。请分析,法院对杭州张小泉剪刀的请求是否予以支持,为什么?

实例操作

一、上海田方报检公司名称预先核准

1. 上海田方报检公司名称预先核准的申请

田方填写企业名称预先核准申请书（样例 2—1），向徐汇区工商行政管理局登记部门提交，申请名称核准。

样例 2—1

企业名称预先核准申请书

申请企业名称	上海田方报检公司				
备选企业名称				
1	上海斯波报检公司				
2	上海四波报检公司				
3	上海思博报检公司				
拟从事的经营范围（只需要填写与企业名称行业表述一致的主要业务项目） 　　代理各类货物进出口报检、商检报验及出证				
注册资本（金）	100 万元			（法人企业必须填写）	
企业类型		☑公司制	□非公司制	□个人独资	□合伙
企业住所（地址）	上海市徐汇区龙华街道喜泰路 8 号				
投资人姓名或名称、证照号码、投资额和投资比例（签字盖章） 田方、310106199208112837、50 万元、50% 万历、310106199208252837、25 万元、25% 夏年、310106199208152837、25 万元、25% <div style="text-align:right">田方　[田方章] 2011 年 8 月 28 日</div>				

2. 工商局出具上海田方报检公司名称预先核准通知书

徐汇区工商行政管理局登记部门核准后，出具《企业名称预先核准通知书》（样例 2—2）。

样例2-2

企业名称预先核准通知书

(徐)登记内名预核字[110912]

第210号

　　根据《企业名称登记管理规定》、《企业名称登记管理实施办法》等规定,同意预先核准下列3名投资人出资,注册资本(金)100万元(人民币壹佰万元整),住所设在上海市徐汇区龙华街道喜泰路8号的企业,名称为:上海田方报检公司

　　行业及行业代码:

　　投资人、投资额和投资比例:田方、50万元、50%;万历、25万元、25%;夏年、25万元、25%

　　以上预先核准的企业名称保留期至2012年2月28日。在保留期内,企业名称不得用于经营活动,不得转让。经企业登记机关设立登记,颁发营业执照后企业名称正式生效。

上海市工商行政管理局徐汇区分局
核准日期:2011年8月31日

二、上海田方报检公司设立工商登记

1. 提交申请材料

　　上海田方报检公司获取《企业名称预先核准通知书》后,向徐汇区工商行政管理局办理公司登记,提交公司章程、出资证明书(样例2-3)、公司法定代表人任职文件与身份证明、企业名称预先核准通知书和公司住所证明(样例2-4)等文件。

样例2-3

《中华人民共和国公司法摘要》	出资证明书
第三十四条　股东有权查阅、复制公司章程、股东会会议记录、董事会会议决议、监事会会议决议和财务会计报告。股东可以要求查阅公司会计账簿。股东要求查阅公司会计账簿的,应当向公司提出书面请求,说明目的。公司有合理根据认为股东查阅会计账簿有不正当目的,可能损害公司合法利益的,可以拒绝提供查阅,并应当自股东提出书面请求之日起十五日内书面答复股东并说明理由。公司拒绝提供查阅的,股东可以请求人民法院要求公司提供查阅。 第三十五条　股东按照实缴的出资比例分取红利;公司新增资本时,股东有权优先按照实缴的出资比例认缴出资。但是,全体股东约定不按照出资比例分取红利或者不按照出资比例优先认缴出资的除外。	编号:出资证明[1/5] 　　上海田方报检公司成立于2011年9月1日,注册资本人民币100万元。股东田方于2011年9月1日缴纳出资额50万元。 <div style="text-align:center">特此证明</div> 法定代表人　田方 <div style="text-align:right"> 上海大新会计师事务所 2011年9月1日</div>

样例 2—4

房屋租赁合同

出租方(简称甲方):上海商务公司
承租方(简称乙方):上海田方报检公司
根据《中华人民共和国合同法》及相关法律法规的规定,甲、乙双方在平等、自愿的基础上,就甲方将房屋出租给乙方使用,乙方承租甲方房屋事宜,为明确双方权利义务,经协商一致,订立本合同。

第一条　甲方保证所出租的房屋符合国家对租赁房屋的有关规定。
第二条　房屋的坐落、面积情况
1. 甲方出租给乙方的房屋位于上海市喜泰路8号。
2. 出租房屋面积共30平方米。
第三条　租赁期限、用途
1. 该房屋租赁期自2011年9月1日起至2015年8月31日止。
2. 乙方向甲方承诺,租赁该房屋仅作为办公使用。
乙方如要求续租,则必须在租赁期满1个月之前书面通知甲方,经甲方同意后,重新签订租赁合同。
第四条　租金及支付方式
1. 该房屋每月租金为4 000元(大写肆仟元整)。
2. 房屋租金每6个月支付一次。
第五条　本合同自双方签(章)后生效。
第六条　本合同一式二份,由甲、乙双方各执一份,具有同等法律效力。

甲方:上海商务公司　　　　　　　乙方:上海田方报检公司
营业执照:310607100226888　　　身份证号:310106199208112837
电话:62045671　　　　　　　　　电话:65788888
房地产经纪机构资质证书号码:3102256
签约代表:方达　　　　　　　　　签约代表:田方
签约日期:2011年9月1日　　　　签约日期:2011年9月1日

2. 获取企业法人营业执照

徐汇区工商行政管理局登记部门对上海田方报检公司的申请材料进行审核,核准无误后收取设立登记费,向上海田方报检公司颁发《企业法人营业执照》(样例2—5)。

样例 2—5

企业法人营业执照
（副本）

注册号：310607100226928

名　　　称	上海田方报检公司
住　　　所	上海市徐汇区喜泰路 8 号
法定代表人姓名	田方
注　册　资　本	壹佰万元
共　收　资　本	壹佰万元
公　司　类　型	有限责任公司
经　营　范　围	进出口业务
成　立　日　期	2011 年 9 月 1 日
营 业 期 限 至	2016 年 8 月 31 日

须　知

1.《企业法人营业执照》是企业法人资格和合法的凭证。
2.《企业法人营业执照》分为正本和副本，正本和副本具有同样的法律效力。
3.《企业法人营业执照》正本应放置于住所醒目位置。
4.《企业法人营业执照》不得转借、涂改、出售、转让。
5. 登记情况有所变化，应到登记机关申请变更登记，换取新的《企业法人营业执照》。
6. 每年 3 月 1 日至 6 月 30 日参加年检。
7.《企业法人营业执照》遗失或损坏，应申明作废并补领。

年度检验情况

2011 年 9 月 1 日

三、报检公司申办组织机构代码证

1. 填写组织机构代码证申请表

上海田方报检公司填写中华人民共和国组织机构代码证申请表（样例 2—6），并随附有关文件向上海市质量技术监督局申请申办组织机构代码证。

样例 2—6　　**中华人民共和国组织机构代码证申请表**

受理项目：新申报 ☑　变更 □　年审 □　换证 □　补发 □

申办单位盖章：上海田方报检公司章　　　　机构代码 □□□□□□□□□

1	机构名称	上　海　田　方　报　检　公　司										
2	机构类型	企业法人 非法人 2	✓	事业法人 非法人 4	3	社团法人 非法人 6	5	机关法人 非法人 8	7	其他机构 民办非企业单位 A	9	个体 工会法人 C	B
3	法定代表人姓名 （负责人、投资人）	田方		身份证号码	3 1 0 1 0 6 1 9 9 2 0 8 1 1 2 8 3 7							
4	经营或业务范围	代　理　货　物　进　出　口　报　检										
5	经济行业及代码					6	经济类型及代码					
7	成立日期	2011 年 9 月 1 日				8	职工人数	8 人				
9	主管部门名称、代码											
10	注册资金	100 万元	11	货币种类	人民币	12	外方投资机构国别（地区）、代码					

续表

13	所在地行政区划	上海市徐汇区						
14	机构地址	上海市徐汇区喜泰路8号						
15	邮政编码	200231	16	单位电话	65788888	17	批准文号或注册号	
18	登记或批准机构、代码							
19	是否涉密单位	是□ 否☑	若属涉密单位,请出具主管部门的证明材料。			20	申请电子副本	1本
21	主要产品	1、_____ 2、_____ 3、_____						
22	经办人姓名	田方	23	身份证号码	310106199208112837			
			24	移动电话	13917935888			

以下由代码管理机关填写

办证机构代码□□□□□□

1	证书有效期至	____年__月__日	2	数据变更记录	
3	录入人（签字）	____年__月__日	4	审核(批)人（签字）	____年__月__日

2．颁发组织机构代码证

徐汇区工商行政管理局通过审定后,向上海田方报检公司颁发中华人民共和国国家质量监督检验检疫总局签章的组织机构代码证(样例2－7)。

样例2－7

中华人民共和国
组织机构代码证
（副本）
代 码：783580098

机构名称：上海田方报检公司
机构类型：企业法人
　　　法定代表人：田方
地　址：上海市徐汇区喜泰路8号
有 效 期：自2011年9月1日至2015年8月31日
颁发单位：上海市质量技术监督局
登 记 号：组代管610100－008447－1

说　明
1.中华人民共和国组织机构代码是组织机构在中华人民共和国境内唯一的、始终不变的法定代码标识。《中华人民共和国组织机构代码证》是组织机构法定代码的凭证,分正本和副本。
2.《中华人民共和国组织机构代码证》不得出租、出借、冒用、转让、伪造、变造、非法买卖。
3.《中华人民共和国组织机构代码证》登记项目发生变化时,应向发证机关申请变更。
4.各组织机构应当按有关规定,接受发证机关的年度检验。
5.组织机构依法注销时,要向原发证机关办理注销登记,并交回全部代码证。

中华人民共和国　国家质量监督检验检疫总局签章

年检记录

NO 2011 1363415

学习情境二　报检企业的税务登记

案例导入

上海田方报检公司领取了《企业法人营业执照》后,到上海市国家税务局主管部门办理税务登记手续,提交《税务登记申请书》,并随附营业执照、银行账号证明、法定代表人居民身份证、组织机构统一代码证书和经营场所的使用证明等有关材料。登记机关对申请材料核准后,颁发税务登记证。

> 思考:如何办理报检公司的税务登记?

学习指南

一、申请税务登记

报检企业到当地主管税务机关或指定税务登记办理处,填报《申请税务登记报告书》,并随附有关证件和资料。其主要包括:营业执照或其他核准执业证件,有关合同、章程、协议书,银行账号证明,法定代表人、负责人、纳税人本人的居民身份证、护照或者其他证明身份的合法证件,组织机构统一代码证书,住所、经营场所的使用证明等。

二、受理税务登记的申请

税务机关审核申请报告和有关证件及资料,对符合登记条件的,按其登记的种类,发放税务登记表。外贸企业应按规定如实填写税务登记表并加盖企业印章,经法定代表人签字后,将税务登记表报送主管国家税务机关。

三、颁发税务登记证

税务机关对对外贸易经营者报送的税务登记表应在受理之日起 30 日内审核完毕,符合规定的,予以登记,发给税务登记证(或注册税务登记表)及其副本,并分税种填制税种登记表,确定纳税人所适用的税种、税目、税率、报缴税款的期限和征收方式及缴库方式等。

案例分析

某代理报检公司于近日在工商行政管理机关领取了营业执照，于是开业经营并取得应税收入。当地税务机关在管理过程中发现该公司既未办理税务登记又未申报纳税，即对该公司进行了处理。请分析，本案中的代理报检公司涉案的事实在哪里？为什么？

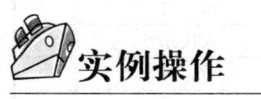

实例操作

一、上海田方报检公司申请税务登记

上海田方报检公司田方经理向税务登记机关领取税务登记表（样例2－8），并如实地填写，签字并加盖企业印章送上海市徐汇区国家税务局。

样例2－8

税 务 登 记 表

纳税人名称	上海田方报检公司		纳税人识别号	NS08214567
登记注册类型	个体工商		批准设立机构	徐汇区工商行政管理局
组织机构代码	783580098		批准设立证明或文件号	
开业（设立）日期	2011.9.1	生产经营期限	5年	证照名称	营业执照	证照号码	310607100226928
注册地址	徐汇区			
	行政区域码		邮政编码 200231	联系电话 65788888
生产经营地址	区			
	行政区域码		邮政编码	联系电话
核算方式	请选择对应项目打"√" ☑独立核算　□非独立核算		从业人数	8人　其中外籍人数 ____
单位性质	请选择对应项目打"√" □企业　□事业单位　□社会团体　☑民办非企业单位　□其他			
网站网址	www.sibo.com		国标行业	□□ □□ □□
适用会计制度	请选择对应项目打"√" ☑企业会计制度　□小企业会计制度　□金融会计制度　□行政事业单位会计制度			
经营范围	服装进出口业务		请将法定代表人（负责人）身份证件复印件粘贴在此处	

续表

联系人 项目\内容	姓名	身份证件 种类	号码	固定电话	移动电话	电子邮箱
法定代表人（负责人）	田方		310106199208112837	65788888	13978935888	TF@sohu.com
财务负责人	万历		310106199208252837	65788888	13678987652	TF@sohu.com
办税人	夏年		310106199208152837	65788888	13671234567	TF@sohu.com
税务代理人名称		纳税人识别号		联系电话		电子邮箱

注册资本	金额	币种
	100万元	人民币
投资总额	金额	币种
	100万元	人民币

投资方名称	投资方证件号	证件种类	金额	币种	投资比例	投资方经济性质	国籍或地址

自然人投资比例		外资投资比例		国有投资比例	
分支机构名称		注册地址		纳税人识别号	

总机构名称		纳税人识别号	
注册地址		经营范围	
法定代表人名称		联系电话		注册地址邮政编码	
代扣代缴、代收代缴税款业务情况	代扣代缴、代收代缴税款业务内容		代扣代缴、代收代缴税种	

附报资料：

经办人签章：田方章	法定代表人（负责人）签章：田方章	纳税人公章：上海田方报检公司 田方章
2011年9月20日	2011年9月20日	2011年9月20日

以下由税务机关填写：

纳税人所处街乡		隶属关系	
国税主管税务局		国税主管税务所（科）		是否属于国税、地税共管户	
地税主管税务局		地税主管税务所（科）			
经办人（签章）： 国税经办人：_____ 地税经办人：_____ 受理日期： ____年____月____日	国家税务登记机关： （税务登记专用章）： 核准日期： ____年____月____日 国税主管税务机关：	地方税务登记机关： （税务登记专用章）： 核准日期： ____年____月____日 地税主管税务机关：
国税核发《税务登记证副本》数量：	本　　发证日期：_____年____月____日
地税核发《税务登记证副本》数量：	本　　发证日期：_____年____月____日

国家税务总局监制

二、登记机关颁发税务登记证

上海市徐汇区国家税务局受理上海田方报检公司的税务登记材料后,予以审核。经核准后予以登记,并向上海田方报检公司发给税务登记证及其副本(样例2—9)。

样例 2—9

税务登记证	
（副　本）	纳税人名称　上海田方报检公司
	定代表人　田方
国税沪字　310683771943453　号	地　　址　上海市喜泰路8号
	登记注册类型　私营有限责任公司
	经营方式　代理
	经营范围　代理货物进出口报检
（上海市国家税务局印章）	
发证机关：	经营期限
	证件有效期限 2011年9月25日
2011年9月25日	至 2016年9月24日

学习情境三　代理报检企业的报检注册登记

案例导入

根据我国《出入境检验检疫代理报检管理规定》,代理报检企业应当经检验检疫机构注册登记,未取得代理报检企业注册登记的,不得从事代理报检业务。为此,上海田方报检公司获得《企业法人营业执照》和《税务登记证》后,根据规定填写《出入境检验检疫代理报检企业注册登记申请书》,并随附《企业法人营业执照》、组织机构代码证等有关材料向上海市出入境检验检疫局办理代理报检企业注册登记手续。

思考：如何办理代理报检公司的注册登记？

学习指南

代理报检企业是指获得检验检疫机构注册登记后,接受进出境收发货人委托,为委托人办理报检行为的从事代理报检业务的境内企业,其不得以任何形式出让其名义供他人办理代理报检业务。直属检验检疫局负责所辖区域代理报检企业注册登记申请的受理、审查和对代理报检企业的监督管理工作。

一、注册登记的申请

1. 申请注册登记的条件

(1)取得工商行政管理部门颁发的《企业法人营业执照》;
(2)《企业法人营业执照》注册资金人民币100万元以上;
(3)有固定经营场所及办理代理报检业务所需的设施;
(4)有健全的企业内部管理制度;
(5)有不少于5名取得《报检员资格证书》的拟任报检员。

2. 申请注册登记所需资料

申请材料如下:
(1)代理报检企业注册登记申请书;
(2)《企业法人营业执照》复印件;分公司以自己名义申请的,需同时提交《营业执照》复印件、总公司授权书;
(3)《组织机构代码证》复印件;
(4)拟任报检员的《报检员资格证书》复印件;
(5)代理报检企业与拟任报检员签订的劳动合同;
(6)企业章程复印件;
(7)营业场所所有权证明或者租赁证明复印件;
(8)申请人的印章印模。
上述材料应当加盖本企业公章,提交复印件的应当同时交验正本。

二、注册登记的受理

出入境检验检疫局受理申请材料时,对符合要求的予以受理,对材料不齐全或内容不符合的,要求申请注册企业补齐、更正。

三、注册登记的许可

出入境检验检疫局对受理的申请进行审查,并指派两名以上工作人员对申请材料的实质内容进行现场核查,并自受理申请之日起 20 日内作出准予或者不予注册登记的决定。准予注册登记的,颁发《代理报检企业注册登记证书》,有效期为 4 年;不予注册登记的,出具不予注册登记决定书。

四、报检员注册的办理

代理报检企业取得《注册登记证书》后,为拟任报检员向检验检疫机构办理报检员注册,并刻制代理报检专用章向检验检疫机构备案,此时方可在规定的报检服务区域内从事代理报检业务。

五、代理报检业务的范围

代理报检企业从事代理报检业务的范围如下:

1. 办理报检手续

代理报检企业接受委托办理报检手续时,应当向检验检疫机构提交报检委托书。

2. 代缴纳检验检疫费

代理报检企业缴纳检验检疫费,该收据抬头必须为委托人,并将检验检疫收费情况如实告知委托人,不得乱收取费用。

3. 联系和配合检验检疫机构实施检验检疫

代理报检企业应根据报检委托书协议的要求及时联系检验检疫机构实施检验检疫,需要提供检验检疫的条件,配合施检。

4. 领取检验检疫证单

代理报检企业根据报检委托书的要求,及时领取有关检验检疫证单,并对实施代理报检中所知悉的商业秘密负有保密义务。

六、代理报检企业的权利与义务

1. 代理报检单位的权利

代理报检单位享有的权利如下:

(1)代理报检单位注册登记后,其在检验检疫机构注册并持有《报检员证》的报检员有权在批准的代理报检区域内向检验检疫机构办理代理报检业务,但不得出借。

(2)除另有规定外,代理报检单位有权代理委托出入境检验检疫的报检业务。在报关地或收货地代理进口货物报检;在产地或报关地代理出口货物报检。

(3)代理报检单位按有关规定代理报检,提供抽样和检验检疫的各种条件后,有权要求检验检疫机构在国家质检总局统一规定的检验检疫期限内完成检验检疫工作,并出具证明文件。如因检验检疫工作人员玩忽职守造成损失,或入境货物超过索赔期而丧失索赔权,或出境货物耽误装船结汇的,有权追究当事人责任。

(4)代理报检单位对检验检疫机构的检验检疫结果有异议的,有权在规定的期限内向原检验检疫机构或其上级检验检疫机构以至国家质检总局申请复验。

（5）代理报检单位在保密情况下提供有关商业及运输单据时，有权要求检验检疫机构及其工作人员予以保密。

（6）代理报检单位有权对检验检疫机构及其工作人员的违法违纪行为，进行控告或检举。

2. 代理报检单位的义务

代理报检单位承担的义务如下：

（1）代理报检单位在代理报检业务时，须遵守出入境检验检疫法律、法规和规定，对代理报检的内容和提交的有关文件的真实性、合法性负责，并承担相应的法律责任。

（2）代理报检单位从事代理报检业务时，须提交委托人的报检委托书，载明委托人与代理报检单位的名称、地址、联系电话、代理事项，以及双方责任、权利和代理期限等内容，由法定代表签字，并加盖双方公章。

（3）代理报检单位应按规定填制报检申请单，加盖代理报检单位的合法印章，并提供检验检疫机构要求的必要单证，在规定的期限、地点办理报检手续。

（4）代理报检单位应切实履行代理报检职责，负责与委托人联系，协助检验检疫机构落实检验检疫的时间、地点，配合检验检疫机构实施检验检疫，并提供必要的工作条件。对已完成检验检疫工作的，应及时领取检验检疫证单和通关证明。

（5）代理报检单位应积极配合检验检疫机构对其所代理报检业务有关事宜的调查和处理。

（6）代理报检单位应按检验检疫机构的要求聘用报检员，对其进行管理，并对其报检行为承担法律责任。如果报检员被解聘或不再从事报检工作或离开本单位，代理报检单位应及时申请办理注销手续，否则，承担由此产生的法律责任。

七、代理报检企业的管理

1. 代理报检单位的责任

代理报检单位承担的责任如下：

（1）代理报检单位对实施代理报检过程中所知悉的商业秘密负有保密的责任。

（2）代理报检单位应按规定代委托人缴纳检验检疫费，在向委托人收取相关费用时应如实列明检验检疫机构收取的检验检疫费，并向委托人出示检验检疫机构出具的收费票据，不得借检验检疫机构名义向委托人收取额外费用。

（3）代理报检单位与被代理人之间的法律关系适用于我国《民法通则》的有关规定，并共同遵守出入境检验检疫法律、法规；代理报检单位的代理报检行为，不免除被代理人根据合同或法律所应承担的产品质量责任和其他责任。

（4）有伪造、变造、买卖或者盗窃出入境检验检疫证单、印章、标志、封识和质量认证标志行为的，除取消其代理报检注册登记及代理报检资格外，还应按检验检疫相关法律法规的规定予以行政处罚,情节严重,涉嫌构成犯罪的,移交司法部门,对直接责任人依法追究刑事责任。

（5）代理报检单位因违反规定被检验检疫机构暂停或取消其代理报检资格所发生的与委托人等关系人之间的财经纠纷,由代理报检单位自行解决或通过法律途径解决。

（6）代理报检单位及其报检员在从事报检业务中有违反代理报检规定的,由检验检疫机构根据规定予以通报批评、警告、暂停或取消其代理报检资格等处理;违反有关法律、法规的,按有关法律、法规的规定处理;涉嫌触犯刑律的,移交司法部门,按照刑法的有关规定追究其刑事责任。

样例 2—10

出入境检验检疫
代理报检企业违规处理通知书

编号：_____

　　经我局调查确认,你单位有以下违反《出入境检验检疫代理报检管理规定》等相关规定的行为：

　　根据《出入境检验检疫代理报检管理规定》的规定,我局决定对你单位实施以下处理：
对_____处以：警告处理。

出入境检验检疫局
（主管部门印章）

样例 2—11

出入境检验检疫
代理报检企业违规处理单

编号：_____

填报机构			填报日期	
单位名称			注册登记号	
联系人		电话	传真	
违规内容				
违规条款				
处理意见		填报人：	负责人：	
直属局主管部门审核意见		审核人：	负责人：	
主管领导审核意见			主管领导：	

2. 注册登记内容的变更

代理报检企业名称、地址、法定代表人、非法人企业的负责人、经营范围等重大事项发生变更的,应当自变更之日起30日内凭营业执照等有关证明材料向直属检验检疫局申请变更。变更内容与《注册登记证书》记载事项有关的,直属检验检疫局应当予以换发新证。

3. 注册登记的撤销

撤销代理报检企业注册登记的情形如下：
(1)检验检疫工作人员滥用职权、玩忽职守作出准予注册登记决定的；
(2)超越法定职权作出准予注册登记决定的；
(3)违反法定程序作出准予注册登记决定的；
(4)对不具备申请资格或者不符合法定条件的申请人准予注册登记的；
(5)以欺骗、贿赂等不正当手段取得注册登记的。

代理报检企业发生上述情形之一的,撤销代理报检企业注册登记的资格。

4. 注册登记的注销

注销代理报检企业注册登记的情形如下：
(1)代理报检企业终止代理报检业务的；
(2)代理报检企业依法终止的；
(3)代理报检企业组织机构代码发生变化的；
(4)注册登记被撤销、撤回,或者注册登记证书被吊销的；
(5)法律、法规规定应当注销行政许可的其他情形。

代理报检企业发生上述情形之一的,注销注册登记资格,并交还注册登记证书和报检员证。

5. 例行审核制度

(1)例行审核的时间

出入境检验检疫局每2年对代理报检企业实行一次例行审核制度。代理报检企业应当在审核年度的3月1日至3月31日向所在地检验检疫机构申请例行审核。

(2)例行审核的材料

提交例行审核的材料主要包括：上两年度的例行审核报告书,涵盖代理报检企业基本信息、遵守检验检疫法律法规规定情况、报检员信息及变更情况、代理报检业务情况及分析、报检差错及原因分析、自我评估等信息；出入境检验检疫代理报检企业注册登记证书复印件；组织机构代码证复印件；企业法人营业执照复印件；企业所属持有报检员资格证人员清单等。

(3)年审审查形式

现场核查、实地检查、座谈会和发放调查表等。

(4) 年审审查内容

对年审材料的真实性与实质性内容进行审查,具体内容包括:代理报检企业资质变动情况;单位注册登记信息变更情况;上年度代理报检业务及报检差错情况;遵守检验检疫代理报检管理规定的情况;遵守检验检疫法律法规的情况;报检员证注册、注销、延期等日常管理情况;公司所属报检员的违法、违规情况等。

6. 代理报检企业的信用等级管理

代理报检企业信用等级评定是以代理报检企业在日常代理报检业务中遵守法律法规、履行代理报检职责的情况为依据进行评分,并根据评分结果确定 A、B、C、D 四个等级。直属检验检疫局根据代理报检企业的不同信用等级采取不同的管理,对 A 级、B 级的代理报检企业采取宽松的管理措施,对 C 级、D 级的代理报检单位采取严加监管,目的是引导代理报检单位增强依法经营和诚实守信的意识。

7. 业务档案的管理

代理报检企业应当按照检验检疫机构的要求建立和完善代理报检业务档案,真实完整地记录其承办的代理报检业务。代理报检企业的代理报检业务档案保存期限为 4 年。

案例分析

近日,某代理报检公司报检了一批出口水泥(属法定检验商品),重量为 4.2 万吨,货值 151 万美元。但在装船时,该代理报检公司未按规定通知检验检疫人员进行首次水尺计重,至检验检疫人员发现情况时,已经装了 1 万余吨,致使该批水泥无法完成重量检验。请分析,检验检疫机构应如何处理?有何启示?

实例操作

一、上海田方报检公司网上申请注册

上海田方报检公司输入(http://www.eciq.cn)网址,在"业务在线"栏的"审批类"中点击"代理报检企业注册登记系统"项,点击"出入境检验检疫代理报检企业注册登记申请书"(样例 2—12),输入相关信息后递交,并点击"打印"按钮,打印该申请书。

样例 2-12

出入境检验检疫代理报检企业注册登记申请书

申请编号：_____

中华人民共和国　上海　出入境检验检疫局：

根据相关法律法规和《出入境检验检疫代理报检管理规定》（第 128 号令），本企业特向贵局申请出入境检验检疫代理报检企业注册登记，并附相关材料。

本企业将严格遵守出入境检验检疫有关法律、法规和规定，按照检验检疫机构的规定和要求办理代理报检业务，配合做好检验检疫工作，并承担相应的经济责任和法律责任。本企业具有固定营业场所及符合办理代理报检业务所需的条件，具备健全的企业内部管理制度。

本企业保证如实提交有关材料和反映真实情况，并对申请材料的实质内容的真实性负责，特请批准。

本企业郑重声明，本企业与检验检疫机构行政机关工作人员无任何利益关系，未聘请检验检疫机构行政机关工作人员和按国家有关规定应予以回避的人员以及离开检验检疫工作岗位 3 年内的工作人员。

申请企业：上海田方报检公司
联系人：田方
联系电话：65788888
申请日期：2011 年 9 月 2 日

法定代表人（签字）：田方

申请企业（公章）：上海田方报检公司专用章

基本情况

企业名称	中文	上海田方报检公司		简称	
	英文	SHANGHAI TIANFANG INSPECTION CORPORATION			
住　所		上海市徐汇区喜泰路 8 号		邮政编码	200231
办公地址		上海市徐汇区喜泰路 8 号		行政区划	徐汇区
企业性质		私营		注册资本（万元）	100 万元
企业法人营业执照号码		310607100226928		组织机构代码	783580098
分公司营业执照号码				组织机构代码	
法定代表人		田方	电话	65788888	传真	65788899
分公司负责人			电话		传真	
企业联系人		田方	电话	65788888	传真	65788899
电子邮箱		TF@sohu.com	开户银行	中国银行上海分行		
获得的体系认证			银行账号	4005743-212324		

	序号	姓名	报检员资格证号码	身份证号码	联系电话	本人签字
拟任报检人员	1	田方	310123987645	310106199208112837	65788888	田方
	2	刘星	310123987644	310106199008152837	65788888	刘星
	3	王通	310123987643	310106199109112837	65788888	王通
	4	夏敏	310123987642	310106199012172837	65788888	夏敏
	5	方天	310123987641	310106198902082837	65788888	方天
	6					
	7					
	8					

二、上海田方报检公司现场书面确认

网上申请之日起30日内,上海田方报检公司持出入境检验检疫代理报检企业注册登记申请书、企业法人营业执照、组织机构代码证、拟任报检员的报检员资格证书复印件、与拟任报检员签订的劳动合同、营业场所租赁证明复印件和申请单位的印章公模到上海出入境检验检疫局提交核查。

三、登记机关颁发代理报检企业登记证书

上海出入境检验检疫局对申请材料进行审查,并派员进行现场核查。经上海出入境检验检疫局核准后,准予注册登记,颁发《代理报检企业注册登记证书》(样例2—13)。

样例2—13

企 业 名 称 上海田方报检公司 单 位 地 址 上海市喜泰路8号 法 定 代 表 人 田方 组织机构代码 783580098 经审核,你单位符合《出入境检验检疫代理报检管理规定》中关于代理报检单位注册登记条件,准予注册登记。 报检区域:上海 发证机关:上海市出入境检验检疫局 发证日期:2011年9月20日	年审记录 你单位　　年度年审核报告书悉。经审核,你单位符合年审要求,通过年审。 年度信用等级: 签批人:　　　　　(盖章) 　　　　　　　　　年　月　日 你单位　　年度年审核报告书悉。经审核,你单位符合年审要求,通过年审。 年度信用等级: 签批人:　　　　　(盖章) 　　　　　　　　　年　月　日 你单位　　年度年审核报告书悉。经审核,你单位符合年审要求,通过年审。 年度信用等级: 签批人:　　　　　(盖章) 　　　　　　　　　年　月　日

代理报检企业注册登记证书

注册登记号　3100110908

企　业　名　称　　上海田方报检公司
法　定　代　表　人　　田方
分　公　司　负　责　人
组　织　机　构　代　码　　783580098
住　　　　　所　　上海市喜泰路8号
报　检　区　域　　上海
注　册　日　期　　2011年9月20日

发证机关：上海市出入境检验检疫局
发证日期：2011年9月20日
国家质量监督检验检疫总局监制

教学方案设计与建议

学习内容	教学组织形式	实施教学手段	课时
1. 申请报检企业名称的预先核准 2. 报检企业设立的工商登记 3. 报检公司申办组织机构代码证 4. 企业名称预先核准申请书 5. 报检企业的税务登记 6. 代理报检企业的报检注册登记	学习指南 　　——讲授法、案例法 实例操作 　　——情景教学法、角色互动法、案例演绎法 组织形式 　　——分成若干小组，以小组为单位开展讨论、模拟操作	学习场所： 普通教室、专业实训室 教学设备： 计算机、服务器 学习资料： 电子课件、电子表格	6
累计：			6

思考与检测

一、单项选择题

1. (　　)的日期为公司成立日期。
　　A. 设立企业申请　　　　　　B. 受理通知书
　　C. 企业法人营业执照　　　　D. 以上都不是

2. 办理出入境检验检疫代理报检企业注册登记手续必须填写(　　)。
　　A. 税务登记申请书　B. 注册登记证书　C. 注册登记申请书　D. A 与 B
3. 每一个单位、组织和团体全国范围内都有一个唯一的、始终不变的法定代码标识是(　　)。
　　A. 行业标准　　　　　　　　B. 组织机构代码证
　　C. 企业法人营业执照　　　　D. B 与 C
4. 新设立公司可凭(　　)刻制印章,开立银行账户。
　　A. 企业法人营业执照　　　　B. 组织机构代码证
　　C. 税务登记证　　　　　　　D. A 与 B
5. 办理代理报检企业注册登记的申请人在网上申请之日(　　)内提供书面材料。
　　A. 15 日　　　B. 20 日　　　C. 25 日　　　D. 30 日
6. 出入境检验检疫代理报检企业注册登记的条件之一是(　　)拟任报检员。
　　A. 5 名　　　B. 4 名　　　C. 3 名　　　D. 2 名
7. 公司登记机关收取设立登记费为注册资本总额的(　　)。
　　A. 0.5‰　　　B. 0.8‰　　　C. 0.9‰　　　D. 10‰
8. 出入境检验检疫代理报检企业注册登记条件之一是注册资金须(　　)以上。
　　A. 250 万元　　　B. 200 万元　　　C. 150 万元　　　D. 100 万元
9. 代理报检企业实行信用等级管理,根据评分结果确定(　　)。
　　A. A 级　　　B. A、B 级　　　C. A、B、C 级　　　D. A、B、C、D 级
10. 代理报检企业实行信用等级管理,属于严加监管的是(　　)。
　　A. A 级　　　B. A、B 级　　　C. C、D 级　　　D. B、C、D 级

二、多项选择题
1. 设立有限责任公司由全体股东指定代表或代理人通过(　　)方式向公司登记机关提出。
　　A. 信函　　　B. 传真　　　C. 电子邮件　　　D. 上门受理
2. 报检单位按其登记的性质,可分为(　　)。
　　A. 报检公司　　B. 自理报检单位　C. 代理报检单位　D. 外贸公司
3. 公司设立应依法办理公司登记,领取(　　)后,方可从事经营活动。
　　A. 企业法人营业执照　　　　B. 报关注册登记证书
　　C. 报检单位备案登记　　　　D. 税务登记证
4. 出入境检验检疫代理报检企业注册登记条件是(　　)。
　　A. 100 万元以上注册资金　　B. 5 名以上拟任报检员
　　C. 固定经营场所　　　　　　D. 公司管理制度

5. 出入境检验检疫代理报检企业注册登记提供的书面材料是（　　）。
   A. 注册资金证明　　　　　　　B. 企业法人营业执照
   C. 组织机构代码证　　　　　　D. 拟任报检员劳动合同
6. 例行审核报告书应包括（　　）等内容。
   A. 报检员信息及变更情况　　　B. 报检差错及原因分析
   C. 遵守检验检疫法律法规规定情况　D. 代理报检业务情况及分析

三、判断题

1. 出入境检验检疫代理报检企业注册登记。（　　）
2. 出入境检验检疫局每年都对代理报检企业实行一次例行审核制度。（　　）
3. 变更注册登记证书记载事项的，直属检验检疫局应当予以换发新证。（　　）
4. 代理报检企业的代理报检业务档案保存期限为5年。（　　）
5. 代理报检企业注销注册登记资格的，应交还注册登记证书。（　　）
6. 以欺骗、贿赂等不正当手段取得代理报检企业注册登记的，应予以注销。（　　）
7. 对代理报检企业实行信用等级管理，A级、B级企业采取宽松的管理措施。（　　）
8. 代理报检企业信用等级是以代理报检企业的注册资金大小予以评定的。（　　）

四、流程示意题

根据代理报检企业的设立程序填写下表：

设立环节	登记机构	提交主要资料	主要申请表	获取证件
办理工商登记				
申请组织				
机构代码证				
办理税务登记				
报检企业注销登记				

五、技能操作题

1. 操作资料

申请企业：上海三王进出口公司（电子邮箱 DF@sohu.com）
企业住所：上海市浦东新区东方路100号（邮编200021）
电　话：21－58332221　传真：0086－21－58332222

法人代表:王立(手机 13917933388)
企业性质:私营
注册资金:160万元
从业人数:8人
开户银行:中国银行浦东支行
银行账号:4743-322123241
营业执照号:3106071002261123
组织机构代码:783581124
拟任报检人员:5名(报检员资格证号码、身份证号码、电话自拟)
注册登记机构:上海出入境检验检疫局

2. 操作要求

请你以上海三王进出口公司的联系人的身份,根据上述资料填写出入境检验检疫代理报检企业注册登记申请书。

申请编号:_____ 出入境检验检疫 代理报检企业注册登记 申请书 申请企业:_____ 联 系 人:_____ 联系电话:_____ 申请日期:_____	中华人民共和国_____出入境检验检疫局: 　　根据相关法律法规和《出入境检验检疫代理报检管理规定》(第128号令),本企业特向贵局申请出入境检验检疫代理报检企业注册登记,并附相关材料。 　　本企业将严格遵守出入境检验检疫有关法律、法规和规定,按照检验检疫机构的规定和要求办理代理报检业务,配合做好检验检疫工作,并承担相应的经济责任和法律责任。本企业具有固定营业场所及符合办理代理报检业务所需的条件,具备健全的企业内部管理制度。 　　本企业保证如实提交有关材料和反映真实情况,并对申请材料的实质内容的真实性负责,特请批准。 　　本企业郑重声明,本企业与检验检疫机构行政机关工作人员无任何利益关系,未聘请检验检疫机构行政机关工作人员和按国家有关规定应予以回避的人员以及离开检验检疫工作岗位3年内的工作人员。 法定代表人　　　　　　申请企业(公章): (签字):

基本情况

企业名称	中文			简称	
	英文				
住　　所				邮政编码	
办公地址				行政区划	
企业性质				注册资本(万元)	
企业法人营业执照号码				组织机构代码	
分公司营业执照号码				组织机构代码	
法定代表人			电话		传真
分公司负责人			电话		传真
企业联系人			电话		传真
电子邮箱			开户银行		
获得的体系认证			银行账号		

	序号	姓名	报检员资格证号码	身份证号码	联系电话	本人签字
拟任报检人员						

学习活动测评表

测评范围	评判标准	总分	自我评价
单项选择题	错1个扣1.5分	15	
多项选择题	错1个扣3分	18	
判断题	错1个扣1.5分	15	
流程示意题	错1个扣2分	22	
技能操作题	错1个扣2分	20	
案例分析	错1个扣2分	10	
合　计		100	

项目三　步入职场
——报检员执业资格的确立

学习与考证目标
- 了解报检员资格考试的条件
- 熟悉报检员资格考试的主要内容
- 掌握报检员注册登记的基本程序
- 具备报检员工作岗位的基本要求

项目背景

报检的主体是报检员,其根据法律、行政法规的规定、对外贸易合同的约定,向检验检疫机构申请检验、检疫、鉴定以获准出入境或取得销售使用的合法凭证及某种公证证明所必须履行的法定程序和手续。报检员必须获得国家质检总局规定的资格,在检验检疫机构注册后,才能在报检单位从事出入境检验检疫报检业务。

学习情境一　取得报检员资格证书

案例导入

在校期间,田方先生与创业团队的其他成员为了模拟创业上海田方报检公司,根据《出入境检验检疫报检员管理规定》参加了上一年度报检员资格全国统一考试。考试通过后,取得报检员资格证书,可注册为代理报检单位报检员或自理报检单位报检员。

思考:报检员资格证书的作用及报考的方法与条件是什么?

学习指南

报检员是指获得国家质检总局规定的资格,在检验检疫机构注册后,负责办理出入境检验检疫报检业务的人员,并服务于某一个报检单位而不能独立其外。报检员资格通过全国统一考试,合格者颁发报检员资格证书。

一、报检员资格考试的报考条件

1. 准予报考条件
(1)年满18周岁,具有完全民事行为能力。
(2)具有高中毕业或中等专业学校毕业及以上学历。
2. 不准予报考的情形
(1)触犯刑律被判刑,刑满释放未满5年者;
(2)被检验检疫机构吊销报检员证未满3年者;
(3)以伪造文件、冒名代考或其他作弊行为参加报检员资格全国统一考试以及相关考试,经查实,已宣布成绩无效未满3年者。

二、报检员资格考试的报名方式

报检员资格考试实行网上报名,报考人员须在网上提交报名申请,并到各地检验检疫机构公布的报考资格确认地点进行报考资格确认后,方可参加考试。

1	2	3	4
网上报名	现场确认	领取准考证	参加考试

三、报检员资格考试的内容

1. 检验检疫基础知识
(1)出入境检验检疫概况

出入境检验检疫的产生与发展,法律地位和作用,目的和任务。法定检验检疫的概念。出入境检验检疫的程序和基本内容。出入境检验检疫的业务流程和基本内容。

(2)报检单位与报检员

自理报检单位、代理报检单位和报检员的概念、权利、责任和义务,报检单位、报检员管理的有关规定。进出口企业诚信管理的有关规定。

(3)报检的一般要求

出入境报检的一般规定及要求。《出入境检验检疫机构实施检验检疫的进出境商品目录》的基础知识和查询使用方法。进出特殊监管区货物、鉴定业务报检的规定及要求。报检单填制的规定及要求。更改报检、撤销报检、重新报检的规定及要求。复验和免验的有关规定。

(4)入境货物报检

入境动植物及动植物产品、食品、化妆品、玩具、机电产品、汽车、石材、涂料、人类食品和动物饲料添加剂及原料产品、可用作原料的废物、特殊物品、展览物品、来自疫区货物、木质包装的报检规定及要求。

(5)出境货物报检

出境动植物及动植物产品、竹木草制品、食品、化妆品、玩具、机电产品、人类食品和动物饲料添加剂及原料产品、危险货物的报检规定及要求。市场采购货物、对外承包工程及援外物资、非贸易性物品的报检规定及要求。危险货物包装容器、小型气体包装容器、食品包装容器包装材料、木质包装的报检规定及要求。出口塞拉利昂、埃塞俄比亚和埃及产品装运前检验的报检规定及要求。

(6)出入境集装箱、交通运输工具

出入境集装箱和交通运输工具检验检疫的范围和报检要求。出入境集装箱检验检疫、出入境交通运输工具检疫的有关知识。

(7)出入境人员卫生检疫

出入境人员健康检查的对象。国际预防接种的对象。出入境人员检疫申报要求。

(8)出入境旅客携带物、伴侣动物、邮寄物、快件

出入境快件检验检疫的范围和报检要求。旅客携带物、伴侣动物、邮寄物检验检疫申报的有关规定和要求。

(9)检验检疫费

出入境检验检疫收费的有关规定。

(10)签证与放行

检验检疫证单的种类、使用范围、法律效用,检验检疫证单的结构和语言,签发检验检疫证单的一般规定、签发程序,更改、补充和重发检验检疫证单的规定。检验检

疫通关放行的基本规定。检验检疫直通放行、绿色通道和通关单联网核查的有关规定。

(11)电子检验检疫

电子申报、电子监管、电子放行的内容和有关要求。

(12)检验检疫监管

进境动植物及动植物产品检疫审批、进境废物原料国外供货商注册登记及国内收货人登记、进口棉花国外供货商登记、进境旧机电产品备案、进口涂料检验登记备案的规定。

出口食品生产企业备案登记、出口商品质量许可、出口危险品生产企业登记、出口危险货物包装容器质量许可、出口水果果园及包装厂注册登记、出境竹木草制品生产企业注册登记、出境种苗花卉生产经营企业注册登记、出口植物源性食品原料种植基地备案、供港澳地区蔬菜种植基地和生产加工企业备案的规定。

进出口肉类产品企业、进出口水产品企业和进出口饲料和饲料添加剂企业监督管理。

强制性产品认证、出入境快件运营单位核准、进出口电池产品汞含量检验监管备案、进境植物繁殖材料隔离检疫圃备案、进出口动植物中转、隔离等场所注册登记的规定。出口工业产品企业分类管理、出入境检验检疫标志的规定。

2. 国际贸易知识

(1)国际贸易商品分类

协调商品名称和编码制度的结构、编排特点、归类总规则和有关知识。查阅H.S.编码的方法。

(2)国际贸易基础知识

国际贸易术语、主要贸易方式、支付方式、常用国际贸易单证、国际贸易运输及保险等基本知识。

3. 基础英语

从事报检工作应具备的英语知识。

4. 法律法规知识

中华人民共和国进出口商品检验法及其实施条例、中华人民共和国进出境动植物检疫法及其实施条例、中华人民共和国国境卫生检疫法及其实施细则、中华人民共和国食品安全法及其实施条例的有关规定；中华人民共和国认证认可条例、国务院关于加强食品等产品安全监督管理的特别规定的有关规定；中华人民共和国对外贸易法、中华人民共和国海关法的有关知识。

案例分析

王丽是某职业技术学校国际商务专业的一名在校二年级学生,特别想获取报关员证,故托人出具"在校三年级"假证明,参加了2010年的报检员资格证书的认证考试。后经查实,并宣布成绩无效。今年王丽即将毕业,准备参加2011年报检员职业资格证书的认证考试。请分析,王丽具备参加报检员资格考试的条件吗?为什么?

实例操作

一、田方先生进行报检员考试报名

1. 网上报名

田方先生登入网址 www.bjy.net.cn,点击"网上报名"按钮进入表格,并根据表格栏目的要求进行选择或填写相关的信息。详见下列界面:

2. 现场确认

网上报名后,田方先生持本人身份证复印件、学历证书复印件、免冠同底版 2 寸彩色证件照 3 张、报名表(从报名网站下载打印),在指定的时间内进行现场确认。不办理报考资格确认者不能参加考试。

3. 领取准考证

田方先生在报考资格确认后,按检验检疫机构公布的时间和地点领取准考证。

二、田方先生取得报检员资格证书

田方先生认真按照考试大纲的要求进行复习,在指定的时间参加考试。数月后,田方先生登入 www.bjy.net.cn 网,输入身份证号与准考证号,成绩显示达到发证要求,并在指定地点领取报检员资格证书。

学习情境二　办理报检员注册

案例导入

田方先生获得了国家质检总局颁发的《报检员资格证》,在上海田方报检公司向上海市出入境检验检疫局办理代理报检企业注册登记后办理报检员注册。上海田方报检公司通过上海市出入境检验检疫局指定网站申请,打印申请书,携有关材料至受理地点办理申请手续。

思考：报检员注册的程序、方法以及报检员的权利与义务是什么？

学习指南

根据出入境检验检疫报检员注册（试行）的规定，报检员注册应由已备案登记或注册并取得报检单位代码的代理或自理报检单位，向直属检验检疫局提出申请。报检员注册申请采取网上申请、柜台受理的方式，取得报检员资格证的人员不得由两个单位同时申请。报检员未经注册的，不得从事报检工作。取得报检员资格证2年内未从事报检业务的，该证书自动失效。

一、注册登记的申请

1. 注册申请的条件

（1）报检员注册须由在上海检验检疫局注册/备案登记的报检单位提出申请；

（2）申请注册的报检员应取得国家质检总局颁发的报检员资格证，并属于申请单位的正式员工；

（3）代理报检单位申请报检员注册，其拟任报检员必须是单位基本信息中的已有人员，新进人员需办理注册的，须先办理单位信息更改，在报检员资格证人员信息栏中进行增加。

2. 注册申请的资料

（1）报检员注册申请书；

（2）代理报检单位注册登记证书、自理报检单位备案登记证书复印件（盖公章）；

（3）报检员资格证复印件（同时交验正本）；

（4）报检员的身份证复印件（同时交验正本）；

（5）大二寸免冠彩照2张。

3. 注册申请的程序

（1）网上申请

①申请单位登陆中国电子检验检疫业务网（www.eciq.cn），选择"报检单位备案登记、报检员注册申请（企业用户）"，点击"已注册单位"，输入"报检单位组织机构代码"、"报检单位登记号"，选择"报检员注册申请"；②填写报检员注册登记信息，点击"保存申请"；③点击"打印"，打印"报检员注册申请书"。

（2）柜台受理

申请单位在网上申请后，持规定的申请材料进行现场申报。直属检验检疫局审核申请材料,符合规定的,准予注册并向申请人颁发报检员证。如发现报检员资格证失效的,或已在检验检疫机构注册为报检员且未办理注销手续的,或被吊销报检员证未满3年的,或报检员注册申请人隐瞒有关情况的,不予以注册。报检员更换单位的须由原单位办理注销手续后,由新单位重新办理报检员注册的申请。对以欺骗、贿赂等不正当手段取得报检员注册的,将对其注册予以撤销,并收回其报检员证。

4. 注册申请的时间与地点

受理时间为正常工作日,受理地点为直属检验检疫局指定地点。

二、报检员的权利与义务

1. 报检员的权利

报检员享有的权利如下:

(1)对于入境货物,报检员在检验检疫机构规定的时间和地点办理报检,并提供抽(采)样、检验检疫的各种条件后,有权要求检验检疫机构在规定的期限或对外贸易合同约定的索赔期限内检验检疫完毕,并出具证明。如因检验检疫工作人员玩忽职守造成损失或使货物超过索赔期而丧失索赔权,报检员有权追究有关当事人的责任。

(2)对于出境货物,报检员在检验检疫机构规定的地点和时间,向检验检疫机构办理报检,并提供必要工作条件后,有权要求检验检疫机构在不延误装运的期限内检验检疫完毕,并出具证明。如因检验检疫工作人员玩忽职守而耽误装船结汇,报检员有权追究有关当事人的责任。

(3)报检员对检验检疫机构的检验检疫结果有异议时,有权根据有关法律规定,向原机构或其上级机构申请复验。

(4)报检员如有正当理由需撤销报检时,有权按有关规定办理撤检手续。

(5)报检员在保密情况下提供有关商业单据和运输单据时,有权要求检验检疫机构及其工作人员给予保密。

(6)对检验检疫机构工作人员滥用职权、徇私舞弊、伪造检验检疫结果的,报检员有权对检验检疫机构工作人员的违法违纪行为进行控告、检举,或依法追究当事人的法律责任。

2. 报检员的义务

报检员承担的义务如下:

(1)报检员负责本企业的报检/申报事宜,报检员办理报检业务须出示《报检员证》,检验检疫机构不受理无证报检业务。

(2)报检员有义务向本企业传达并解释出入境检验检疫有关法律法规、通告及管理办法。

(3)报检员应遵守有关法律法规和检验检疫规定,在规定的时间和地点进行报检,并向检验检疫机构提供真实的数据和完整、有效的单证,准确、详细、清晰地填制报检单,随附证单应齐全、真实,协助所属企业完整保存报检资料等业务档案。

(4)报检员有义务向检验检疫机构提供进行抽样、检验、检疫和鉴定等必要的工作条件,如必要的工作场所、辅助劳动力等。配合检验检疫机构为实施检验检疫而进行的现场验(查)货、抽(采)样及检验检疫处理等事宜。负责传达和落实检验检疫机构提出的检验检疫监管措施和其他有关要求。

(5)报检员有义务对经检验检疫机构检验检疫合格放行的出口货物加强批次管理,不得错发、漏发致使货证不符。对入境的法定检验检疫货物,未经检验检疫合格或未经检验检疫机构许可,不得销售、使用或拆卸、运递。

(6)报检员申请检验、检疫、鉴定等工作时,应按照有关规定缴纳检验检疫费。

3. 报检员的职责

报检员承担的职责如下:

(1)报检员必须严格遵守有关法律法规和检验检疫规定,不得擅自涂改、伪造或变造检验检疫证(单)。

(2)对于需要办理检疫审批的进境检疫物,报检员于报检前应提醒或督促有关单位办妥检疫审批手续,或准备提供隔离场所。报检后报检员应配合检疫进程,了解检疫结果,适时协助做好除害处理,对不合格检疫物及时配合检验检疫机构做好退运、销毁等处理工作。

(3)对于出境检疫物的报检,报检员应配合检验检疫机构,根据输入国家(地区)的检疫规定等有关情况,提醒或组织企业有关部门进行必要的自检,或提供有关产地检验检疫资料,帮助检验检疫机构掌握产地疫情,了解检疫情况和结果。

(4)对于入境检验检疫不合格的货物,应及时向检验检疫机构通报情况,以便有效处理、加强防范、重点控制,或整理材料、证据及时对外索赔。对于出境货物要搜集对方的反映,尤其对有异议的货物要及时通报有关情况,以便总结经验或及时采取对策,解决纠纷。

三、报检员的管理

报检员在取得《报检员证》后即可从事出入境检验检疫报检工作,检验检疫机构实行凭证报检制度,并对报检员日常的报检行为实施差错登记等监督管理。

1. 报检员管理的主要内容

报检员管理的主要内容如下:

(1)报检员不得将《报检员证》转借和涂改。

(2)报检员不得同时兼任两个或两个以上报检单位的报检工作。

(3)《报检员证》的有效期为2年。报检员应在有效期届满30日前,向发证机构提出延期申请,并提交延期申请书。检验检疫机构将结合日常报检工作记录对报检员进行审核,合格者将其《报检员证》延长2年,不合格者应参加检验检疫机构组织的报检业务培训和考试,经考试合格的,《报检员证》有效期可延长2年。

(4)报检员因工作单位调动和所在单位更名等其他原因而重新注册,需更改报检员信息,并应填写报检员更改申请表(样例3-1),提供有关材料。因工作单位调动而需办理报检员证变更时,需提供新录用单位的接纳证明;因其他原因变更,需提供加盖单位公章的相关情况说明和检验检疫注册证复印件(须加盖单位公章)。

样例3-1

变更/补办《报检员证》申请表

申请日期:　　年　　月　　日　　　　　　　　登记编号:

报检员姓名		报检员证号	
原报检单位		原企业注册号	
现报检单位		现企业注册号	
变更/补办原因			
联系电话及身份证号码		申请人签字:	
兹证明＿＿＿＿＿＿＿＿＿＿＿＿＿系我单位正式职工,上述变更/补办原因属实。我单位保证该职工遵守国家有关法律法规,按照检验检疫机构的规定和要求办理报检手续,配合做好检验检疫工作,并承担相应的法律责任。 　　单位负责人(签名):　　　　　　　　　　　　单位公章: 　　　　　　　　　　　　　　　　　　　　　　　　年　月　日			
检验检疫机构审核意见: 　　经办人:　　　　　　　　　　　　　　　　　日期:　年　月　日			
备　注			

(5)报检员如遗失《报检员证》,应在7日内向发证机构递交说明遗失的报检员资格证号、单位注册号、遗失的时间和地点等情况,加盖单位公章,并登报声明作废。检验检疫机构对在有效期内的《报检员证》予以补发,补发前报检员不得办理报检业务。

(6)报检员因违反报检员管理办法或其他原因被暂停报检资格的,须于暂停期满时向检验检疫局提交恢复报检资格的书面申请,写明报检员资格证号、单位注册号和对违规行为的认识及整改情况,并加盖单位公章。

(7)报检单位对本企业报检员不再从事报检业务的、或因故停止报检业务的、或解聘的报检员,应收回其《报检员证》交当地检验检疫机构,并以书面形式申请办理《报检员证》注销手续。检验检疫机构受理后,出具《报检员证注销证明》。

(8)自理报检单位的报检员可以在注册地以外的检验检疫机构办理本单位的报

检业务,并接受当地检验检疫机构的管理。

(9)报检员在从事出入境检验检疫报检活动中,如有不实报检造成严重后果的,提供虚假合同、发票、提单等单据的,伪造、变造、买卖或者盗窃、涂改检验检疫通关证明、检验检疫证单、印章、标志、封识和质量认证标志的,或其他违反检验检疫有关法律、法规规定,情节严重的,将取消其报检员资格,吊销《报检员证》。被取消报检员资格的,3年内不允许参加报检员资格考试。

2. 报检员实施差错登记制度

检验检疫机构对报检员的管理实施差错登记制度,具体方法如下:

(1)记分方法

依据差错或违规行为的严重程度分为12分、4分、2分和1分予以一次记分。记分周期为一年度,满分12分,从《报检员证》初次发证之日起计算。一个记分周期期满后,分值累计未达到12分的,该周期内的记分分值予以消除,不转入下一个记分周期。在同一批次报检业务中出现两处或以上记分事项的,分别计算、累加分值。注销后重新注册或变更个人注册信息换发《报检员证》的,原记分分值继续有效。详细内容见下表:

事　项	分值	备　注
因报检员的责任造成报检单中所列项目申报错误的	1	按报检批次累计不超过2分
因报检员的责任造成提交的报检单与所发送的电子数据内容不一致的	1	
报检所附单据之间或所附单据与报检单内容不相符的	1	
未按规定签名或加盖公章	1	
报检随附单据模糊不清或为传真纸的	1	
报检随附单据超过有效期的	1	
未提供代理报检委托书或所提供的不符合要求的	1	
对同一批货物重复报检的	1	
经通知或督促仍不按时领取单证的	1	
已领取的检验检疫单证、证书或证件遗失或损毁的	1	
对已报检的出境货物在一个月内不联系检验检疫也不办理撤销报检手续的	1	按报检批次计
未在要求时间内上交应由检验检疫机构收回的《报检员证》或《报检员资格证》的	1	
错误宣传检验检疫法律法规及有关政策或散布谣言的	1	
其他应记1分的行为或差错	1	
对已报检入境货物经检验检疫机构督促仍不及时联系检验检疫事宜未造成严重后果的	2	
对未受理报检的单据不按检验检疫机构的要求进行更改或补充而再次申报的	2	
未按规定时间及时缴纳检验检疫费的	2	

续表

事　项	分值	备注
扰乱检验检疫工作秩序,情节严重的	2	
其他应记2分的行为或差错	2	
代理报检单位报检员假借检验检疫机构名义刁难委托人、被投诉且经查属实的	4	
入境流向货物申报时未提供最终收货人有关信息或所提供的信息有误未造成严重后果的	4	
被检验检疫机构发现漏报、瞒报法定检验检疫的货物或木质包装未造成严重后果的	4	
擅自取走报检单据或证单的	4	
擅自涂改已受理报检的报检单上的内容或撤换有关随附单据的	4	
其他应记4分的行为或差错	4	
转借或涂改《报检员证》的	12	
被暂停报检资格期间持他人《报检员证》办理报检及相关业务的	12	
涂改、伪造检验检疫收费收据的	12	
对入境货物不及时联系检验检疫或所提供的信息有误致使检验检疫工作延误或无法实施检验检疫并造成严重后果的	12	
不如实报检未造成严重后果并未达到吊销《报检员证》条件的	12	
其他应记12分的行为或差错	12	

记分后,报检员应立即纠正差错或违规行为。报检员对记分有异议的,可当场或在3日内提出申诉,经检验检疫机构复核,如事实、理由或者证据成立的,可根据实际情况取消或变更原记分。

(2)记分处理

凡是一个记分周期内记满12分的,暂停报检资格3个月;在同一记分周期内,暂停报检资格期间或期限届满后,被再次记满12分的,暂停报检资格6个月;暂停报检资格期限届满后,原记分分值予以清除,重新记分至该记分周期终止;暂停报检资格期间不得办理报检业务,由检验检疫机构暂时收回《报检员证》,无法收回的,将予以公告;暂停报检资格期限未满不得办理报检单位变更手续,不予出具《报检员证注销证明》。

案例导入

小何是某报检代理公司在苏州检验检疫局注册的报检员,2009年12月因故离开该报检公司到另一家未取得报检代理登记注册的物流公司工作。到了物流公司工作后,小何使用在报检公司时私刻的报检专用章先后向当地检验检疫局报检了62批出入境业务。案发后,出入境检验检疫局依法给予处理。请分析出入境检验检疫局处理的依据和结果。

实例操作

一、上海田方报检公司网上预申请

1. 田方先生按下列程序进行网上预申请

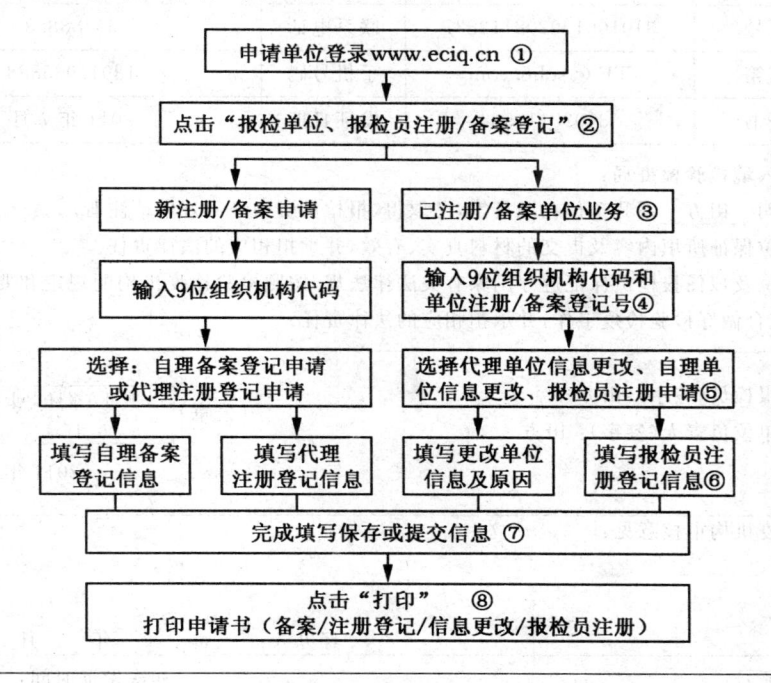

```
申请单位登录www.eciq.cn ①
            ↓
点击"报检单位、报检员注册/备案登记" ②
       ↓                    ↓
  新注册/备案申请        已注册/备案单位业务 ③
       ↓                    ↓
  输入9位组织机构代码     输入9位组织机构代码和
                         单位注册/备案登记号 ④
       ↓                    ↓
 选择：自理备案登记申请   选择代理单位信息更改、自理单
 或代理注册登记申请       位信息更改、报检员注册申请 ⑤
       ↓       ↓            ↓          ↓
 填写自理备案  填写代理     填写更改单位    填写报检员注
 登记信息     注册登记信息  信息及原因      册登记信息 ⑥
            ↓
    完成填写保存或提交信息 ⑦
            ↓
      点击"打印"  ⑧
  打印申请书（备案/注册登记/信息更改/报检员注册）
```

操作须知

1. 组织机构代码为九位，带"X"须在中文状态下输入，代码中"—"不需输入；

2. 申请表中带"﹡"的为必输项，不带"﹡"为可选项；

3. 单位备案/注册申请时在"属地检验检疫机构"一栏应填写上海检验检疫局（310000），"代理报检区域"填写上海检验检疫局辖区；

4. 分公司申请时，"注册资金"填写总公司的注册资金，如是外汇须换算成人民币填写；

5. 法定代表人、银行账号及经营范围等数据出现如字符不够情况可在纸质申请书上修改；

6. 自理报检单位备案登记申请书"报检专用章"一栏不填；

7. 已批准的代理报检单位办理报检员注册时，原企业报检人员中无此人信息的须先办理企业信息更改。

2. 田方先生打印"报检员注册申请书"

样例 3-2

报检员注册申请书

编号：

申请单位	上海田方报检公司	单位号码	3109876543
地　址	上海市徐汇区喜泰路8号	联系电话	65788888
拟任报检员姓名	田　方	出生年月	1992年8月11日
身份证号	310106199208112837	联系电话	65788888
电子信箱	TF@sohu.com	手机号码	13917935888
资格证书	3102011093	发证日期	2011年7月

上海市出入境检验检疫局：

　　兹证明　田方　系我单位在职员工，已取得《报检员资格证》，现申请注册。

　　本单位保证所填内容及提交的材料真实、有效，并承担相应的法律责任。

　　本单位及拟任报检员保证遵守国家有关法律法规，按照检验检疫机构的规定和要求办理报检手续，配合做好检验检疫工作，并承担相应的法律责任。

　　拟任报检员（签字）：田方
　　申请单位负责人（签字）：田方　　　　　　（公章）　上海田方报检公司
　　　　　　　　　　　　　　　　　　　　　　　　　　　　　专用章

　　　　　　　　　　　　　　　　　　　　　　　　　　　2011年10月4日

★检验检疫机构审核意见：

　　　　　　　　　　　　　　　　　　　　经办人：　　　　　年　　月　　日

★报检员证号：　　　　　　　　　　　　　　初次发证时间：

领证人签名：　　　　　　　　　　　　　　　领证日期：

备注：

说明：带★部分内容由检验检疫机构填写。

二、上海田方报检公司现场申请

田方在网上预申请后,持报检员注册申请书、代理报检单位注册登记证书、报检员资格证复印件、本人身份证复印件和 2 张彩照等申请材料到上海市出入境检验检疫局(上海市民生路 1208 号 224 室)进行现场申报。

三、上海出入境检验检疫局颁发证书

上海市出入境检验检疫局审核田方的申请材料后,认为其材料齐全、内容符合规定,准予注册并向田方颁发报检员证。

教学方案设计与建议

学习内容	教学组织形式	实施教学手段	课时
1. 申请报检企业名称的预先核准 2. 报检企业设立的工商登记 3. 报检公司申办组织机构代码证 4. 企业名称预先核准申请书 5. 报检企业的税务登记 6. 代理报检企业的报检注册登记	学习指南 　　——讲授法、案例法 实例操作 　　——情景教学法、角色互动法、案例演绎法 组织形式 　　——分成若干小组,以小组为单位开展讨论、模拟操作	学习场所: 普通教室、专业实训室 教学设备: 计算机、服务器 学习资料: 电子课件、电子表格	6
累计:			6

思考与检测

一、单项选择题

1. 检验检疫机构对报检员日常的报检行为实施(　　)管理制度。

A. 注册   B. 备案   C. 差错登记   D. 无须加盖公章

2. 检验检疫机构实行凭证报检制度，报检员报检时应主动出示其（ ）。

     A. 报检员证   B. 报检单   C. 贸易合同   D. 报检员资格证

3. 获得国家质检总局颁发的（ ）的，方可注册为报检员。

     A. 注册证   B. 准予许可决定书

     C. 报检员资格证   D. A 与 C

4. 取得报检员资格证后（ ）内未从事报检业务的，该证书自动失效。

     A. 1 年   B. 2 年   C. 3 年   D. 4 年

5. （ ）主管全国报检员管理工作，（ ）负责报检员资格考试、注册及日常管理、定期审核等工作。

     A. 检验检疫机构、国家质检总局   B. 国家质检总局、检验检疫机构

     C. 国家质检总局、海关总署   D. 海关总署、检验检疫机构

6. 报检员办理报检业务须出示（ ），检验检疫机构不受理无证报检业务。

     A. 报检员资格证   B. 报检单   C. 贸易合同   D. 报检员证

7. 取得报检员资格证书的人员应由所属企业向（ ）检验检疫机构申请报检员注册。

     A. 企业工商注册地   B. 进出口口岸所在地

     C. 报检业务发生地   D. 外贸业务发生地

8. 报检员注册应当由在检验检疫机构登记并取得（ ）的企业向登记地检验检疫机构提出申请。

     A. 工商营业执照   B. 海关注册代码

     C. 报检单位代码   D. 机构代码

9. 报检员有义务对经检验检疫机构检验检疫合格放行的出口货物加强（ ），不得错发、漏发致使货证不符。

     A. 品质管理   B. 数量管理   C. 包装管理   D. 批次管理

10. 报检员遗失报检员证的，应当在（ ）日内向发证检验检疫机构递交情况说明，并登报声明作废。

     A. 5   B. 6   C. 7   D. 8

二、多项选择题

1. 作为企业的报检员，应履行的义务包括（ ）。

     A. 守法并对所报检货物的质量负责

     B. 提供有效单证和填制报检单并按规定办理报检

     C. 按规定缴纳检验检疫费用

     D. 可以借自己的名义供他人办理代理报检业务

2. 报检员有以下（　　）行为的，检验检疫机构暂停其3～6个月的报检资格。
　　A. 1年内有3次以上报检差错且情节严重
　　B. 转借或涂改报检员证
　　C. 伪造、买卖、盗窃、涂改检验检疫证单等
　　D. 不如实报检且造成严重后果
3. 代理单位的报检员，如有以下（　　）行为将取消代理报检资格，并注销企业登记。
　　A. 违反有关代理报检规定　　　　B. 借代理名义向企业收取高额费用
　　C. 不能按照有关规定履行报检职责　D. 有欺诈行为
4. 下列表述正确的是（　　）。
　　A. 获得报检员资格证书方可申请注册
　　B. 报检员资格证是取得报检员证必备的条件
　　C. 具有高中或中等专业学校以上学历
　　D. 报检员证是办理报检业务的凭证
5. 检验检疫机构对报检员管理依据差错或违规程度分为（　　）予以一次记分。
　　A. 12分　　　　B. 4分　　　　C. 2分　　　　D. 1分
6. 以下属于报检员的义务和责任的有（　　）。
　　A. 负责本企业报检并按规定缴纳检验检疫费
　　B. 向检验检疫机构提供必要的工作条件
　　C. 传达落实检验检疫监管措施及其他要求
　　D. 向本企业解释检验检疫有关法律法规
7. 关于报检员证表述正确的有（　　）。
　　A. 是报检员办理报检业务的有效凭证　B. 不得转借他人使用
　　C. 遗失补办期间不得办理报检业务　　D. 有效期为2年
8. 以下属于报检员义务和责任的有（　　）。
　　A. 负责该货物的包装完好
　　B. 办理报检业务须出示报检员证
　　C. 参加检验检疫机构举办的报检业务培训
　　D. 协助企业完整保存报检单证资料
9. 报检员被取消报检资格、吊销报检员证的情形有（　　）。
　　A. 提供虚假合同、发票　　　　B. 买卖检验检疫证单
　　C. 伪造检验检疫证单　　　　　D. 涂改通关单
10. 小张是某厂报检员，被注销报检员证的情形有（　　）。
　　A. 该厂派小张到口岸办理本厂换证报检业务
　　B. 该厂停止进出口业务

C. 小张不再从事报检工作
D. 小张从该厂辞职

三、判断题

1. 取得报检员证的人员,最多可兼任两个公司的报检工作。(　　)
2. 报检员获得国家质检总局规定的报检员资格证后,方可从事报检业务。(　　)
3. 报检员资格证书是办理报检业务的有效凭证,不得转借、涂改。(　　)
4. 报检员资格证和报检员证的有效期均为2年。(　　)
5. 报检员管理差错登记制度记分周期为一年度、12分,从每年1月1日起计算。(　　)
6. 一个记分周期期满后,分值累计未达到12分的,将转入下一个记分周期。(　　)
7. 在同一批次报检业务中出现两处或以上记分事项的,分别计算、累加分值。(　　)
8. 注销后重新注册或变更个人注册信息换发报检员证的,原记分分值无效。(　　)
9. 凡是一个记分周期内记满12分的,暂停报检资格1个月。(　　)
10. 检验检疫机构在报检员暂停报检资格期间暂时收回其报检员证。(　　)

四、流程示意题

根据网上报检员注册的程序填写下表:

操作步骤	选择内容	申请表
1		
2		
3		
4		
5		
6		
7		
8		

五、技能操作题

1. 操作资料

申请企业：上海三王进出口公司（电子邮箱 DF@sohu.com）

企业住所：上海市浦东新区东方路 100 号（邮编 200021）

电　话：21－58332221　传真：0086－21－58332222

单位号码：3109768574

拟任报检员：王立（身份证号码 310106199408232816）

通讯方式：手机 13917933388，电子邮箱 DF@sohu.com

注册登记机构：上海出入境检验检疫局

报检员资格证书号：3101109231（2011 年 9 月发证）

2. 操作要求

请你以上海三王进出口公司拟任报检员的身份，填写报检员注册登记申请书。

报检员注册申请书

编号：

申请单位		单位号码	
地　　址		联系电话	
拟任报检员姓名		出生年月	
身份证号		联系电话	
电子信箱		手机号码	
资格证书		发证日期	

　　_____出入境检验检疫局：

　　兹证明_____系我单位在职员工，已取得《报检员资格证》，现申请注册。

　　本单位保证所填内容及提交的材料真实、有效，并承担相应的法律责任。

　　本单位及拟任报检员保证遵守国家有关法律、法规，按照检验检疫机构的规定和要求办理报检手续，配合做好检验检疫工作，并承担相应的法律责任。

　　拟任报检员（签字）：

　　申请单位负责人（签字）：　　　　　　　　　　　　　　　　（公章）

★检验检疫机构审核意见：

　　　　　　　　　　　　　　　　　经办人：　　　　　年　月　日

★报检员证号：　　　　　　　　　　　　　初次发证时间：

领证人签名：　　　　　　　　　　　　　　领证日期：

备注：

　　说明：带★部分内容由检验检疫机构填写。

学习活动测评表

测评范围	评判标准	总分	自我评价
单项选择题	错1个扣1.5分	15	
多项选择题	错1个扣3分	18	
判断题	错1个扣1.5分	15	
流程示意题	错1个扣2分	22	
技能操作题	错1个扣2分	20	
案例分析	错1个扣2分	10	
合　计		100	

项目四　开展业务
——一般货物出入境报检

学习与考证目标
- 了解出入境货物的报检范围
- 熟悉出入境货物报检的基本程序
- 掌握出入境货物报检单的填写方法
- 具备出入境货物报检工作的基本能力

项目背景

代理报检公司接受进出口公司的出入境货物的报检,双方应签订报检委托书,明确双方的权利与义务。代理报检公司的报检员应根据我国检验检疫相关法律与行政法规的规定,并依据报检委托书的约定,及时向口岸出入境检验检疫机构申请检验,获取检验检疫证书、出入境货物通关单等有关证件。委托人支付检验检疫费用后,获取有关单证办理进出口货物报关。

学习情境一　办理一般货物出境报检

案例导入

田方先生与创业团队的其他成员都获得了报检员资格证书,并办理了报检员注册。近日,上海田方报检公司受上海在野岛进出口公司的委托,为该公司代理出境货物的报检手续,为此双方签订了报检委托书。上海在野岛进出口公司向上海田方报检公司提供报检资料,上海田方报检公司根据有关内容填写出境货物报检单,并及时向口岸出入境检验检疫机构办理报检手续。

> 思考:出境货物报检的范围、分类、程序,以及出境货物报检单的填写。

学习指南

出境货物报检是报检人根据我国有关法律法规、对外贸易合同的规定,向检验检疫机构申请检验、检疫、鉴定以获准出境合法凭证及某种公证证明所必须履行的法定程序和手续。

一、出境货物报检的范围

根据我国有关检验检疫法规的规定,结合我国出口贸易的实际情况,出境检验检疫的报检范围主要有四个方面。

1. 法律与行政法规所规定的实施检验检疫的出境对象

根据我国《进出口商品检验法》及其实施细则等有关法律的规定,下列入境对象须向检验检疫机构报检,由其实施检验检疫或鉴定工作。

(1)列入《出入境检验检疫机构实施检验检疫的进出境商品目录》内的货物;
(2)出口危险货物包装容器的性能检验和使用鉴定;
(3)出境集装箱;
(4)其他法律、行政法规规定需经检验检疫机构实施检验检疫的其他出境对象。

2. 输入国家或地区所规定须凭检验检疫机构出具证书方准入境的对象

某些国家或地区规定,从中国输入货物的木质包装,装运前要进行热处理、熏蒸或防腐等除害处理,并由我国检验检疫机构出具《熏蒸/消毒证书》,方可验放货物。

3. 凡我国作为成员的国际条约、公约和协定所规定的实施检验检疫的出境对象

凡我国作为成员的国际条约、公约和协定所规定的,必须由我国检验检疫机构实施检验检疫的出境货物,该货主或其代理人须向检验检疫机构报检实施检验检疫。

4. 凡贸易合同约定的须凭检验检疫机构签发的证书进行交接、结算的出境货物

凡在进口贸易合同或协议中规定的出境货物,要以我国检验检疫机构签发的检验检疫证书作为交接、结算依据,该货主或其代理人须向检验检疫机构报检,由检验检疫机构按照合同、协议的要求实施检验检疫或鉴定,并签发检验检疫证书。

相关连接 → **出境货物报检分类**

1. 出境一般报检

出境一般报检是指法定检验检疫出境货物的货主或其代理人,持有关证单向产地检验检疫机构申请检验检疫以取得出境放行证明及其他证单的报检。

在当地海关报关出境一般报检的货物,经报关地检验检疫机构检验检疫合格后签发出境货物通关单,货主或其代理人凭其向海关报关;在异地海关报关的,由产地检验检疫机构签发出境货物通关单或换证凭条,货主或其代理人凭其向报关地的检验检疫机构申请换发出境货物通关单。

2. 出境换证报检

出境换证报检是指经产地检验检疫机构检验检疫合格的法定检验检疫出境货物的货主或其代理人,持产地检验检疫机构签发的《出境货物换证凭单》或"换证凭条"向报关地检验检疫机构申请换发出境货物通关单的报检。对于出境换证报检的货物,报关地检验检疫机构按照国家质检总局规定的抽查比例进行查验。

3. 出境货物的预检报检

出境货物预检报检是指货主或者其代理人持有关单证向产地检验检疫机构申请对暂时还不能出口的货物预先实施检验检疫的报检。预检报检的货物经检验检疫合格的,检验检疫机构签发出境货物换证凭单,货主或其代理人在出口时,可在检验检疫有效期内持此单向检验检疫机构申请办理放行手续。申请预检报检的货物须是经常出口的、非易腐烂变质、非易燃易爆的商品。

二、出境货物检验检疫工作程序

出境货物检验检疫的一般工作程序是:先报检,后进行检验检疫,再通关。

1. 出境货物检验检疫工作一般流程

出境货物分为法定检验检疫货物与其他检验检疫货物两大类,其检验检疫程序基本一致,以下以法定检验检疫出境货物的报检流程为例(图4—1)。

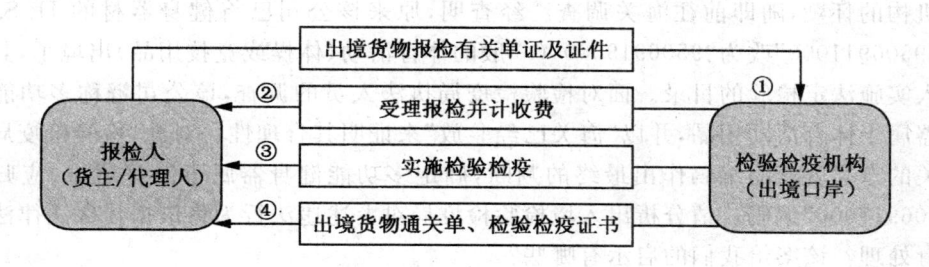

图4—1　法定检验检疫出境货物报检一般流程

操作说明

1. 报检人在规定时限内向当地检验检疫机构报检,提交规定的报检单证与报检员证书。
2. 检验检疫机构按有关规定审核报检资料及报检员证,符合要求的,受理报检并计收费。
3. 施检部门实施检验检疫。
4. 对产地和报关地相一致的出境货物,经检验检疫合格后出具出境货物通关单和检验检疫证书;对产地和报关地不一致的出境货物,向产地检验检疫机构报检,检验检疫合格后由其出具出境货物换证凭单或将电子信息发送至口岸检验检疫机构并出具"出境货物换证凭条"。报检人凭出境货物换证凭单或"出境货物换证凭条"向口岸检验检疫机构报检。口岸检验检疫机构验证或核查货物无误后,出具出境货物通关单和检验检疫证书。

---

2. 报检的时限

出境货物最迟应在出口报关或装运前7天报检,对于个别检验检疫周期较长的货物,应留有相应的检验检疫时间。

3. 报检的地点

法定检验检疫货物,除活动物需由口岸检验检疫机构检验检疫外,原则上实施产地检验检疫。

4. 报检所需单据

出境货物报检时,应提交出境货物报检单(样例4—5),并随附出口贸易合同、信用证、发票、装箱单、生产经营部门出具的厂检结果单原件等必要单据。

案例分析

某体育用品进出口公司就首次出口多功能健身器(法检商品)向检验检疫局申报

检验,并声称船期很急。检验员下厂检验时,发现该公司申报出口的 14 批次健身器材中,仅有 2 个批次生产完工,且检出安全项目不合格。对此,要求企业进行整改。两个月过后,急于出口货物的这家公司始终未与检验员联系检验事宜,引起了检验检疫机构的怀疑,随即前往海关调查。经查明,原来该公司已将健身器材的 H.S.编码"9506911000"改为"9506919000"(一般的体育活动、体操或竞技用品)出境了,其未列入实施法定检验的目录。面对检验检疫局执法人员的调查,该公司辩称多功能健身器属于体育活动用品,并以"海关已经验放"来证明其合理性。对此,检验检疫局请海关的专家就商品编码作出最终的判断,确定多功能健身器属于健身器械,应归入"9506911000"编码。请分析出入境检验检疫局对上述违法行为将依据什么法律法规进行处理?该案给我们的启示有哪些?

实例操作

一、业务背景

上海在野岛进出口公司与日本客商成交 12 000 套钢锉刀,根据我国有关检验检疫法规的规定其属于法定检验货物。为此上海在野岛进出口公司委托上海田方报检公司办理出口货物报检手续,提供有关报检资料,支付代理报检费用。

二、委托人提供报检资料

上海在野岛进出口公司提供的报检资料有销售确认书、商业发票、装箱单和报检委托书。

1. 销售合同书

样例 4—1　　　　　　　　　　上海在野岛进出口公司
　　　　　　　　SHANGHAI ZYD IMP. & EXP. CORPORATION
　　　　　　　　　No. 1 RENMIN ROAD SHANGHAI CHINA

TEL:021—65788811　　　　销 售 合 同 书　　　　S/C NO:20050339
FAX:021—65788812　　　　SALES CONTRACT　　　DATE:OCT. 30,2011
To Messrs:
　　FUJI TRADING CORPORATION
　　3—1YAMATOLI,OSAKA JAPAN
敬启者/ Dear Sirs:
　　下列签字双方同意按下列条款达成协议/The undersigned sellers and buyers have agreed to close the following transaction as per terms and conditions Stipulated below:

品名与规格 Commodity and Specification	数 量 Quantity	单 价 Unit price	金 额 Amount
STEAL FILE ART No. 31 ART No. 32 AS PER SAMPLE NO. 121	6 000 SETS 6 000 SETS	CIF OSAKA USD 6.50 USD 6.50	USD39 000.00 USD39 000.00

包装/PACKING:每套装入一个塑料袋,50 套装入一只出口纸箱/ EACH SET IN A POLY-BAG 50 SETS INTO AN EXPORT CARTON.

唛头/MARKS:主唛内容包括 FUJI、销售合同号、目的港和箱数/ SHIPPING MARK INCLUDES FUJI S/C NO. ,PORT OF DESTINATION, AND CARTON NO.

装运港/LOADING PORT:上海/SHANGHAI.

目的港/DESTINATION:大阪/OSAKA.

装运期限/TIME OF SHIPMENT:2011 年 12 月 31 日前/BEFORE DEC. 31, 2011

分批装运/PARTIAL SHIPMENT:不允许/ NOT ALLOWED.

转船/TRANSHIPMENT:不允许/ NOT ALLOWED.

保险/INSURANCE:一切险/ ALL RISKS.

付款条件/TERMS OF PAYMENT:电汇/T/T.

凡以 CIF 条件成交的业务,保额为发票价的 110%,投保险别以售货合同书中所开列的为限,买方如果要求增加保额或保险范围,应于装船前经卖方同意,因此而增加的保险费由买方负责/ For transactions conclude on C.I.F basis, it is understood that the insurance amount will be for 110% of the invoice value against the risks specified in Sales Confirmation. If additional insurance amount or coverage is required, the buyer must have consent of the Seller before Shipment, and the additional premium is to be borne by the Buyer.

本合同书内所述全部或部分商品,如因人力不可抗拒的原因,以致不能履约或延迟交货,卖方概不负责/The Seller shall not be held liable for failure of delay in delivery of the entire lot or a portion of the goods under this Sales Contract consequence of any Force Majeure incidents.

买方收到本售货合同书后请立即签回一份,如买方对本合同书有异议,应于收到后 5 天内提出,否则认为买方已同意接受本合同书所规定的各项条款/The buyer is requested to sign and return one copy of the Sales Contract immediately after the receipt of same, Objection, if any, should be raised by the Buyer within five days after the receipt of this Sales Contract, in the absence of which it is understood that the Buyer has accepted the terms and condition of the sales Contract.

买方: FUJI TRADE CORPORATION   卖方: 上海在野岛进出口公司
THE BUYER: 松本   THE SELLE: 合同专用章

2. 商业发票

样例 4-2

上海在野岛进出口公司
SHANGHAI ZYD IMPORT & EXPORT CORPORATION
No. 1 RENMIN ROAD SHANGHAI CHINA
TEL:021-65788811 FAX:021-65788812
税务登记号:310928374655

COMMERCIAL INVOICE

TO:M/S　　　　　　　　　　　　　　　　　　发票代码:1310008204222
　　FUJI TRADING CORPORATION　　　　　INV NO:TX0743
　　3-1YAMATOLI,OSAKA JAPAN　　　　　　DATE:DEC. 05,2011
　　　　　　　　　　　　　　　　　　　　　　S/C NO:20050339

FROM　　SHANGHAI PORT　　　　TO　　OSAKA PORT

MARKS & NO	DESCRIPTIONS OF GOODS	QUANTITY	U/PRICE	AMOUNT
FUJI 20050339 OSAKA C/NO. 1-240	STEAL FILE ART No. 31 ART No. 32 AS PER SAMPLE NO. 121 EACH SET IN A POLYBAG 50 SETS INTO AN EXPORT CARTON	6 000SETS 6 000SETS	CFR OSAKA USD6. 50 USD6. 50 TOTAL	USD39 000.00 USD39 000.00 USD78 000.00

第二联:发票联

TOTAL AMOUNT:SAY US DOLLARS SEVENTY-EIGHT THOUSAND ONLY.

WE HEREBY CERTIFY THAT THE CONTENTS OF INVOICE HEREIN ARE TRUE AND CORRECT.

SHANGHAI ZYD IMPORT & EXPORT CORPORATION
上海在野岛进出口公司
发票专用章
王祥

3. 装箱单

样例 4-3

上海在野岛进出口公司
SHANGHAI ZYD IMPORT & EXPORT CORPORATION
No.1 RENMIN ROAD SHANGHAI CHINA
TEL:021-65788811 FAX:021-65788812

出口专用

PACKING LIST

发票代码:1310008204222
INV NO:TX0743

TO:M/S
FUJI TRADING CORPORATION
3-1YAMATOLI,OSAKA JAPAN

DATE:JUL.05,2011
S/C NO:20050339
L/C NO:11052011

FROM　SHANGHAI PORT　　TO　OSAKA PORT

C/NOS	GOODS DESCRIPTION & PACKING	QUTY (SETS)	G.W (KGS)	N.W (KGS)	MEAS (CBM)
1-120	STEAL FILE ART No. 31	6 000	2 160	1 800	12
121-240	ART No. 32 AS PER SAMPLE NO. 121 EACH SET IN A POLYBAG 50 SETS INTO AN EXPORT CARTON	6 000	2 160	1 800	12
TOTAL		12 000	4 320	3 600	24

MARKS & NOS
　FUJI
20050339
　OSAKA

C/NO. 1-240

SAY TOTAL TWO HUNDRED AND FORTY CARTONS ONLY

SHANGHAI ZYD IMPORT & EXPORT CORPORATION
王祥

4. 报检委托书

样例 4—4

报检委托书

<u>上海市</u>出入境检验检疫局：

　　本委托人郑重声明，保证遵守出入境检验检疫法律、法规的规定。如有违法行为，自愿接受检验检疫机构的处罚并负法律责任。

　　本委托人委托受委托人向检验检疫机构提交"报检申请单"和各种随附单据。具体委托情况如下：

　　本单位将于 <u>2011</u> 年 <u>12</u> 月间出口如下货物：

品　名	锉刀	H.S.编码	8203.1000
数(重)量	240 箱	合同号	20050339
信用证号	11052011	审批文件	
其他特殊要求			

　　特委托 <u>上海田方报检公司</u>（单位/注册登记号），代理本公司办理下列出入境检验检疫事宜：

　☑ 1. 办理代理报检手续；
　☑ 2. 代缴检验检疫费；
　☑ 3. 负责与检验检疫机构联系和验货；
　☑ 4. 领取检验检疫证书；
　☐ 5. 其他与报检有关的相关事宜。

　　请贵局按有关法律法规规定予以办理。

<table>
<tr><td>上海在野岛进出口公司
业务专用章</td><td>上海田方报检公司
代理报检专用章</td></tr>
</table>

委托人(公章)：王祥　　　　　　　　　　　受委托人(公章)：田方
　2011 年 12 月 5 日　　　　　　　　　　　　2011 年 12 月 5 日

三、受委托人填写出境货物报检单

1. 出境货物报检单的填写方法

出境货物报检单的主要内容和缮制方法如下：

（1）编号

由检验检疫机构报检受理人员填写，前 6 位为检验检疫机构代码，第 7 位为报检类代目，第 8、9 位为年代码，第 10～第 15 位为流水号。实行电子报检后，该编号可在受理电子报检的回执中自动生成。

（2）报检单位

填写报检单位的全称，并盖报检单位印章。

（3）报检单位登记号

填写报检单位在检验检疫机构备案或注册登记的代码。

(4)联系人

填写报检人员姓名。

(5)电话

填写报检人员的联系电话。

(6)报检日期

检验检疫机构实际受理报检的日期,由检验检疫机构受理报检人员填写。

(7)发货人

预检报检的,可填写生产单位;出口报检的,应填写外贸合同中的卖方。

(8)收货人

填写外贸合同中的买方名称。

(9)货物名称

填写出口贸易合同中规定的货物名称及规格。

(10)H.S.编码

填写本批货物的商品编码(8位数或10位数编码),以当年海关公布的商品税则编码分类为准。

(11)产地

填写本货物的生产或加工地的省、市和县名称。

(12)数/重量

填写本货物实际申请检验检疫数/重量,重量还应注明毛重或净重。

(13)货物总值

填写本批货物的总值及币种,出口贸易合同应与发票上的货物总值一致。

(14)包装种类及数量

填写本批货物实际运输包装的种类及数量,应注明包装的材质。

(15)运输工具名称及号码

填写装运本批货物的运输工具的名称和号码。

(16)合同号

填写出口贸易合同、订单或形式发票的号码。

(17)信用证号

填写本批货物的信用证编号。

(18)贸易方式

根据实际情况填写一般贸易、来料加工、进料加工、易货贸易和补偿贸易等贸易方式。

(19)货物存放地点

填写本批货物存放的具体地点或厂库。

(20)发货日期

填写出口装运日期,预检报检可不填。

(21)输往国家和地区

填写出口贸易合同中买方所在国家和地区,或合同注明的最终输往国家和地区。

(22)许可证/审批号

如为实施许可/审批制度管理的货物,必须填写其编号,不得留空。

(23)生产单位注册号

填写本批货物生产、加工的单位在检验检疫机构注册登记编号,如卫生注册登记号、质量许可证号等。

(24)起运地

填写装运本批货物离境交通工具的起运口岸/城市地区名称。

(25)到达口岸

填写本批货物最终抵达目的地停靠口岸名称。

(26)集装箱规格、数量及号码

货物若以集装箱运输,应填写集装箱的规格、数量及号码。

(27)合同订立的特殊条款以及其他要求

填写在出口贸易合同中特别订立的有关质量、卫生等条款,或报检单位对本批货物检验检疫的特别要求。

(28)标记及号码

填写本批货物的标记号码,如没有标记号码,则填"N/M",不得留空。

(29)用途

根据实际情况,填写食用、奶用、观赏或演艺、伴侣动物、试验、药用、其他等用途。

(30)随附单据

根据向检验检疫机构提供的实际单据,在该前"□"内打"√",或在"□"后补填单据名称,在其"口"内打"√"。

(31)需要证单名称

根据需要由检验检疫机构出具的证单,在对应的"□"内打"√"或补填,并注明所需证单的正副本数量。

(32)报检人郑重声明

报检人员必须亲笔签名。

(33)检验检疫费

由检验检疫机构计费人员填写。

(34)领取证单

报检人在领取证单时,填写领证日期并签名。

2. 受委托人填写出境货物报检单

样例 4-5

中华人民共和国出入境检验检疫
出境货物报检单

报检单位（加盖公章）： 上海田方报检公司 代理报检专用章   *编号：

报检单位登记号：3100110908 联系人：田方 电话：65788888 报检日期：2011 年 12 月 18 日

发货人	（中文）上海在野岛进出口公司
	（外文）SHANGHAI ZYD IMPORT & EXPORT CORPORATION
收货人	（中文）
	（外文）FUJI TRADING CORPORATION

货物名称（中/外文）	H.S.编码	产地	数/重量	货物总值	包装种类及数量
钢锉刀 STEAL FILE	8203.1000	南京	12 000 套	78 000 美元	240 箱

运输工具名称号码	DONGFANG V.190	贸易方式	一般贸易	货物存放地点	上海江苏路 9 号
合同号	20050339	信用证号		用途	
发货日期	2011.12.31	输往国家（地区）	日本	许可证/审批证	
起运地	上海	到达口岸	大阪	生产单位注册号	NJ08123456

集装箱规格、数量及号码	20'×2 / TEUL31203456434、TEUL31203456435

合同、信用证订立的检验检疫条款或特殊要求	标记及号码	随附单据（划"√"或补填）
按照合同要求检验	FUJI 20050339 OSAKA C/NO.1-240	☑合同 □包装性能结果单 □信用证 □许可/审批文件 ☑发票 □ □换证凭单 □ ☑装箱单 □厂检单

需要证单名称（划"√"或补填）		*检验检疫费	
□品质证书 ＿正＿副	□植物检疫证书 ＿正＿副	总金额（人民币元）	
□重量证书 ＿正＿副	□熏蒸/消毒证书 ＿正＿副		
☑数量证书 1正2副	□出境货物换证凭单 ＿正＿副	计费人	
□兽医卫生证书 ＿正＿副			
□健康证书 ＿正＿副		收费人	
□卫生证书 ＿正＿副			
□动物卫生证书 ＿正＿副			

报检人郑重声明：
  1.本人被授权报检。
  2.上列填写内容正确属实，货物无伪造或冒用他人的厂名、标志、认证标志，并承担货物质量责任。
　　　　　　　　　　　　签名：　田方

领取证单	
日期	
签名	

注：有"*"号栏由出入境检验检疫机构填写　　　◆国家出入境检验检疫机构制

四、出入境检验检疫局签发出境货物通关单

样例 4—6

中华人民共和国出入境检验检疫
出境货物通关单

编号：201112510

1. 收货人　FUJI TRADING CORPORATION.			5. 标记及唛码 FUJI 20050339 OSAKA C/NO. 1－240
2. 发货人　上海在野岛进出口公司			:::
3. 合同/提(运)单号 　20050339		4. 输出国家或地区 　中国	:::
6. 运输工具名称及号码 　DONFANG V. 190		7. 目的地 　日本	8. 集装箱规格及数量 　20'×2
9. 货物名称及规格 钢锉刀 STEAL FILE	10. H. S. 编码 8 203.1000	11. 申报总值 78 000 美元	12. 数/重量、包装数量及种类 4 320 千克 240 箱
13. 证明 　　　　上述货物业已报验/申报，请海关予以放行。 　　　　本通关单有效期至 2012 年 1 月 10 日 　　签字：丁鸣			日期：2011 年 12 月 23 日
14. 备注			

学习情境二　办理一般货物入境报检

案例导入

　　近日，上海田方报检公司受上海方正进出口公司的委托，为该公司代理进口货物手工工具扳手的入境报检手续，为此双方签订了报检委托书。上海田方进出口公司向上海田方报检公司提供报检资料，上海田方报检公司根据有关内容填写入境货物报检单，并及时向口岸出入境检验检疫机构办理报检手续。

思考：入境货物报检的范围、分类、程序，以及入境货物委托书、入境货物报检单的填写。

学习指南

入境货物报检是报检人根据我国有关法律法规、对外贸易合同的规定，向检验检疫机构申请检验、检疫、鉴定以获准出境合法凭证及某种公证证明所必须履行的法定程序和手续。

一、入境货物报检的范围

根据有关检验检疫法律、行政法规与我国进口贸易的实际情况，入境检验检疫的报检范围主要有以下三个方面。

1. 法律与行政法规所规定的实施检验检疫的入境对象

根据我国《进出口商品检验法》及其实施条例等有关法律、行政法规的规定，下列入境对象须向检验检疫机构报检，由其实施检验检疫或鉴定工作。

（1）列入《出入境检验检疫机构实施检验检疫的进出境商品目录》内的货物；

（2）进境集装箱；

（3）进境动植物性包装物、铺垫材料。

2. 贸易合同约定须凭检验检疫机构签发的证书进行索赔的入境货物

凡在进口贸易合同或协议中规定的入境货物，要以我国检验检疫机构签发的检验检疫证书作为索赔依据的，该货主或其代理人须向检验检疫机构报检，由检验检疫机构按照合同、协议的要求实施检验检疫或鉴定，并签发检验检疫证书。

3. 有关国际条约规定须经检验检疫的入境对象

凡我国作为成员的国际条约、公约和协定所规定的，必须由我国检验检疫机构实施检验检疫的入境货物，该货主或其代理人须向检验检疫机构报检实施检验检疫。

二、入境货物报检的分类

入境货物检验检疫根据不同的报检对象，可分为法定检验和抽查检验两种基本类型。根据不同的检验检疫实施地，可分为进境一般报检、进境流向报检和异地施检报检。

三、入境货物检验检疫工作程序

入境货物检验检疫的一般工作程序是：先报检，后进行检验检疫，再通关。

1. 入境货物检验检疫的工作程序
法定检验检疫入境货物的报检流程如图4-2所示：

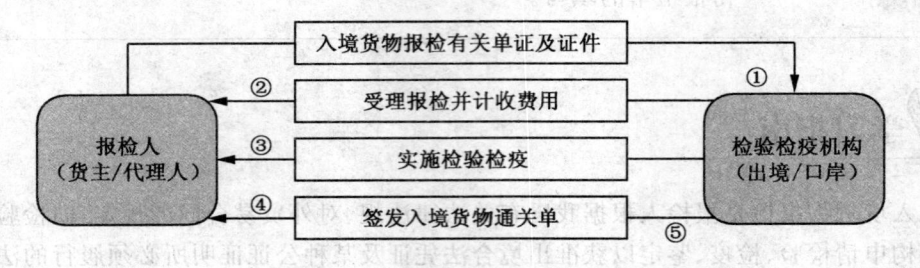

图4-2 法定检验检疫入境货物报检一般流程

操作说明

1. 报检人在规定时限内向当地检验检疫机构报检,提交规定的报检单证与报检员证书。
2. 检验检疫机构按有关规定审核报检资料及报检员证,符合要求的,受理报检、计收费,并在提单上加盖检验检疫章。
3. 施检部门实施检验检疫。
4. 对产地和报关地相一致的法定检验检疫入境货物,经检验检疫合格后出具二联入境货物通关单；对产地和报关地不一致的,出具四联入境货物通关单；不属于法定检验检疫入境的货物,签发检验检疫联系凭单,到目的地指定地点接受检验检疫。

2. 报检的时限
（1）入境货物需对外索赔出证的,应在索赔有效期前不少于20天内向到货口岸或货物到达地的检验检疫机构报检。
（2）对入境的一般货物应在入境时向入境口岸、指定的或到达站的检验检疫机构办理报检或申报。

3. 报检的地点
（1）审批、许可证等有关政府批文中规定检验检疫地点的,在规定的地点报检；
（2）大宗散装商品、易腐烂变质商品、卸货时发现包装破损、重量数量短缺的商品,必须在卸货口岸检验检疫机构报检；
（3）其他入境货物应在入境前或入境时向报关地检验检疫机构报检。

4. 出境货物报检所需单据
入境货物报检时,应填写提供入境货物报检单（样例4-7）,并随附进口贸易合同、国外发票、提/运单和装箱单等有关基本证单。报检人对检验检疫有特殊要求的,应在报检单上注明并交附相关文件。具体情形如下：
（1）凡实施安全质量许可、卫生注册或其他需审批审核的货物,应提供有关证明。

(2)品质检验的还应提供国外品质证书或质量保证书、产品使用说明书及有关标准和技术资料;凭样品成交的,须加附成交样品;以品级或公量计价结算的,应同时申请重量鉴定。

(3)申请残损鉴定的还应提供理货残损单、铁路商务记录、空运事故记录或海事报告等证明货损情况的有关单证。

(4)申请重(数)量鉴定的还应提供重量明细单、理货清单等。

(5)货物经收、用货部门验收或其他单位检测的,应随附验收报告或检测结果以及重量明细单等。

案例分析

近日,某塑胶制品有限公司经深圳皇岗口岸从台湾进口ABS塑胶粒共5批次,货物总量90吨,总值158 220美元。该5批货物进境时,皇岗检验检疫局依法签发了5份《入境货物调离通知单》,并明确告知"上述货物需调往目的地检验检疫机构实施检验检疫,请及时与目的地检验检疫机构联系。上述货物未经检验检疫,不准销售、使用。"然而该公司在货物通关进境后,不但没有与报检申报的目的地检验检疫机构联系,而且无视该局执法人员的多次催报,将货物全部予以使用。该公司仅办理了进境流向报检手续而没有办理异地施检的报检手续,即擅自将货物予以使用,造成了逃避进口商品法定检验的事实。请分析,检验检疫机构将对该公司进行如何处理,为什么?

实例操作

一、业务背景

方正进出口公司从日本进口一批高质量的手工工具扳手,根据我国有关检验检疫法规的规定其属于法定检验货物,方正进出口公司委托上海田方报检公司办理入境货物报检手续,提供有关报检资料。上海田方报检公司收到报检资料后,在报检委托书上签章,委托协议自签订之日起生效。

二、委托人提供报检资料

方正进出口公司提供的报检资料有购货确认书、外国发票、外国装箱单、进口货物许可证(样例略)、到货通知(样例略)和报检委托书。

1. 购货确认书

样例 4-7

PURCHASE CONTRACT

TEL:021-56082266
FAX:021-56082265

P/C NO:TX200523
DATE: AUG. 25,2011

The Buyer: FANGZHENG IMPORT & EXPORT CORPORATION
    1321 ZHONGSHAN ROAD SHANGHAI CHINA
    TEL:021-56082266 FAX:021-56082265
The Sellers: TOKYO IMPORT & EXPORT CORPORATION
    82-324 OTOLI MACHI TOKYO, JAPAN
    TEL:028-548742 FAX:028-548743

The Seller and the Buyer have confirmed this Contract with the terms and conditions stipulated below.

DESCRIPTIONS OF GOODS	QUANTITY	UNIT PRICE	AMOUNT
WARENCH		FCA TOKYO	
HEX DEYS WRENCH	1 000 SETS	USD 10.00	USD 10 000.00
DOUBLE RING OFFSET WRENCH	1 500 SETS	USD 10.00	USD 15 000.00
CONBINATION WRENCH	2 000 SETS	USD 20.00	USD 40 000.00
ADJUSTABLE WRENCH	1 500 SETS	USD 20.00	USD 30 000.00

1. COUNTRY OF ORIGIN AND MANUFACTURER: TOKYO IMPORT & EXPORT CORPORATION JAPAN
2. PACKING: PACKED IN 1 CARTON OF 50 PCS EACH
3. AIRPORT OF LOADING: TOKYO AIRPORT
4. AIRPORT OF DESTINATION: SHANGHAI PUDONG AIRPORT
5. PAYMENT: T/T
6. PARTIAL SHIPMENTS: ALLOWED
7. TRANSHIPMENT: ALLOWED
8. LATEST SHIPMENT DATE: NOT LATER THAN DEC. 31, 2011
9. DOCUMENTS: THE SELLER SHALL PRESENT THE FOLLOWING DOCUMENTS TO THE PAYING BANK FOR NEGOTIATION:
1) Three originals and three copies of signed commercial invoice indicating contract number.
2) Three originals and three copies of packing list.
3) Two copies of certificate of quality issued by manufacture.
4) Within 12 hours after the goods are completely loaded, the seller shall fax to notify the buyer of the contract number, name of commodity, quantity, gross weight, Air Waybill No. And the date of delivery.
10. INSPECTION AND CLAIMS: IF THE QUALITY/WEIGHT AND/OR THE SPECIFICATIONS OF THE GOODS SHOULD BE FOUND NOT IN LINE WITH THE CONTRACTED STIPULATIONS, OR SHOULD THE GOODS PROVE DEFECTIVE FOR ANY REASONS, INCLUDING LATENT DEFECT OR THE USE OF UNSUITABLE MATERIALS, THE BUYER WOULD ARRANGE AN INSPECTION TO BE CARRIED OUT BY THE INSPECTION BUREAU AND HAVE THE RIGHT TO CLAIM AGAINST THE SELLERS ON THE STRENGTH OF THE INSPECTION CERTIFICATE ISSUED BY THE BUREAU. ALL CLAIMS SHALL BE REGARDED AS ACCEPTED IF THE SELLERS FAIL TO REPLY WITHIN 30 DAYS AFTER RECEIPT OF THE BUYER'S CLAIM.

Buyer: [方正进出口公司 合同专用章]
FANGZHENG IMPORT & EXPORT CORPORATION.
方正

Seller: [TOKYO IMPORT & EXPORT CORPORATION]
TOKYO IMPORT & EXPORT CORPORATION
山田

2. 外国发票

样例 4—8

TOKYO IMPORT & EXPORT CORPORATION
82—324 OTOLI MACHI TOKYO, JAPAN
TEL:028—548742   FAX:028—548743

FANGZHENG IMPORT & EXPORT CORPORA-TION 1321 ZHONGSHAN ROAD SHANGHAI CHINA TEL:021—56082266 FAX:021—56082265	INVOICE NO. IN057911
	DATE: NOV. 20, 2011
	PAYMENT TERMS: T/T

P/C NO: TX200523

MARKS: FANGZHENG
TOKYO
TX200523
C/NO. 1—120

SHIPPED FROM	SHIPPED TO	AIR/VOYAGE NO.	
TOKYO	SHANGHAI	FUN—321	
DESCRIPTION	QUANTITY	PRICE PER SET	TOTAL AMOUNT
WRENCH		FCA TOKYO	
HEX DEYS WRENCH	1 000 SETS	USD 10.00	USD 10 000.00
DOUBLE RING OFFSET WRENCH	1 500 SETS	USD 10.00	USD 15 000.00
CONBINATION WRENCH	2 000 SETS	USD 20.00	USD 40 000.00
ADJUSTABLE WRENCH	1 500 SETS	USD 20.00	USD 30 000.00
PACKED IN 1 CARTON OF 50 SETS EACH			USD 95 000.00

SAY U. S. DOLLARS NINETY FIVE THOUSAND ONLY

山田
TOKYO IMPORT & EXPORT CORPORATION

3. 外国装箱单

样例 4—9

TOKYO IMPORT & EXPORT CORPORATION 82—324 OTOLI MACHI TOKYO, JAPAN TEL:028—548742　FAX:028—548743	**PACKING LIST**
FANGZHENG IMPORT & EXPORT CORPORATION 1321 ZHONGSHAN ROAD SHANGHAI CHINA TEL:021—56082266　FAX:021—56082265	INVOICE NO. IN057911 DATE: NOV. 20, 2011 PAYMENT TERMS: T/T
P/C NO: TX200523	MARKS: FANGZHENG TOKYO TX200523 C/NO. 1—120

SHIPPED FROM	SHIPPED TO	AIR/VOYAGE NO.		
TOKYO	SHANGHAI	FUN—321		
PACKAGES	DESCRIPTION	QUANTITY	GROSS WEIGHT	NET WEIGHT
120 CARTONS	WRENCH HEX DEYS WRENCH DOUBLE RING OFFSET WRENCH CONBINATION WRENCH ADJUSTABLE WRENCH PACKED IN 1 CARTON OF 50 SETS EACH	1 000 SETS 1 500 SETS 2 000 SETS 1 500 SETS 6 000SETS	500 KGS 750 KGS 1 000 KGS 750 KGS 3000 KGS	460 KGS 690 KGS 920 KGS 690 KGS 2 760 KGS

山田

TOKYO IMPORT & EXPORT CORPORATION

4. 报检委托书

样例 4—10

代理报检委托书

编号：

___上海市___ 出入境检验检疫局：

本委托人(备案号/组织机构代码<u>310783580</u>)保证遵守国家有关检验检疫法律、法规的规定，保证所提供的委托报检事项真实、单货相符。否则，愿承担相关法律责任。具体委托情况如下：

本委托人将于<u>2011</u>年 <u>12</u> 月间进口/出口如下货物：

品　　名	扳手	H.S.编码	8204.1100
数(重)量	6 000套	包装情况	胶袋包装
信用证/合同号	TX200523	许可文件号	3101120987
进口货物 收货单位及地址	方正进出口公司 上海市中山路1321号	进口货物 提运单号	FUN—01186
其他特殊要求			

特委托 <u>上海田方报检公司</u>(代理报检注册登记号<u>3100110908</u>)，代表本委托人办理上述货物的下列出入境检验检疫事宜：

☑1. 办理报检手续；
☑2. 代缴纳检验检疫费；
☑3. 联系和配合检验检疫机构实施检验检疫；
☑4. 领取检验检疫证单。
☐5. 其他与报检有关的相关事宜＿＿＿＿＿＿＿＿＿＿＿＿＿＿＿＿＿

联 系 人：<u>方正</u>
联系电话：<u>56082266</u>

本委托书有效期至 <u>2011</u> 年 <u>12</u> 月 <u>31</u> 日　　委托人(加盖公章) [方正进出口公司 报检专用章]

2011年12月1日

受托人确认声明

本企业完全接受本委托书。保证履行以下职责：
1. 对委托人提供的货物情况和单证的真实性、完整性进行核实；
2. 根据检验检疫有关法律法规规定办理上述货物的检验检疫事宜；
3. 及时将办结检验检疫手续的有关委托内容的单证、文件移交委托人或其指定的人员；
4. 如实告知委托人检验检疫部门对货物的后续检验检疫及监管要求。
如在委托事项中发生违法或违规行为，愿承担相关法律和行政责任。

联 系 人：<u>田方</u>
联系电话：<u>65788888</u>

委托人(加盖公章) [上海田方报检公司 代理报检专用章]

2011年12月1日

第一联：检验检疫机构留存

样例 4—11

代理报检委托书

编号：

___上海市___ 出入境检验检疫局：

本委托人(备案号/组织机构代码<u>310783580</u>)保证遵守国家有关检验检疫法律、法规的规定，保证所提供的委托报检事项真实、单货相符。否则，愿承担相关法律责任。具体委托情况如下：

本委托人将于<u>2011</u>年<u>12</u>月间进口/出口如下货物：

品　名	扳手	H.S.编码	8204.1100
数(重)量	6 000 套	包装情况	胶袋包装
信用证/合同号	TX200523	许可文件号	3101120987
进口货物收货单位及地址	方正进出口公司 上海市中山路1321号	进口货物提运单号	FUN—01186
其他特殊要求			

特委托 <u>上海田方报检公司</u>(代理报检注册登记号<u>3100110908</u>)，代表本委托人办理上述货物的下列出入境检验检疫事宜：

☑ 1. 办理报检手续；
☑ 2. 代缴纳检验检疫费；
☑ 3. 联系和配合检验检疫机构实施检验检疫；
☑ 4. 领取检验检疫证单。
☐ 5. 其他与报检有关的相关事宜_____

联系人：<u>方正</u>
联系电话：<u>56082266</u>

本委托书有效期至 <u>2011</u> 年 <u>12</u> 月 <u>31</u> 日　　委托人(加盖公章) ｜方正进出口公司 报检专用章｜

2011 年 12 月 1 日

受托人确认声明

本企业完全接受本委托书。保证履行以下职责：
1. 对委托人提供的货物情况和单证的真实性、完整性进行核实；
2. 根据检验检疫有关法律法规规定办理上述货物的检验检疫事宜；
3. 及时将办结检验检疫手续的有关委托内容的单证、文件移交委托人或其指定的人员；
4. 如实告知委托人检验检疫部门对货物的后续检验检疫及监管要求。
如在委托事项中发生违法或违规行为，愿承担相关法律和行政责任。

联系人：<u>田方</u>
联系电话：<u>65788888</u>　　　　　　　　　　委托人(加盖公章) ｜上海田方报检公司 代理报检专用章｜

2011 年 12 月 1 日

第二联：客户联

品名与规格 Commodity and Specification	数 量 Quantity	单 价 Unit price	金 额 Amount
STEAL FILE ART No. 31 ART No. 32 AS PER SAMPLE NO. 121	6 000 SETS 6 000 SETS	CIF OSAKA USD 6.50 USD 6.50	USD39 000.00 USD39 000.00

包装/PACKING：每套装入一个塑料袋，50套装入一只出口纸箱/ EACH SET IN A POLY-BAG 50 SETS INTO AN EXPORT CARTON.

唛头/MARKS：主唛内容包括 FUJI、销售合同号、目的港和箱数/ SHIPPING MARK INCLUDES FUJI S/C NO., PORT OF DESTINATION, AND CARTON NO.

装运港/LOADING PORT：上海/SHANGHAI.

目的港/DESTINATION：大阪/OSAKA.

装运期限/TIME OF SHIPMENT：2011年12月31日前/BEFORE DEC. 31, 2011

分批装运/PARTIAL SHIPMENT：不允许/ NOT ALLOWED.

转船/TRANSHIPMENT：不允许/ NOT ALLOWED.

保险/INSURANCE：一切险/ ALL RISKS.

付款条件/TERMS OF PAYMENT：电汇/T/T.

凡以 CIF 条件成交的业务，保额为发票价的110%，投保险别以售货合同书中所开列的为限，买方如果要求增加保额或保险范围，应于装船前经卖方同意，因此而增加的保险费由买方负责/ For transactions conclude on C.I.F basis, it is understood that the insurance amount will be for 110% of the invoice value against the risks specified in Sales Confirmation. If additional insurance amount or coverage is required, the buyer must have consent of the Seller before Shipment, and the additional premium is to be borne by the Buyer.

本合同书内所述全部或部分商品，如因人力不可抗拒的原因，以致不能履约或延迟交货，卖方概不负责/The Seller shall not be held liable for failure of delay in delivery of the entire lot or a portion of the goods under this Sales Contract consequence of any Force Majeure incidents.

买方收到本售货合同书后请立即签回一份，如买方对本合同书有异议，应于收到后5天内提出，否则认为买方已同意接受本合同书所规定的各项条款/The buyer is requested to sign and return one copy of the Sales Contract immediately after the receipt of same, Objection, if any, should be raised by the Buyer within five days after the receipt of this Sales Contract, in the absence of which it is understood that the Buyer has accepted the terms and condition of the sales Contract.

买方：　　　　FUJI TRADE CORPORATION　　　　卖方：　　上海在野岛进出口公司
THE BUYER：　松本　　　　　　　　　　　　　THE SELLE：　合同专用章

2. 商业发票

样例 4-2

上海在野岛进出口公司
SHANGHAI ZYD IMPORT & EXPORT CORPORATION
No. 1 RENMIN ROAD SHANGHAI CHINA
TEL:021-65788811　FAX:021-65788812
税务登记号:310928374655

COMMERCIAL INVOICE

发票代码:1310008204222

TO:M/S
　　FUJI TRADING CORPORATION
　　3-1YAMATOLI,OSAKA JAPAN

INV NO:TX0743
DATE:DEC. 05,2011
S/C NO:20050339

FROM　　SHANGHAI PORT　　TO　　OSAKA PORT

MARKS & NO	DESCRIPTIONS OF GOODS	QUANTITY	U/PRICE	AMOUNT
FUJI 20050339 OSAKA C/NO.1-240	STEAL FILE ART No. 31 ART No. 32 AS PER SAMPLE NO. 121 EACH SET IN A POLYBAG 50 SETS INTO AN EXPORT CARTON	6 000SETS 6 000SETS	CFR OSAKA USD6.50 USD6.50 TOTAL	USD39 000.00 USD39 000.00 USD78 000.00

第二联:发票联

TOTAL AMOUNT:SAY US DOLLARS SEVENTY-EIGHT THOUSAND ONLY.

WE HEREBY CERTIFY THAT THE CONTENTS OF INVOICE HEREIN ARE TRUE AND CORRECT.

SHANGHAI ZYD IMPORT & EXPORT CORPORATION
王样

3. 装箱单

样例 4—3

上海在野岛进出口公司
SHANGHAI ZYD IMPORT & EXPORT CORPORATION
No. 1 RENMIN ROAD SHANGHAI CHINA
TEL:021－65788811 FAX:021－65788812

出口专用

PACKING LIST

TO:M/S
FUJI TRADING CORPORATION
3－1YAMATOLI, OSAKA JAPAN

发票代码:1310008204222
INV NO:TX0743
DATE: JUL. 05,2011
S/C NO:20050339
L/C NO:11052011

FROM   SHANGHAI PORT   TO   OSAKA PORT

C/NOS	GOODS DESCRIPTION & PACKING	QUTY (SETS)	G. W (KGS)	N. W (KGS)	MEAS (CBM)
	STEAL FILE				
1— 120	ART No. 31	6 000	2 160	1 800	12
121—240	ART No. 32	6 000	2 160	1 800	12
	AS PER SAMPLE NO. 121				
	EACH SET IN A POLYBAG 50 SETS INTO AN EXPORT CARTON				
TOTAL		12 000	4 320	3 600	24

MARKS & NOS
FUJI
20050339
OSAKA

C/NO. 1—240

SAY TOTAL TWO HUNDRED AND FORTY CARTONS ONLY

SHANGHAI ZYD IMPORT & EXPORT CORPORATION
王祥

4. 报检委托书

样例 4—4　　　　　　　　　　　　　报检委托书

　　上海市　出入境检验检疫局：
　　本委托人郑重声明，保证遵守出入境检验检疫法律、法规的规定。如有违法行为，自愿接受检验检疫机构的处罚并负法律责任。
　　本委托人委托受委托人向检验检疫机构提交"报检申请单"和各种随附单据。具体委托情况如下：
　　本单位将于　2011　年　12　月间出口如下货物：

品　　名	锉刀	H.S.编码	8203.1000
数(重)量	240 箱	合同号	20050339
信用证号	11052011	审批文件	
其他特殊要求			

　　特委托　上海田方报检公司　（单位/注册登记号），代理本公司办理下列出入境检验检疫事宜：
　　☑1. 办理代理报检手续；
　　☑2. 代缴检验检疫费；
　　☑3. 负责与检验检疫机构联系和验货；
　　☑4. 领取检验检疫证书；
　　□5. 其他与报检有关的相关事宜。
　　请贵局按有关法律法规规定予以办理。

　　上海在野岛进出口公司　　　　　　　　　上海田方报检公司
　　　　业务专用章　　　　　　　　　　　　　代理报检专用章
委托人(公章)：王祥　　　　　　　　　　　　受委托人(公章)：田方
　2011 年 12 月 5 日　　　　　　　　　　　　　2011 年 12 月 5 日

三、受委托人填写出境货物报检单

1. 出境货物报检单的填写方法
出境货物报检单的主要内容和缮制方法如下：
(1)编号
由检验检疫机构报检受理人员填写，前 6 位为检验检疫机构代码，第 7 位为报检类代目，第 8、9 位为年代码，第 10～第 15 位为流水号。实行电子报检后，该编号可在受理电子报检的回执中自动生成。
(2)报检单位
填写报检单位的全称，并盖报检单位印章。
(3)报检单位登记号

填写报检单位在检验检疫机构备案或注册登记的代码。

(4) 联系人

填写报检人员姓名。

(5) 电话

填写报检人员的联系电话。

(6) 报检日期

检验检疫机构实际受理报检的日期,由检验检疫机构受理报检人员填写。

(7) 发货人

预检报检的,可填写生产单位;出口报检的,应填写外贸合同中的卖方。

(8) 收货人

填写外贸合同中的买方名称。

(9) 货物名称

填写出口贸易合同中规定的货物名称及规格。

(10) H.S. 编码

填写本批货物的商品编码(8位数或10位数编码),以当年海关公布的商品税则编码分类为准。

(11) 产地

填写本货物的生产或加工地的省、市和县名称。

(12) 数/重量

填写本货物实际申请检验检疫数/重量,重量还应注明毛重或净重。

(13) 货物总值

填写本批货物的总值及币种,出口贸易合同应与发票上的货物总值一致。

(14) 包装种类及数量

填写本批货物实际运输包装的种类及数量,应注明包装的材质。

(15) 运输工具名称及号码

填写装运本批货物的运输工具的名称和号码。

(16) 合同号

填写出口贸易合同、订单或形式发票的号码。

(17) 信用证号

填写本批货物的信用证编号。

(18) 贸易方式

根据实际情况填写一般贸易、来料加工、进料加工、易货贸易和补偿贸易等贸易方式。

(19) 货物存放地点

填写本批货物存放的具体地点或厂库。

(20) 发货日期

填写出口装运日期,预检报检可不填。

(21) 输往国家和地区

填写出口贸易合同中买方所在国家和地区,或合同注明的最终输往国家和地区。

(22) 许可证/审批号

如为实施许可/审批制度管理的货物,必须填写其编号,不得留空。

(23) 生产单位注册号

填写本批货物生产、加工的单位在检验检疫机构注册登记编号,如卫生注册登记号、质量许可证号等。

(24) 起运地

填写装运本批货物离境交通工具的起运口岸/城市地区名称。

(25) 到达口岸

填写本批货物最终抵达目的地停靠口岸名称。

(26) 集装箱规格、数量及号码

货物若以集装箱运输,应填写集装箱的规格、数量及号码。

(27) 合同订立的特殊条款以及其他要求

填写在出口贸易合同中特别订立的有关质量、卫生等条款,或报检单位对本批货物检验检疫的特别要求。

(28) 标记及号码

填写本批货物的标记号码,如没有标记号码,则填"N/M",不得留空。

(29) 用途

根据实际情况,填写食用、奶用、观赏或演艺、伴侣动物、试验、药用、其他等用途。

(30) 随附单据

根据向检验检疫机构提供的实际单据,在该前"□"内打"√",或在"□"后补填单据名称,在其"口"内打"√"。

(31) 需要证单名称

根据需要由检验检疫机构出具的证单,在对应的"□"内打"√"或补填,并注明所需证单的正副本数量。

(32) 报检人郑重声明

报检人员必须亲笔签名。

(33) 检验检疫费

由检验检疫机构计费人员填写。

(34) 领取证单

报检人在领取证单时,填写领证日期并签名。

2. 受委托人填写出境货物报检单

样例 4-5

中华人民共和国出入境检验检疫
出境货物报检单

报检单位（加盖公章） 上海田方报检公司 代理报检专用章　　　　　　　*编号：_____

报检单位登记号：3100110908　联系人：田方　电话：65788888　报检日期：2011 年 12 月 18 日

发货人	（中文）上海在野岛进出口公司
	（外文）SHANGHAI ZYD IMPORT & EXPORT CORPORATION
收货人	（中文）
	（外文）FUJI TRADING CORPORATION

货物名称(中/外文)	H.S.编码	产地	数/重量	货物总值	包装种类及数量
钢锉刀 STEAL FILE	8203.1000	南京	12 000 套	78 000 美元	240 箱

运输工具名称号码	DONGFANG V.190	贸易方式	一般贸易	货物存放地点	上海江苏路 9 号
合同号	20050339	信用证号		用途	
发货日期	2011.12.31	输往国家(地区)	日本	许可证/审批证	
起运地	上海	到达口岸	大阪	生产单位注册号	NJ08123456
集装箱规格、数量及号码	20′×2 / TEUL31203456434、TEUL31203456435			

合同、信用证订立的检验检疫条款或特殊要求	标记及号码	随附单据（划"√"或补填）	
按照合同要求检验	FUJI 20050339 OSAKA C/NO.1-240	☑合同 ☐信用证 ☑发票 ☐换证凭单 ☑装箱单 ☐厂检单	☐包装性能结果单 ☐许可/审批文件 ☐ ☐

需要证单名称（划"√"或补填）		*检验检疫费
☐品质证书　　　__正__副 ☐重量证书　　　__正__副 ☑数量证书　　　1正2副 ☐兽医卫生证书　__正__副 ☐健康证书　　　__正__副 ☐卫生证书　　　__正__副 ☐动物卫生证书　__正__副	☐植物检疫证书　　__正__副 ☐熏蒸/消毒证书　　__正__副 ☐出境货物换证凭单　__正__副	总金额 （人民币元） 计费人 收费人

| 报检人郑重声明：
　1.本人被授权报检。
　2.上列填写内容正确属实，货物无伪造或冒用他人的厂名、标志、认证标志，并承担货物质量责任。

　　　　　　　　　　　　　　　　签名：__田方__ | 领取证单

日期

签名 |

注：有"*"号栏由出入境检验检疫机构填写　　　◆国家出入境检验检疫机构制

四、出入境检验检疫局签发出境货物通关单

样例 4—6

中华人民共和国出入境检验检疫
出境货物通关单

编号：201112510

1. 收货人　FUJI TRADING CORPORATION.			5. 标记及唛码 FUJI 20050339 OSAKA C/NO. 1—240	
2. 发货人　上海在野岛进出口公司			:::
3. 合同/提(运)单号 20050339		4. 输出国家或地区 中国	:::
6. 运输工具名称及号码 DONFANG V. 190		7. 目的地 日本	8. 集装箱规格及数量 20′×2	
9. 货物名称及规格 钢锉刀 STEAL FILE	10. H. S. 编码 8 203.1000	11. 申报总值 78 000 美元	12. 数/重量、包装数量及种类 4 320 千克 240 箱	
13. 证明 　　　　上述货物业已报验/申报，请海关予以放行。 　　　　本通关单有效期至 2012 年 1 月 10 日 　　签字：丁鸣				日期：2011 年 12 月 23 日
14. 备注				

学习情境二　办理一般货物入境报检

案例导入

　　近日，上海田方报检公司受上海方正进出口公司的委托，为该公司代理进口货物手工工具扳手的入境报检手续，为此双方签订了报检委托书。上海田方进出口公司向上海田方报检公司提供报检资料，上海田方报检公司根据有关内容填写入境货物报检单，并及时向口岸出入境检验检疫机构办理报检手续。

> 思考：入境货物报检的范围、分类、程序，以及入境货物委托书、入境货物报检单的填写。

学习指南

入境货物报检是报检人根据我国有关法律法规、对外贸易合同的规定，向检验检疫机构申请检验、检疫、鉴定以获准出境合法凭证及某种公证证明所必须履行的法定程序和手续。

一、入境货物报检的范围

根据有关检验检疫法律、行政法规与我国进口贸易的实际情况，入境检验检疫的报检范围主要有以下三个方面。

1. 法律与行政法规所规定的实施检验检疫的入境对象

根据我国《进出口商品检验法》及其实施条例等有关法律、行政法规的规定，下列入境对象须向检验检疫机构报检，由其实施检验检疫或鉴定工作。

(1) 列入《出入境检验检疫机构实施检验检疫的进出境商品目录》内的货物；

(2) 进境集装箱；

(3) 进境动植物性包装物、铺垫材料。

2. 贸易合同约定须凭检验检疫机构签发的证书进行索赔的入境货物

凡在进口贸易合同或协议中规定的入境货物，要以我国检验检疫机构签发的检验检疫证书作为索赔依据的，该货主或其代理人须向检验检疫机构报检，由检验检疫机构按照合同、协议的要求实施检验检疫或鉴定，并签发检验检疫证书。

3. 有关国际条约规定须经检验检疫的入境对象

凡我国作为成员的国际条约、公约和协定所规定的，必须由我国检验检疫机构实施检验检疫的入境货物，该货主或其代理人须向检验检疫机构报检实施检验检疫。

二、入境货物报检的分类

入境货物检验检疫根据不同的报检对象，可分为法定检验和抽查检验两种基本类型。根据不同的检验检疫实施地，可分为进境一般报检、进境流向报检和异地施检报检。

三、入境货物检验检疫工作程序

入境货物检验检疫的一般工作程序是：先报检，后进行检验检疫，再通关。

1. 入境货物检验检疫的工作程序

法定检验检疫入境货物的报检流程如图4-2所示：

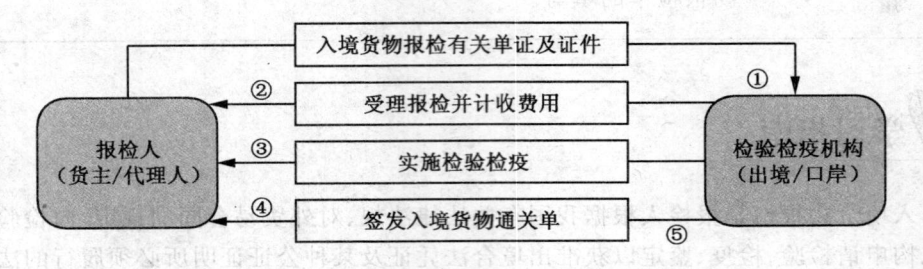

```
                入境货物报检有关单证及证件
         ┌─────────────────────────────────┐ ①
         │      受理报检并计收费用          │
  报检人 ←②───────────────────────────── 检验检疫机构
 (货主/  ←③      实施检验检疫              (出境/口岸)
  代理人)←④───────────────────────────── 
                签发入境货物通关单         ⑤
```

图4-2 法定检验检疫入境货物报检一般流程

操作说明

1. 报检人在规定时限内向当地检验检疫机构报检，提交规定的报检单证与报检员证书。
2. 检验检疫机构按有关规定审核报检资料及报检员证，符合要求的，受理报检、计收费，并在提单上加盖检验检疫章。
3. 施检部门实施检验检疫。
4. 对产地和报关地相一致的法定检验检疫入境货物，经检验检疫合格后出具二联入境货物通关单；对产地和报关地不一致的，出具四联入境货物通关单；不属于法定检验检疫入境的货物，签发检验检疫联系凭单，到目的地指定地点接受检验检疫。

---

2. 报检的时限

（1）入境货物需对外索赔出证的，应在索赔有效期前不少于20天内向到货口岸或货物到达地的检验检疫机构报检。

（2）对入境的一般货物应在入境时向入境口岸、指定的或到达站的检验检疫机构办理报检或申报。

3. 报检的地点

（1）审批、许可证等有关政府批文中规定检验检疫地点的，在规定的地点报检；

（2）大宗散装商品、易腐烂变质商品、卸货时发现包装破损、重量数量短缺的商品，必须在卸货口岸检验检疫机构报检；

（3）其他入境货物应在入境前或入境时向报关地检验检疫机构报检。

4. 出境货物报检所需单据

入境货物报检时，应填写提供入境货物报检单（样例4-7），并随附进口贸易合同、国外发票、提/运单和装箱单等有关基本证单。报检人对检验检疫有特殊要求的，应在报检单上注明并交附相关文件。具体情形如下：

（1）凡实施安全质量许可、卫生注册或其他需审批审核的货物，应提供有关证明。

(2) 品质检验的还应提供国外品质证书或质量保证书、产品使用说明书及有关标准和技术资料；凭样品成交的，须加附成交样品；以品级或公量计价结算的，应同时申请重量鉴定。

(3) 申请残损鉴定的还应提供理货残损单、铁路商务记录、空运事故记录或海事报告等证明货损情况的有关单证。

(4) 申请重（数）量鉴定的还应提供重量明细单、理货清单等。

(5) 货物经收、用货部门验收或其他单位检测的，应随附验收报告或检测结果以及重量明细单等。

案例分析

近日，某塑胶制品有限公司经深圳皇岗口岸从台湾进口 ABS 塑胶粒共 5 批次，货物总量 90 吨，总值158 220美元。该 5 批货物进境时，皇岗检验检疫局依法签发了 5 份《入境货物调离通知单》，并明确告知"上述货物需调往目的地检验检疫机构实施检验检疫，请及时与目的地检验检疫机构联系。上述货物未经检验检疫，不准销售、使用。"然而该公司在货物通关进境后，不但没有与报检申报的目的地检验检疫机构联系，而且无视该局执法人员的多次催报，将货物全部予以使用。该公司仅办理了进境流向报检手续而没有办理异地施检的报检手续，即擅自将货物予以使用，造成了逃避进口商品法定检验的事实。请分析，检验检疫机构将对该公司进行如何处理，为什么？

实例操作

一、业务背景

方正进出口公司从日本进口一批高质量的手工工具扳手，根据我国有关检验检疫法规的规定其属于法定检验货物，方正进出口公司委托上海田方报检公司办理入境货物报检手续，提供有关报检资料。上海田方报检公司收到报检资料后，在报检委托书上签章，委托协议自签订之日起生效。

二、委托人提供报检资料

方正进出口公司提供的报检资料有购货确认书、外国发票、外国装箱单、进口货物许可证（样例略）、到货通知（样例略）和报检委托书。

1. 购货确认书

样例 4-7

PURCHASE CONTRACT

TEL:021-56082266
FAX:021-56082265

P/C NO:TX200523
DATE: AUG. 25, 2011

The Buyer:FANGZHENG IMPORT & EXPORT CORPORATION
  1321 ZHONGSHAN ROAD SHANGHAI CHINA
  TEL:021-56082266 FAX:021-56082265
The Sellers:TOKYO IMPORT & EXPORT CORPORATION
  82-324 OTOLI MACHI TOKYO, JAPAN
  TEL:028-548742 FAX:028-548743

The Seller and the Buyer have confirmed this Contract with the terms and conditions stipulated below.

DESCRIPTIONS OF GOODS	QUANTITY	UNIT PRICE	AMOUNT
WARENCH		FCA TOKYO	
HEX DEYS WRENCH	1 000 SETS	USD 10.00	USD 10 000.00
DOUBLE RING OFFSET WRENCH	1 500 SETS	USD 10.00	USD 15 000.00
CONBINATION WRENCH	2 000 SETS	USD 20.00	USD 40 000.00
ADJUSTABLE WRENCH	1 500 SETS	USD 20.00	USD 30 000.00

1. COUNTRY OF ORIGIN AND MANUFACTURER: TOKYO IMPORT & EXPORT CORPORATION JAPAN
2. PACKING: PACKED IN 1 CARTON OF 50 PCS EACH
3. AIRPORT OF LOADING: TOKYO AIRPORT
4. AIRPORT OF DESTINATION: SHANGHAI PUDONG AIRPORT
5. PAYMENT: T/T
6. PARTIAL SHIPMENTS: ALLOWED
7. TRANSHIPMENT: ALLOWED
8. LATEST SHIPMENT DATE: NOT LATER THAN DEC. 31, 2011
9. DOCUMENTS: THE SELLER SHALL PRESENT THE FOLLOWING DOCUMENTS TO THE PAYING BANK FOR NEGOTIATION:

1) Three originals and three copies of signed commercial invoice indicating contract number.
2) Three originals and three copies of packing list.
3) Two copies of certificate of quality issued by manufacture.
4) Within 12 hours after the goods are completely loaded, the seller shall fax to notify the buyer of the contract number, name of commodity, quantity, gross weight, Air Waybill No. And the date of delivery.

10. INSPECTION AND CLAIMS: IF THE QUALITY/WEIGHT AND/OR THE SPECIFICATIONS OF THE GOODS SHOULD BE FOUND NOT IN LINE WITH THE CONTRACTED STIPULATIONS, OR SHOULD THE GOODS PROVE DEFECTIVE FOR ANY REASONS, INCLUDING LATENT DEFECT OR THE USE OF UNSUITABLE MATERIALS, THE BUYER WOULD ARRANGE AN INSPECTION TO BE CARRIED OUT BY THE INSPECTION BUREAU AND HAVE THE RIGHT TO CLAIM AGAINST THE SELLERS ON THE STRENGTH OF THE INSPECTION CERTIFICATE ISSUED BY THE BUREAU. ALL CLAIMS SHALL BE REGARDED AS ACCEPTED IF THE SELLERS FAIL TO REPLY WITHIN 30 DAYS AFTER RECEIPT OF THE BUYER'S CLAIM.

Buyer: 方正进出口公司 合同专用章   Seller: TOKYO IMPORT & EXPORT CORPORATION

FANGZHENG IMPORT & EXPORT CORPORATION. TOKYO IMPORT & EXPORT CORPORATION
    方正   山田

2. 外国发票

样例 4—8

TOKYO IMPORT & EXPORT CORPORATION
82—324 OTOLI MACHI TOKYO, JAPAN
TEL:028—548742　FAX:028—548743

FANGZHENG IMPORT & EXPORT CORPORATION 1321 ZHONGSHAN ROAD SHANGHAI CHINA TEL:021—56082266　FAX:021—56082265	INVOICE NO. IN057911 DATE: NOV. 20, 2011 PAYMENT TERMS: 　　T/T
P/C NO: TX200523	MARKS: FANGZHENG 　　　　　TOKYO 　　　　　TX200523 　　　　　C/NO. 1—120

SHIPPED FROM	SHIPPED TO	AIR/VOYAGE NO.
TOKYO	SHANGHAI	FUN— 321

DESCRIPTION	QUANTITY	PRICE PER SET	TOTAL AMOUNT
WRENCH		FCA TOKYO	
HEX DEYS WRENCH	1 000 SETS	USD 10.00	USD 10 000.00
DOUBLE RING OFFSET WRENCH	1 500 SETS	USD 10.00	USD 15 000.00
CONBINATION WRENCH	2 000 SETS	USD 20.00	USD 40 000.00
ADJUSTABLE WRENCH	1 500 SETS	USD 20.00	USD 30 000.00
PACKED IN 1 CARTON OF 50 SETS EACH			USD 95 000.00

SAY U.S. DOLLARS NINETY FIVE THOUSAND ONLY

　　　　　　　　　　　　　　　　　　　　山田
　　　　　　　　　　　　　　TOKYO IMPORT & EXPORT CORPORATION

3. 外国装箱单

样例 4—9

TOKYO IMPORT & EXPORT CORPORATION
82—324 OTOLI MACHI TOKYO, JAPAN
TEL:028—548742 FAX:028—548743

PACKING LIST

FANGZHENG IMPORT & EXPORT CORPORATION
1321 ZHONGSHAN ROAD SHANGHAI CHINA
TEL:021—56082266 FAX:021—56082265

P/C NO: TX200523

INVOICE NO.	IN057911
DATE:	NOV. 20, 2011
PAYMENT TERMS:	T/T

MARKS: FANGZHENG
TOKYO
TX200523
C/NO. 1—120

SHIPPED FROM	SHIPPED TO	AIR/VOYAGE NO.		
TOKYO	SHANGHAI	FUN—321		
PACKAGES	DESCRIPTION	QUANTITY	GROSS WEIGHT	NET WEIGHT
120 CARTONS	WRENCH			
	HEX DEYS WRENCH	1 000 SETS	500 KGS	460 KGS
	DOUBLE RING OFFSET WRENCH	1 500 SETS	750 KGS	690 KGS
	CONBINATION WRENCH	2 000 SETS	1 000 KGS	920 KGS
	ADJUSTABLE WRENCH	1 500 SETS	750 KGS	690 KGS
	PACKED IN 1 CARTON OF 50 SETS EACH	6 000SETS	3000 KGS	2 760 KGS

山田

TOKYO IMPORT & EXPORT CORPORATION

4. 报检委托书

样例 4—10

代理报检委托书

编号：

<u>上海市</u> 出入境检验检疫局：

本委托人（备案号/组织机构代码<u>310783580</u>）保证遵守国家有关检验检疫法律、法规的规定，保证所提供的委托报检事项真实、单货相符。否则，愿承担相关法律责任。具体委托情况如下：

本委托人将于<u>2011</u>年 <u>12</u> 月间进口/出口如下货物：

品　名	扳　手	H.S. 编码	8204.1100
数（重）量	6 000 套	包装情况	胶袋包装
信用证/合同号	TX200523	许可文件号	3101120987
进口货物收货单位及地址	方正进出口公司 上海市中山路1321号	进口货物提运单号	FUN-01186
其他特殊要求			

特委托 <u>上海田方报检公司</u>（代理报检注册登记号<u>3100110908</u>），代表本委托人办理上述货物的下列出入境检验检疫事宜：

☑ 1. 办理报检手续；
☑ 2. 代缴纳检验检疫费；
☑ 3. 联系和配合检验检疫机构实施检验检疫；
☑ 4. 领取检验检疫证单。
☐ 5. 其他与报检有关的相关事宜_____

联系人：<u>方正</u>
联系电话：<u>56082266</u>

本委托书有效期至 <u>2011</u> 年 <u>12</u> 月 <u>31</u> 日　　委托人（加盖公章）　方正进出口公司 报检专用章

2011 年 12 月 1 日

受托人确认声明

本企业完全接受本委托书。保证履行以下职责：
1. 对委托人提供的货物情况和单证的真实性、完整性进行核实；
2. 根据检验检疫有关法律法规规定办理上述货物的检验检疫事宜；
3. 及时将办结检验检疫手续的有关委托内容的单证、文件移交委托人或其指定的人员；
4. 如实告知委托人检验检疫部门对货物的后续检验检疫及监管要求。
如在委托事项中发生违法或违规行为，愿承担相关法律和行政责任。

联系人：<u>田方</u>
联系电话：<u>65788888</u>　　　　　　　　委托人（加盖公章）　上海田方报检公司 代理报检专用章

2011 年 12 月 1 日

第一联：检验检疫机构留存

样例 4-11

代理报检委托书

编号：

　　上海市 出入境检验检疫局：

　　本委托人(备案号/组织机构代码310783580)保证遵守国家有关检验检疫法律、法规的规定，保证所提供的委托报检事项真实、单货相符。否则，愿承担相关法律责任。具体委托情况如下：

　　本委托人将于2011年 12 月间进口/出口如下货物：

品　名	扳手	H.S.编码	8204.1100
数(重)量	6 000套	包装情况	胶袋包装
信用证/合同号	TX200523	许可文件号	3101120987
进口货物收货单位及地址	方正进出口公司 上海市中山路1321号	进口货物提运单号	FUN-01186
其他特殊要求			

　　特委托　上海田方报检公司(代理报检注册登记号3100110908)，代表本委托人办理上述货物的下列出入境检验检疫事宜：

　　☑1. 办理报检手续；
　　☑2. 代缴纳检验检疫费；
　　☑3. 联系和配合检验检疫机构实施检验检疫；
　　☑4. 领取检验检疫证单。
　　☐5. 其他与报检有关的相关事宜＿＿＿＿＿＿＿＿＿＿＿＿＿＿＿＿

　　联系人：　方正
　　联系电话：　56082266

　　本委托书有效期至　2011　年　12　月　31　日　　委托人(加盖公章)　　方正进出口公司 报检专用章

2011年12月1日

受托人确认声明

本企业完全接受本委托书。保证履行以下职责：
1. 对委托人提供的货物情况和单证的真实性、完整性进行核实；
2. 根据检验检疫有关法律法规规定办理上述货物的检验检疫事宜；
3. 及时将办结检验检疫手续的有关委托内容的单证、文件移交委托人或其指定的人员；
4. 如实告知委托人检验检疫部门对货物的后续检验检疫及监管要求。

如在委托事项中发生违法或违规行为，愿承担相关法律和行政责任。

　　联系人：　田方
　　联系电话：　65788888

委托人(加盖公章)　　上海田方报检公司 代理报检专用章

2011年12月1日

第二联：客户联

新产品相关资料,实施监督核查。核查内容应包括:出口玩具生产企业是否按照出口玩具注册登记单元,建立出口玩具首件产品台账;台账内容是否详细记录首件产品品名、品牌、货号、使用高风险原材料货号/批号、关键原材料或关键元器件变化情况、使用特殊化学物质情况、出口目的地、检测报告编号、检测单位以及数码照片等相关信息。必要时,可依据企业申报的出口玩具首件产品信息,按照产品外观结构及功能、原材料、制造工艺相同或相似,适用年龄组相同的原则划分首件产品检测单元,对玩具实验室出具的检测结果实施抽查验证。

(3) 高风险原材料的监督

检验检疫机构应对出口玩具生产企业高风险原材料台账及高风险原材料的相关检测、使用核销等情况实施监督核查。核查内容应包括:出口玩具生产企业是否对出口玩具所使用的高风险原材料实施批次管理,并建立出口玩具所使用的高风险原材料台账;台账内容是否详细记录高风险原材料(如涂料、邻苯二甲酸酯增塑剂或含邻苯二甲酸酯增塑剂的塑胶原材料等)的进货时间、货号、批号、数量、制造商、供应商、检测报告编号、检测单位、领用核销情况等信息。必要时,可依据企业建立的出口玩具所使用高风险原材料台账,对玩具实验室出具的检测结果实施抽查验证。

(4) 外包或采购的监督

检验检疫机构应对出口玩具生产企业分包或外购过程实施监督核查。核查内容应包括:出口玩具生产企业对出口玩具成品或具有独立玩耍使用功能的部件进行分包或外购时,是否选择获得《出口玩具注册登记证书》的企业为其分包商或供应商;是否建立其分包商或供应商档案,是否对分包或外购过程及产品进行控制并实施批次管理,确保可追溯性。

对监督管理过程中发现的出口玩具监督检测结果不合格,以及首件产品台账管理、高风险原材料批次管理、分包或外购过程及产品控制管理不符合规定要求的,检验检疫机构应责令其限期整改(整改期限不超过三个月),并在整改期间对其实施重点监督管理。

2. 召回监督管理

国家质检总局负责统一组织与协调进出口玩具召回的监督管理工作。直属检验检疫机构根据国家质检总局的要求,具体负责进出口玩具的缺陷调查及召回的组织、协调和日常监督管理工作。具体内容如下:

(1) 出口玩具商是否积极配合召回事宜

直属检验检疫机构应监督出口玩具生产企业、经营公司或品牌商在获知其产品被国外相关部门发布公告责令召回时,是否在24小时内报告并提交相关材料;同时,是否积极配合检验检疫机构开展缺陷产品调查。对应报告而未报告或不积极配合调查的,直属检验检疫机构应对其实施重点监督管理。

(2) 对造成重大影响出口玩具商的处罚

对召回数量较大或造成重大影响的出口玩具,直属检验检疫机构应责令其生产企业、经营公司或品牌商立即停止缺陷产品的生产和出口。

对出口玩具的生产企业、经营公司或品牌商报告的产品召回信息,以及国外相关部门向国家质检总局通报的我国出口玩具召回公告或预警通报案例,直属检验检疫机构组织相关部门对缺陷产品进行调查及风险评估,并将调查结果及风险评估报告上报国家质检总局。

五、相应的法律责任

1. 擅自出口

擅自出口未经检验的出口玩具的,由检验检疫机构没收违法所得,并处货值金额5%以上20%以下罚款。

2. 虚报实情

(1)出口玩具的发货人、代理报检企业、快件运营企业、报检人员未如实提供出口玩具的真实情况,取得检验检疫机构的有关证单,或者逃避检验的,由检验检疫机构没收违法所得,并处货值金额5%以上20%以下罚款。情节严重的,并撤销其报检注册登记、报检从业注册。

(2)出口玩具的发货人委托代理报检企业、出入境快件运营企业办理报检手续,未按照规定向代理报检企业、出入境快件运营企业提供所委托报检事项的真实情况,取得检验检疫机构的有关证单的,检验检疫机构对委托人没收违法所得,并处货值金额5%以上20%以下罚款。

(3)代理报检企业、出入境快件运营企业、报检人员对委托人所提供情况的真实性未进行合理审查或者因工作疏忽,导致骗取检验检疫机构有关证单的结果的,由检验检疫机构对代理报检企业、出入境快件运营企业处2万元以上20万元以下罚款,情节严重的,并撤销其报检注册登记、报检从业注册。

3. 违法交易

伪造、变造、买卖或者盗窃检验检疫证单、印章、标志、封识、货物通关单或者使用伪造、变造的检验检疫证单、印章、标志、封识、货物通关单,由检验检疫机构责令改正,没收违法所得,并处货值金额等值以下罚款;构成犯罪的,依法追究刑事责任;擅自调换、损毁检验检疫机构加施的标志、封识的,由检验检疫机构处5万元以下罚款。

4. 法定条件欠缺

检验检疫机构发现出口玩具生产企业不再符合法定条件、要求,继续从事生产经营活动的,吊销该企业的出口玩具注册登记证书。

5. 擅自调换样品

擅自调换检验检疫机构抽取的样品,由检验检疫机构责令改正,给予警告;情节严重的,并处货值金额10%以上50%以下罚款。

6. 擅自损毁标示

擅自调换、损毁检验检疫机构加施的标志、封识的,由检验检疫机构处 5 万元以下罚款。

7. 故意隐瞒实情

检验检疫机构发现我国境内的进出口玩具生产企业、经营者、品牌商如对出口玩具在进口国家或者地区发生质量安全事件隐瞒不报并造成严重后果的,或对应当向检验检疫机构报告玩具缺陷而未报告的,或对应当召回的缺陷玩具拒不召回的,可给予警告或处 3 万元以下罚款。

8. 检验检疫机构工作人员的违法现象

检验检疫机构的工作人员滥用职权,故意刁难当事人的,徇私舞弊,伪造检验检疫结果的,或者玩忽职守,延误出证的,依法给予行政处分,没收违法所得;构成犯罪的,依法追究刑事责任。

相关连接　　　　**质检系统开展行风建设**

我国质检系统开展行风建设的具体内容是：(1)不准接受工作对象和下属单位赠送的礼品、礼金、有价证券和安排的宴请、旅游、高消费娱乐活动。(2)不准向工作对象和下属单位借用交通工具和贵重办公用品以及报销应由个人支付的费用。(3)不准通过工作对象为个人和亲友牟取不正当利益以及在执法时购物或在购物时执法。(4)不准包庇、纵容违法行为和向违法嫌疑人通风报信、泄露案情。(5)不准擅自改变行政处罚种类、幅度和程序,随意处罚、以收代罚和以罚代法,刁难打击报复行政相对人。(6)不准在工作日中午和执法活动中饮酒以及发生其他不文明执法的行为。(7)不准伪造篡改检验、鉴定、检测、检疫结果和违规使用检验检疫单证、印章、标识。(8)不准违规增加收费项目和提高收费标准乱收费,增加企业负担。(9)不准事业单位、技术机构和社团组织以行政机关的名义开展有偿咨询等活动,强迫企业签订服务协议,收取不正当费用。(10)不准系统内各单位和上下级之间用公款互相宴请、互送礼金、有价证券和贵重礼品,借开会或办班之机发放礼品、组织公款旅游和高消费娱乐活动。

案例分析

某日,欧盟非食品委员会召回我国产玩具赛车。该产品为塑料玩具赛车拖车,包装是纸板和透明塑料。该产品引起化学危险是因为赛车油漆中铅和铬的含量超过最大许可限度。绿色颜料中铅含量达到 3 714mg/kg(限制是 90mg/kg),黄色颜料中铬含量达到825mg/kg(限制是60mg/kg)。该产品不符合玩具指令和相关欧洲标准EN71,从该市场召回产品。请分析,我国检验检疫机构如何加强出境玩具的监督管理?

实例操作

一、业务背景

上海玩具进出口公司与日本客商成交60 000个长毛绒玩具,根据我国有关检验检疫法规的规定属于法定检验货物。为此,上海玩具进出口公司委托上海田方报检公司办理出口货物报检手续,提供有关报检资料,支付代理报检费用。

二、委托人提供报检资料

上海玩具进出口公司提供的报检资料有销售确认书、商业发票(略)、装箱单(略)和报检委托书。

1. 销售确认书

样例5-2

上海玩具进出口公司
SHANGHAI TOY IMP. & EXP. CORPORATION
530 ZHONGSHAN ROAD SHANGHAI CHINA

TEL:021-65781234　　销售合同书　　S/C NO.:20111009
FAX:021-65781235　　**SALES CONTRACT**　　DATE:OCT. 08,2011

To Messrs:
　　TKAMLA CORPORATION
　　6-7,KAWARA MACH OSAKA JAPAN

敬启者/Dear Sirs,
　　下列签字双方同意按下列条款达成协议/The undersigned sellers and buyers have agreed to close the following transaction as per terms and conditions stipulated below:

品名与规格 Commodity and Specification	数　量 Quantity	单　价 Unit price	金　额 Amount
PLUSH TOY Art No. 88(PANDA) Art No. 44(BLACK BEAR) PACKING:EACH SET IN A POLYBAG 100 PCS INTO AN EXPORT CARTON	30 000 PCS 30 000 PCS	CFR OSAKA USD 0.33/PC USD 0.33/PC	USD 9 900.00 USD 9 900.00

包装:每套装入一个塑料袋,100个装入一只出口纸箱/ EACH SET IN A POLYBAG 100

PCS INTO AN PACKING EXPORT CARTON.

装运港：上海/SHANGHAI.
LOADING PORT：

目的港：大阪/ OSAKA.
DESTINATION：

装运期限：2011年12月31日前/ BEFORE DEC. 31, 2011
TIME OF SHIPMENT：

分批装运：不允许/ NOT ALLOWED.
PARTIAL SHIPMENT：

转船：不允许/ NOT ALLOWED.
TRANSHIPMENT：

付款条件：电汇/T/T.
TERMS OF PAYMENT ：

本合同书内所述全部或部分商品，如因人力不可抗拒的原因，以致不能履约或延迟交货，卖方概不负责/The Seller shall not be held liable for failure of delay in delivery of the entire lot or a portion of the goods under this Sales Contract consequence of any Force Majeure incidents.

买方收到本售货合同书后请立即签回一份，如买方对本合同书有异议，应于收到后五天内提出，否则认为买方已同意接受本合同书所规定的各项条款/The buyer is requested to sign and return one copy of the Sales Contract immediately after the receipt of same, Objection, if any, should be raised by the Buyer within five days after the receipt of this Sales Contract, in the absence of which it is understood that the Buyer has accepted the terms and condition of the sales Contract.

买方： TKAMLA TRADE CORPORATION　　　　卖方： 上海玩具进出口公司 合同专用章

THE BUYER： 高村　　　　THE SELLER： 夏霞

2. 报检委托书

样例 5—3　　　　　　　　　　　　**报检委托书**

　　<u>上海市</u>　出入境检验检疫局：

　　本委托人郑重声明，保证遵守出入境检验检疫法律、法规的规定。如有违法行为，自愿接受检验检疫机构的处罚并负法律责任。

　　本委托人委托受委托人向检验检疫机构提交"报检申请单"和各种随附单据。具体委托情况如下：

　　本单位将于 <u>2011</u> 年 <u>12</u> 月间出口如下货物：

品　名	长毛绒玩具	H.S.编码	9503.9000
数(重)量	6 000 箱	合同号	20111009
信用证号		审批文件	
其他特殊要求			

　　特委托 <u>上海田方报检公司</u> （单位/注册登记号），代理本公司办理下列出入境检验检疫事宜：

　　☑ 1. 办理代理报检手续；
　　☑ 2. 代缴检验检疫费；
　　☑ 3. 负责与检验检疫机构联系和验货；
　　☑ 4. 领取检验检疫证书；
　　☐ 5. 其他与报检有关的事宜。

　　请贵局按有关法律法规规定予以办理。

　　　　　　　上海玩具进出口公司　　　　　　　上海田方报检公司
　　　　　　　　　业务专用章　　　　　　　　　　代理报检专用章

委托人(公章)：夏霞　　　　　　　受委托人(公章)：李眯
　　2011 年 12 月 5 日　　　　　　　　2011 年 12 月 5 日

三、受委托人填写出境货物报检单

样例 5－4

中华人民共和国出入境检验检疫
出境货物报检单

报检单位（加盖公章）： 上海田方报检公司 代理报检专用章　　　＊编号：_____

报检单位登记号：3100110908　联系人：田方　电话：65788811　报检日期：2011 年 12 月 18 日

发货人	（中文）上海玩具进出口公司
	（外文）SHANGHAI TOY IMP. & EXP. CORPORATION
收货人	（中文）
	（外文）TKAMLA CORPORATION

货物名称（中/外文）	H.S. 编码	产地	数/重量	货物总值	包装种类及数量
长毛绒玩具 PLUSH TOY	9503.9000	上海	60 000 个	19 800 美元	600 箱

运输工具名称及号码	DONGFANG V.220	贸易方式	一般贸易	货物存放地点	上海市三门路 119 号
合同号	20111009	信用证号		用途	
发货日期	2011.12.31	输往国家（地区）	日本	许可证/审批证	
起运地	上海	到达口岸	大阪	生产单位注册号	31081234

集装箱规格、数量及号码　40'×1/TEUL3120345111

合同、信用证订立的检验检疫条款或特殊要求	标记及号码	随附单据（划"√"或补填）
按照合同要求检验	TKAMLA 20111009 OSAKA C/NO.1－600	☑合同　　☐包装性能结果单 ☐信用证　☐许可/审批文件 ☑发票　　☐ ☐换证凭单　☐ ☑装箱单 ☐厂检单

需要证单名称（划"√"或补填）		＊检验检疫费
☑品质证书　　1 正 2 副 ☐重量证书　　__正__副 ☐数量证书　　__正__副 ☐兽医卫生证书 __正__副 ☐健康证书　　__正__副 ☐卫生证书　　__正__副 ☐动物卫生证书 __正__副	☐植物检疫证书　__正__副 ☐熏蒸/消毒证书　__正__副 ☐出境货物换证凭单 __正__副	总金额（人民币元） 计费人 收费人

报检人郑重声明：
　　1. 本人被授权报检。
　　2. 上列填写内容正确属实，货物无伪造或冒用他人的厂名、标志、认证标志，并承担货物质量责任。

签名：田方

领取证单
日期
签名

注：有"＊"号栏由出入境检验检疫机构填写。　　◆国家出入境检验检疫机构制

四、出入境检验检疫局签发出境货物通关单

样例 5—5

中华人民共和国出入境检验检疫
出境货物通关单

编号：2011125247

1. 收货人　TKAMLA CORPORATION		5. 标记及唛码
2. 发货人　上海玩具进出口公司		TKAMLA
3. 合同/提(运)单号 　20111009	4. 输出国家或地区 　中国	20111009 OSAKA C/NO. 1—600
6. 运输工具名称及号码 　DONFA V.220	7. 目的地 　日本	8. 集装箱规格及数量 　40'×1
9. 货物名称及规格 长毛绒玩具	10. H.S. 编码 9503.9000	11. 申报总值 19 800 美元	12. 数/重量、包装数量及种类 60 000 个 2 980 千克 600 箱
13. 证明　　上述货物业已报检/申报，请海关予以放行。 　　　　　本通关单有效期至 2012 年 6 月 22 日 　　签字：丁鸣		(印章) 日期：2011 年 12 月 23 日
14. 备注		

学习情境二　办理玩具入境货物报检

案例导入

近日，上海田方报检公司受上海欣欣玩具进出口公司的委托，为该公司代理进口儿童玩具入境报检手续，为此双方签订了报检委托书。上海欣欣玩具进出口公司向上海田方报检公司提供入境货物报检资料，上海田方报检公司根据有关内容填写入境货物报检单，并及时向口岸出入境检验检疫机构办理报检手续。

思考：进口玩具报检的范围、程序以及监督管理与法律责任是什么？

学习指南

根据我国《进出口玩具检验监督管理办法》以及《进出口玩具检验监督管理工作细则》的规定,凡列入《出入境检验检疫机构实施检验检疫的进出境商品目录》内的进口玩具,检验检疫机构依法进行检验。

一、入境玩具报检的范围

主要包括两大类:列入《出入境检验检疫机构实施检验检疫的进出境商品目录》内、设计并预定供儿童玩耍的进口玩具,必须实施检验;列入《出入境检验检疫机构实施检验检疫的进出境商品目录》外的进口玩具,按照国家质检总局的规定实施抽查检验;凡列入《中华人民共和国实施强制性产品认证的产品目录》(以下简称CCC认证目录)的产品,必须经国家指定的认证机构认证合格,取得指定认证机构颁发的认证证书,并加施认证标志,方可进口或在经营性活动中使用。

二、入境玩具检验检疫工作程序

1. 入境玩具检验检疫工作的一般流程

入境玩具检验检疫的报检流程如图5—3所示:

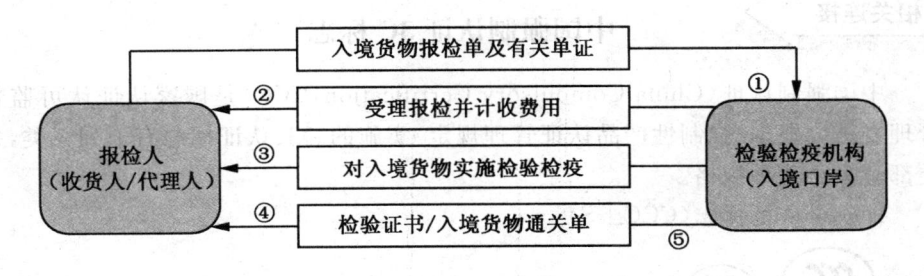

图5—3 入境货物报检的一般流程

2. 报检的时限

进口玩具入境时,收货人或代理人在规定的时间内向当地的出入境检验检疫局办理报检手续。

3. 报检的地点

对进口玩具原则上在入境口岸实施检验检疫。

4. 报检所需单据

收货人或代理人在向出入境检验检疫局办理报检时,要如实填写入境货物报检单,并随附购货合同、外国发票、外国装箱单、提(运)单等有关单证。对列入强制性产品认证目录的进口玩具还应提交发货人或收货人出具的该批玩具质量安全符合我国技术规范强制性要求的符合性声明。

5. 施检签证

检验检疫机构应根据进口玩具产品特性、风险程度以及生产企业、发货人和收货人质量诚信情况,按照下列规定要求对进口玩具实施检验。

(1)对列入 CCC 认证目录内的进口玩具,应按照《进口许可制度民用商品入境验证管理办法》规定实施验证管理,必要时可进行现场查验或抽样检测。

(2)对未列入 CCC 认证目录内的进口玩具,报检人已提供玩具实验室出具的、符合我国技术规范强制性要求的检测报告的,检验检疫机构应对报检人提供的有关单证与进口货物的符合性进行审核,必要时可进行现场检验或抽样送玩具实验室检测;报检人未能提供玩具实验室出具的、符合我国技术规范强制性要求的检测报告或审核发现单证与进口货物不相符的,检验检疫机构应对该批进口玩具实施现场检验并抽样送玩具实验室按照我国国家强制性技术规范要求进行检测。

进口玩具经检验合格的,检验检疫机构出具检验证明。进口玩具经检验不合格的,由检验检疫机构出具检验检疫处理通知书。涉及人身财产安全、健康、环境保护项目不合格的,由检验检疫机构责令当事人退货或者销毁;其他项目不合格的,可以在检验检疫机构的监督下进行技术处理,经重新检验合格后,方可销售或者使用。

相关连接 ➡ **中国强制认证 3C 标志**

中国强制认证(China Compulsory Certification,CCC)是国家认证认可监督管理委员会根据《强制性产品认证管理规定》实施的。其认证标志有下列三类,每类都有大小五种规格。

1. 安全认证标志(CCC+S)

2. 电磁兼容类认证标志(CCC+EMC)

3. 安全与电磁兼容认证标志(CCC+S&E)

三、召回监督管理

直属检验检疫机构应监督进口玩具经营企业、品牌商在获知其产品可能存在安全质量缺陷或已产生缺陷和伤害事故时,是否进行调查;经调查确认玩具存在缺陷的,是否根据缺陷对儿童健康和安全产生损害的可能性、程度、范围等,对缺陷进行风险评估,是否根据风险评估结果决定实施召回;同时,监督进口玩具经营企业、品牌商在24小时内报告并提交缺陷产品调查及风险评估报告、召回计划及实施方案等相关材料。对应报告而未报告的,直属检验检疫机构应对其实施重点监督管理。

直属检验检疫机构对进口玩具经营企业、品牌商提交的缺陷产品调查及风险评估报告等材料,应进行验证;必要时,应组织相关专家对缺陷产品进行调查及风险评估。对实施主动召回的,直属检验检疫机构应监督其是否遵照我国法律法规及国家质检总局的相关规定,依法向消费者公布有关缺陷产品信息、召回计划及实施方案,以及是否按召回计划及实施方案实施主动召回。对应当主动召回而未主动召回的,直属检验检疫机构应在24小时内上报国家质检总局,由国家质检总局发布公告责令召回;直属检验检疫机构应对当事人的召回行为实施监督管理。

四、相应法律责任

1. 擅自销售

(1)擅自销售未经检验的进口玩具,或者擅自销售应当申请进口验证而未申请的进口玩具的,由检验检疫机构没收违法所得,并处货值金额5%以上20%以下罚款。

(2)擅自销售经检验不合格的进口玩具,由检验检疫机构责令停止销售,没收违法所得,并处违法销售额等值以上3倍以下罚款。

2. 虚报实情

(1)进口玩具的收货人、代理报检企业、快件运营企业、报检人员未如实提供进口玩具的真实情况,取得检验检疫机构的有关证单,或者逃避检验的,由检验检疫机构没收违法所得,并处货值金额5%以上20%以下罚款。情节严重的,并撤销其报检注册登记、报检从业注册。

(2)进口玩具的收货人委托代理报检企业、出入境快件运营企业办理报检手续,未按照规定向代理报检企业、出入境快件运营企业提供所委托报检事项的真实情况,取得检验检疫机构的有关证单的,检验检疫机构对委托人没收违法所得,并处货值金额5%以上20%以下罚款。

3. 违法代理报检行为

代理报检企业、出入境快件运营企业、报检人员对委托人所提供情况的真实性未进行合理审查或者因工作疏忽,导致骗取检验检疫机构有关证单的结果的,由检验检疫机构对代理报检企业、出入境快件运营企业处2万元以上20万元以下罚款;情节严重的,并撤销其报检注册登记、报检从业注册。

4. 擅自调换样品

擅自调换检验检疫机构检验合格的进口玩具的,由检验检疫机构责令改正,给予警告;情节严重的,并处货值金额 10% 以上 50% 以下罚款。

5. 擅自损毁标示

擅自调换、损毁检验检疫机构加施的标志、封识的,由检验检疫机构处 5 万元以下罚款。

案例分析

近日,厦门海沧检验检疫局检验一批报检品名为三轮童车和儿童自行车的德国进口玩具,数量分别为 160 辆和 35 辆,货值近三万欧元。经现场检验鉴定,该批玩具质量安全项目符合要求,也有 3C 认证证书和加施 3C 标志,但其使用说明和警告标识及相关资料均为英文,不符合我国国家标准的相关规定,海沧检验检疫局现已责令进口商整改,待产品复验合格后方可进口。请分析,检验检疫机构处理的依据如何,为什么?

实例操作

一、业务背景

上海欣欣玩具进出口公司从美国进口一批 ALEX 儿童益智玩具娃娃、狗、猫、熊,其已通过中国玩具标准(GB5296 5－2006 和 GB6675－2003)、美国美术材料毒性安全认证(ASTM D4236)、美国玩具安全标准(ASDM F963)、欧盟认证(CE)的玩具安全检测。上海欣欣玩具进出口公司收到到货通知后,委托上海田方报检公司办理入境货物报检手续,提供有关报检资料,并在报检委托书上签章。

二、委托人提供报检资料

上海欣欣玩具进出口公司提供的报检资料有购货确认书、外国发票(略)、外国装箱单(略)、进口货物许可证(略)、到货通知(略)和报检委托书。

1. 购货确认书

样例 5—6　　　　　　　　**PURCHASE CONTRACT**

TEL：021—56082212　　　　　　　　　　　　　　　P/C NO.：XX201123
FAX：021—56082213　　　　　　　　　　　　　　　DATE：AUG. 25，2011

The Buyer：SHANGHAI XX TOY IMPORT & EXPORT CORPORATION
　　　　　　21 ZHONGSHAN ROAD SHANGHAI CHINA
The Seller：WILIN IMPORT & EXPORT CORPORATION
　　　　　　24 OTOLI MACHI NEW YORK，USA

The Seller and the Buyer have confirmed this Contract with the terms and conditions stipulated below.

DESCRIPTIONS OF GOODS	QUANTITY	UNIT PRICE	AMOUNT
CHILDREN TOY		CIF SHANGHAI	
BABY	1 000 PCS	USD 10.00	USD 10 000.00
DOG	1 500 PCS	USD 10.00	USD 15 000.00
CAT	2 000 PCS	USD 20.00	USD 40 000.00
BEAR	1 500 PCS	USD 20.00	USD 30 000.00

TOTAL VALUE：SAY U.S. DOLLARS NINETY FIVE THOUSAND ONLY

1. PACKING：PACKED IN 1 CARTON OF 100 PCS EACH
2. LOADING PORT：NEW YORK
3. DESTINATION：SHANGHAI
4. PAYMENT：L/C
5. PARTIAL SHIPMENTS：ALLOWED
6. TRANSHIPMENT：ALLOWED
7. LATEST SHIPMENT DATE：NOT LATER THAN DEC. 31，2011
8. INSURANCE：BY THE SELLER
9. DOCUMENTS：THE SELLER SHALL PRESENT THE FOLLOWING DOCUMENTS TO THE PAYING BANK FOR NEGOTIATION：

1) Three originals and three copies of signed commercial invoice indicating contract number.
2) Three originals and three copies of packing list.
3) Two copies of certificate of quality issued by manufacture.
4) Full set clean on board of shipped Bills of Lading.
5) Two original of the transferable insurance policy or insurance certificate.

Buyer：上海欣欣玩具进出口公司 合同专用章　　　　　Seller：WILIN I/E CORPORATION
　　　　　欣欣　　　　　　　　　　　　　　　　　　　　　　　WILIN

2. 报检委托书(第2、3联略)

样例 5—7

代理报检委托书

__上海市__ 出入境检验检疫局: 编号:

本委托人(备案号/组织机构代码 __3103458843__)保证遵守国家有关检验检疫法律、法规的规定,保证所提供的委托报检事项真实、单货相符。否则,愿承担相关法律责任。具体委托情况如下:

本委托人将于 __2011__ 年 __12__ 月间进口/出口如下货物:

品 名	儿童玩具	H.S.编码	9503.4100
数(重)量	6 000 个	包装情况	纸盒包装
信用证/合同号	XX201123	许可文件号	3101120112
进口货物收货单位及地址	上海欣欣玩具进出口公司 上海市中山路21号	进口货物提运单号	COS01786
其他特殊要求			

特委托 __上海田方报检公司__ (代理报检注册登记号 __3100110908__),代表本委托人办理上述货物的下列出入境检验检疫事宜:

☑ 1.办理报检手续;
☑ 2.代缴纳检验检疫费;
☑ 3.联系和配合检验检疫机构实施检验检疫;
☑ 4.领取检验检疫证单。
☐ 5.其他与报检有关的事宜_____

联系人: __欣欣__
联系电话: __56082212__   委托人(加盖公章) 上海欣欣玩具进出口公司 报检专用章
本委托书有效期至 2011 年12月31日
                                              2011 年 12 月 1 日

受托人确认声明

本企业完全接受本委托书,保证履行以下职责:
1.对委托人提供的货物情况和单证的真实性、完整性进行核实;
2.根据检验检疫有关法律法规规定办理上述货物的检验检疫事宜;
3.及时将办结检验检疫手续的有关委托内容的单证、文件移交委托人或其指定的人员;
4.如实告知委托人检验检疫部门对货物的后续检验检疫及监管要求。
如在委托事项中发生违法或违规行为,愿承担相关法律和行政责任。

联系人: __田方__
联系电话: __65788888__   受托人(加盖公章) 上海田方报检公司 代理报检专用章
                                              2011 年 12 月 1 日

第一联:检验检疫机构留存

三、受委托人填写入境货物报检单

样例 5-8

中华人民共和国出入境检验检疫
入境货物报检单

报检单位(加盖公章): 上海田方报检公司 代理报检专用章

＊编号：_____

报检单位登记号：3100110908　联系人：田方　电话：65788888　报检日期：2011 年 12 月 5 日

收货人	(中文)欣欣玩具进出口公司	企业性质(划"√")	□合资 □合作 □外资		
	(外文)SHANGHAI XX TOY IMPORT & EXPORT CORPORATION				
发货人	(中文)				
	(外文)WILIN IMPORT & EXPORT CORPORATION				
货物名称(中/外文)	H.S.编码	原产国	数/重量	货物总值	包装种类及数量
儿童玩具 CHILDREN TOY	9503.4100	美国	6 000 PCS	95 000.00 美元	60 纸箱
运输工具名称及号码	COS01786			合同号	XX201123
贸易方式	一般贸易	贸易国别(地区)	美国	提单/运单号	COS01786
到岸日期	2011.12.4	起运国家(地区)	美国	许可证/审批号	3101120112
卸货日期	2011.12.4	起运口岸	纽约	入境口岸	吴淞
索赔有效期至	2012.12.4	经停口岸		目的地	上海
集装箱规格、数量及号码					
合同订立的特殊条款 以及其他要求		货物存放地点	上海市三门路 5 号		
		用途	自营内销		
随附单据(划"√"或补填)		标记及号码	＊外商投资财产(划"√") □是 □否		
☑合同 ☑发票 ☑提/运单 □兽医卫生证书 □植物检疫证书 □动物检验证书 □卫生证书 □原产地证 ☑许可/审批文件	☑到货通知 ☑装箱单 □质保书 □理货清单 □磅码单 □验收报告 □	XINXIN SHANGHAI XX201123 C/NO.1-60	＊检验检疫费		
			总金额 (人民币元)		
			计费人		
			收费人		
报检人郑重声明: 1.本人被授权报检。 2.上列填写内容正确属实。 签名：欣欣		领取证单		
		日期		
		签名		

注：有"＊"号栏由出入境检验检疫机构填写　　◆国家出入境检验检疫机构制

四、出入境检验检疫局签发入境货物通关单

样例 5-9　　　　　中华人民共和国出入境检验检疫

入境货物通关单

编号：3101198745

1. 收货人 上海欣欣玩具进出口公司		5. 标记及唛码 XINXIN SHANGHAI XX201123 C/NO.1—60
2. 发货人 WILIN IMPORT & EXPORT CORPORATION		
3. 合同(提(运)单号 TX200523/ FUN—01186	4. 输出国家或地区 美国	
6. 运输工具名称及号码 COS01786	7. 目的地 上海	8. 集装箱规格及数量 ——————
9. 货物名称及规格 儿童玩具 CHILDREN TOY ************	10. H.S.编码 9503.4100	11. 申报总值 95 000.00 美元	12. 数/重量、包装数量及种类 6 000 PCS 500KGS 60CTNS
13. 证明　　上述货物业已报检/申报，请海关予以放行。 　　　　　　本通关单有效期至 2012 年 1 月 31 日 签字：丁毅			日期：2011 年 12 月 6 日
14. 备注			

教学方案设计与建议

学习内容	教学组织形式	实施教学手段	课时
1. 申请报检企业名称的预先核准 2. 报检企业设立的工商登记 3. 报检公司申办组织机构代码证 4. 企业名称预先核准申请书 5. 报检企业的税务登记 6. 代理报检企业的报检注册登记	学习指南 　——讲授法、案例法 实例操作 　——情景教学法、角色互动法、案例演绎法 组织形式 　——分成若干小组，以小组为单位开展讨论、模拟操作	学习场所： 普通教室、专业实训室 教学设备： 计算机、服务器 学习资料： 电子课件、电子表格	6
累计：			6

思考与检测

一、单项选择题

1. 对涉及人类健康与安全入境产品实行（　　）制度。
   A. 强制性认证　　B. 检验检疫　　C. 注册　　D. 备案

2. 凡列入出入境检验检疫机构实施检验检疫的进出境商品目录内的出口玩具实施（　　）。
   A. 备案制度　　B. 注册登记制度　　C. 检验检疫制度　　D. A与B

3. 未获得注册登记的法检目录内的出口玩具产品，检验检疫机构处理的方法是（　　）。
   A. 就地销毁　　B. 罚款后发行　　C. 不受理报检　　D. B与C

4. 出口玩具注册登记证书的有效期为（　　）。
   A. 1年　　B. 2年　　C. 3年　　D. 4年

5. 法检目录内的出口玩具产品销售包装上必须标注（　　）。
   A. 中文商标
   B. 英文商标
   C. 指示标记
   D. 注册登记证书号

6. 出口玩具由产地检验检疫机构实施检验的，经检验合格后出具（　　）。
   A. 换证凭单
   B. 检验证书
   C. 检疫证书
   D. 出境货物通关单

7. 收货人或代理人在向出入境检验检疫局办理报检时出具（　　）。
   A. 换证凭单　　B. 检验证书　　C. 检疫证书　　D. 出境货物通关单

8. 注册登记出口玩具原则上实施（　　）。
   A. 口岸检验检疫
   B. 产地检验检疫
   C. 目的地检验检疫
   D. A与B

9. 检验检疫机构对出口玩具注册登记的企业实施（　　）。
   A. 配额管理　　B. 分类管理　　C. 许可证管理　　D. A与B

10. 进口玩具原则上在（　　）实施检验检疫。
    A. 入境口岸　　B. 产地　　C. 目的地　　D. A与B

二、多项选择题

1. 以下属于法检目录内的出口玩具产品是（　　）。
   A. 玩具电动火车
   B. 建筑玩具
   C. 填充的玩具动物
   D. 智力玩具

2. 检验检疫机构对出口未获得注册登记玩具的处罚是（　　）。
   A. 没收违法所得
   B. 处货值金额10%以上罚款

C. 处货值金额 50％以上罚款 　　　　D. 处货值金额 10％以上 50％以下罚款
3. 出口玩具生产企业申请出口玩具注册登记的材料主要有(　　)。
　A. 企业营业执照 　　　　　　　　B. 注册登记申请书
　C. 工艺与技术文件 　　　　　　　D. 质量管理体系文件
4. 注册登记出口玩具的报检须提供(　　)等材料。
　A. 出境货物报检单 　　　　　　　B. 出口玩具注册登记证书
　C. 许可证 　　　　　　　　　　　D. 玩具实验室检测报告
5. 检验检疫机构对出口玩具生产企业、经营者处 3 万元以下罚款的情形是(　　)。
　A. 在输入国家发生质量安全事件不报的
　B. 玩具存在缺陷未报告的
　C. 拒不召回缺陷玩具的
　D. 隐瞒在输入国家发生质量安全事件的
6. CCC 认证目录内的产品使用的条件是(　　)。
　A. 经国家指定的认证机构认证合格　　B. 获得认证证书
　C. 产品加施认证标志　　　　　　　　D. 产品注明商标

三、判断题

1. 出口未获得注册登记的玩具的，由检验检疫机构处货值金额 10％以上的罚款。　　　　　　　　　　　　　　　　　　　　　　　　　　　　(　　)
2. 注册登记出口玩具由产地检验检疫机构检验合格后出具换证凭单，凭其换发通关单。　　　　　　　　　　　　　　　　　　　　　　　　　　　(　　)
3. 注册登记出口玩具由口岸检验检疫机构检验合格后出具换证凭单，凭其换发通关单。　　　　　　　　　　　　　　　　　　　　　　　　　　　(　　)
4. 检验检疫机构按照输入国家或者地区的技术法规和标准对出口玩具实施检验。　　　　　　　　　　　　　　　　　　　　　　　　　　　　　(　　)
5. 贸易双方约定技术的出口玩具，按输入国家标准实施检验。　　(　　)
6. 擅自调换、损毁检验检疫机构加施的标志、封识的，处 5 万元以上罚款。　　　　　　　　　　　　　　　　　　　　　　　　　　　　　　(　　)
7. CCC 认证目录内的产品必须取得指定认证机构颁发的认证证书后方可使用。　　　　　　　　　　　　　　　　　　　　　　　　　　　　　　(　　)

四、流程示意题

根据出口玩具注册登记程序填写下表：

操作步骤	工作内容	有关单证
1		
2		
3		

五、技能操作题
1. 操作资料

报检单位：上海金发报检公司（代理报检注册登记号 3214531098）

联系人：金发（电话 56987432）

报检单位登记号：3101254787

发货人：SWIS ELECTRON CO．，LTD．

收货人：立达进出口公司/LIDA IMPORT & EXPORT CORPORATION

企业性质：合资

货物名称：发光二极管（SUPERLUMINESCENT LIGHT）

数　　量：10 个

包　　装：5 箱

货物总值：11 000 美元

合同号：SW1103127

贸易方式：一般贸易

商品编码：8300000

运输工具名称：DONFEN V．841

提单号码：COS543204

许可证号：312098734

进口口岸：吴淞

入境日期：2011 年 11 月 24 日

卸货日期：2011 年 11 月 24 日

用　　途：自营内销

随附单据：购货合同、商业发票、提单、进口货物许可证、到货通知、装箱单

2. 操作要求

请你以上海金发报检公司报检员的身份填写入境货物报检单。

中华人民共和国出入境检验检疫
入境货物报检单

报检单位(加盖公章)				*编号:
报检单位登记号:	联系人:	电话:		报检日期:

收货人	(中文)		企业性质(划"√")	□合资 □合作 □外资
	(外文)			
发货人	(中文)			
	(外文)			

货物名称(中/外文)	H.S.编码	原产国	数/重量	货物总值	包装种类及数量

运输工具名称及号码		合同号	
贸易方式		贸易国别(地区)		提单/运单号	
到岸日期		起运国家(地区)		许可证/审批号	
卸货日期		起运口岸		入境口岸	
索赔有效期至		经停口岸		目的地	
集装箱规格、数量及号码				
合同订立的特殊条款以及其他要求		货物存放地点	
		用途	

随附单据(划"√"或补填)		标记及号码	*外商投资财产(划"√") □是 □否
□合同	□到货通知		*检验检疫费
□发票	□装箱单		
□提/运单	□质保书		总金额(人民币元)
□兽医卫生证书	□理货清单		
□植物检疫证书	□磅码单		
□动物检验证书	□验收报告		计费人
□卫生证书			
□原产地证			收费人
□许可/审批文件			

报检人郑重声明: 1.本人被授权报检。 2.上列填写内容正确属实。 签名:_____	领取证单
	日期
	签名

注:有"*"号栏由出入境检验检疫机构填写　　　　◆国家出入境检验检疫机构制

学习活动测评表

测评范围	评判标准	总分	自我评价
单项选择题	错1个扣2分	20	
多项选择题	错1个扣3分	18	
判断题	错1个扣2分	14	
流程示意题	错1个扣2分	20	
技能操作题	错1个扣2分	18	
案例分析	错1个扣2分	10	
合　计		100	

项目六 开展业务
——食品出入境报检

学习与考证目标
- 了解出入境食品报检范围
- 熟悉出口生产企业与收货人的备案管理制度
- 掌握出入境食品检验检疫的基本程序及要求
- 具备出入境食品报检工作的基本能力

项目背景

根据我国《食品安全法》及《食品安全法条例》以及《出口食品生产企业备案管理规定》等法律法规的规定,为保证食品安全,保障公众身体健康和生命安全,依法对进出境食品、食品添加剂、食品包装实施检疫,建立检疫备案制、审核制、生产许可制,并进行监督管理。

学习情境一 办理出境食品的报检

案例导入

山东食品进出口公司向韩国大川商社出口冷冻水饺一批,根据我国有关检验检疫等法律法规的规定，填写出境货物报检单，并随附合同书、信用证、发票、装箱单、厂检单、出境货物包装性能检验结果单等报检资料，向青岛出入境检验检疫机构办理出境货物的报检手续。

> 思考：出口食品生产企业备案、出口食品报检范围及对备案企业的管理。

学习指南

2011年10月1日起施行的《出口食品生产企业备案管理规定》对出口食品生产企业实行备案管理制度，国家质检总局统一管理全国出口食品生产企业备案工作，国家认监委组织实施全国出口食品生产企业备案管理工作，检验检疫机构实施所辖区域内出口食品生产企业备案和监督检查工作。

一、出口食品生产企业备案管理制度

1. 出口食品生产企业备案程序

（1）企业书面申请

出口食品生产企业备案时，应当提交书面申请和以下相关文件、证明性材料：①营业执照、组织机构代码证、法定代表人或者授权负责人的身份证明；②企业承诺符合出口食品生产企业卫生要求和进口国（地区）要求的自我声明和自查报告；③企业生产条件（厂区平面图、车间平面图）、产品生产加工工艺、关键加工环节等信息、食品原辅料和食品添加剂使用以及企业卫生质量管理人员和专业技术人员资质等基本情况；④建立和实施食品安全卫生控制体系的基本情况；⑤依法应当取得食品生产许可以及其他行政许可的，提供相关许可证照；⑥其他通过认证以及企业内部实验室资质等有关情况。

（2）检验检疫机构受理与审核

检验检疫机构对出口食品生产企业的备案材料进行初步审查，材料齐全并符合法定形式的，予以受理，并组成评审组审核文件内容，必要时可进行现场检查。

（3）检验检疫机构颁证

检验检疫机构根据评审组的评审报告进行审查，并做出是否备案的决定。符合备案要求的，颁发出口食品生产企业备案证明，有效期为4年。有效期届满前3个月，可向其所在地检验检疫机构提出延续备案申请，符合要求的，予以换发备案证明。

2. 出口食品生产企业备案管理

（1）出口食品生产企业的自律

出口食品生产企业应当建立食品安全卫生控制体系运行及出口食品生产记录档案,保存期限不得少于2年,并于每年1月底前向其所在地检验检疫机构提交上一年度报告。出口食品生产企业发生食品安全卫生问题的,应当及时向所在地直属检验检疫机构报告,并提交相关材料、原因分析和整改计划。

(2)检验检疫机构的监督

检验检疫机构根据有关规定和出口食品风险程度,确定对不同类型产品的出口食品生产企业的监督检查频次,并对仅通过文件审核予以备案的出口食品生产企业,根据需要进行现场检查。

检验检疫机构建立出口食品生产企业备案管理档案,及时汇总信息并纳入企业信誉记录,审查出口食品生产企业年度报告,对存在相关问题的出口食品生产企业,应当加强监督、检查,并向所在地人民政府通报。

(3)检验检疫机构的行政处罚

检验检疫机构注销出口食品生产企业备案证明的情形是:①备案证明有效期届满,未申请延续的;②备案证明有效期届满,经复查不符合延续备案要求的;③出口食品生产企业依法终止的;④2年内未出口食品的;⑤法律法规规定的应当注销的其他情形。

检验检疫机构对出口食品生产企业暂停使用备案证明的情形是:①出口食品安全卫生管理存在隐患,不能确保其产品安全卫生的;②出口食品生产企业出口的产品因安全卫生方面的问题被进口国(地区)主管当局通报的;③出口食品经检验检疫时发现存在安全卫生问题的;④不能持续保证食品安全卫生控制体系有效运行的;⑤未依照本规定办理变更或者重新备案事项的。

检验检疫机构撤销出口食品生产企业备案证明的情形是:①出口食品发生重大安全卫生事故的;②不能持续符合我国食品有关法定要求和进口国(地区)法律法规标准要求的;③以欺骗、贿赂等不正当手段取得备案证明的;④向检验检疫机构隐瞒有关情况、提供虚假材料或者拒绝提供其活动情况的真实材料的;⑤出租、出借、转让、倒卖、涂改备案证明的;⑥拒不接受监督管理的;⑦出口食品生产、加工过程中非法添加非食用物质、违规使用食品添加剂以及采用不适合人类食用的方法生产、加工食品等行为的。因以欺骗、贿赂等不正当手段取得的备案证明被撤销的,出口食品生产企业3年内不得再次申请备案。因其他行为被撤销备案证明的,1年内不得再次申请备案。

二、出境食品报检的范围

出境食品报检的范围是:所有出口食品与用于出口食品的食品添加剂等,包括各种供人食用、饮用的成品和原料,以及按照传统习惯加入药物的食品。

三、出境食品检疫工作程序

出境食品的报检流程如图6-1所示。

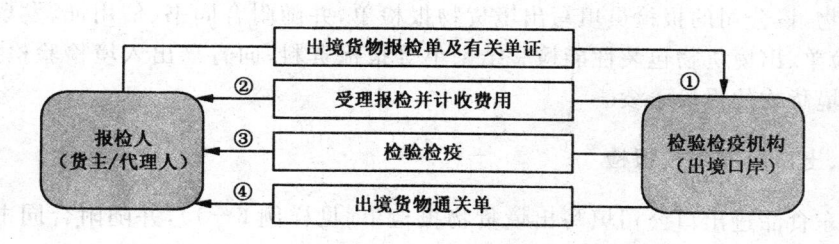

```
                出境货物报检单及有关单证
                ②  受理报检并计收费用         ①
报检人        ─────────────────        检验检疫机构
(货主/代理人)   ③    检验检疫              (出境口岸)
                ④  出境货物通关单
```

图 6-1　出境食品报检流程

1. 报检的时限

出口食品生产企业按规定的时间向检验检疫机构进行报检,对于个别检疫周期较长的货物,应留有相应的检验检疫时间。

2. 报检的地点

原则上实施产地检验检疫。

3. 报检所需单证

出口食品报检时应提交的主要单证有出境货物报检单、出口贸易合同、信用证、发票、装箱单、厂检单、出境货物包装性能检验结果单等。

4. 检疫颁证

检验检疫机构对出口食品进行检疫,如符合出口国卫生标准或销售合同规定的要求,则颁发出境货物通关单及卫生证书。海关凭出境货物通关单、卫生证书以及其他报关资料受理报关业务。

案例分析

日前,山东检验检疫局接到举报,大兴食品贸易公司涉嫌冒用乌来食品贸易公司的出口食品生产企业备案证明号出口冷冻食品,于是对涉案公司进行全面调查。经查实,大兴食品贸易公司在近3个月期间,利用乌来食品贸易公司的出口食品生产企业备案证明号报检出口冷冻点心共810箱,价值38 680元人民币。请分析,检验检疫机构对上述两家公司不同程度的违反检验检疫法的事实将如何进行处理,为什么?

实例操作

一、业务背景

山东食品进出口公司向韩国大川商社出口冷冻水饺一批,拟装1个二十英尺冷冻集装箱。根据我国有关检验检疫法规的规定,冷冻水饺属于法定检疫货物,该公司的报检员填写出境货物报检单,并随附合同书、信用证、发票、装箱单、厂检单、出境货物包装性能检验结果单等报检资料,向青岛出入境检验检疫机构办理出境货物的报检手续。

二、出口冷冻水饺报检

山东食品进出口公司填写出境货物报检单(见样例6-1),并随附合同书、信用证、发票、装箱单、厂检单、出境货物包装性能检验结果单等报检资料。

样例6-1

中华人民共和国出入境检验检疫
出境货物报检单

报检单位(加盖公章)	山东食品进出口公司 报检专用章			*编号:
报检单位登记号:31099666	联系人:章方	电话:65765481		报检日期:2011年11月18日

发货人	(中文)山东食品进出口公司				
	(外文)SHANDONG FOOD IMPORT & EXPORT CORPORATION				
收货人	(中文)				
	(外文)OKAWA TRADING CORPORATION				
货物名称(中/外文)	H.S.编码	产地	数/重量	货物总值	包装种类及数量
冷冻水饺 FROZEN DUMPLING	19022000	青岛	18 000千克	18 000美元	1 800箱
运输工具名称及号码	DOFA V.120	贸易方式	一般贸易	货物存放地点	青岛市滨江路2号
合同号	20111039	信用证号	FJ49584	用途	
发货日期	2011.11.31	输往国家(地区)	韩国	许可证/审批证	
起运地	上海	到达口岸	首尔	生产单位注册号	NJ99984561
集装箱规格、数量及号码			1×20'/ TEXU312034564123		

合同、信用证订立的检验 检疫条款或特殊要求	标记及号码	随附单据(划"√"或补填)
按照合同要求检验	OKAWA 20111039 SEOU C/NO.1-1800	☑ 合同　　　　☑ 包装性能结果单 ☑ 信用证　　　☑ 许可/审批文件 ☑ 发票　　　　☐ ☐ 换证凭单　　☐ ☑ 装箱单 ☑ 厂检单

需要证单名称(划"√"或补填)	*检验检疫费
☐ 品质证书　　　　__正__副 ☐ 重量证书　　　　__正__副 ☐ 数量证书　　　　__正__副 ☐ 兽医卫生证书　　__正__副 ☐ 健康证书　　　　__正__副 ☑ 卫生证书　　　　1正2副 ☐ 动物卫生证书　　__正__副 ☐ 植物检疫证书　　__正__副 ☐ 熏蒸/消毒证书　__正__副 ☐ 出境货物换证凭单　__正__副	总金额 (人民币元) 计费人 收费人

续表

报检人郑重声明: 1.本人被授权报检。 2.上列填写内容正确属实,货物无伪造或冒用他人的厂名、标志、认证标志,并承担货物质量责任。 签名:__章方__	领取证单	
	日期	
	签名	

注:有"＊"号栏由出入境检验检疫机构填写。　　　◆ 国家出入境检验检疫机构制

三、出入境检验检疫局签发出境货物通关单

样例6—2　　　　　　中华人民共和国出入境检验检疫

出境货物通关单

编号:201102102

1.收货人　OKAWA TRADING CORPORATION		5.标记及唛码 OKAWA 20111039 SEOU C/NO.1－1800
2.发货人　山东食品进出口公司		^^
3.合同/提(运)单号 20111039	4.输出国家或地区 中国	^^
6.运输工具名称及号码 DOFA V.120	7.目的地 韩国	8.集装箱规格及数量 1×20'
9.货物名称及规格 冷冻水饺 FROZEN DUMPLING	10.H.S.编码 19022000	11.申报总值 18 000 美元	12.数/重量、包装数量及种类 18 000 千克 1 800 箱

| 13.证明 上述货物业已报检/申报,请海关予以放行。 本通关单有效期至 2012 年 2 月 23 日 |
| 签字:丁鸣　　　　　　　　　　　　　　　　日期:2011 年 11 月 23 日 |
| 14.备注 |

学习情境二　办理入境食品的报检

案例导入

上海食品进出口公司从法国进口一批威士忌酒（WISKY），依据我国有关法律法规，填写入境货物报检单，并随附购货合同书、外国发票、装箱单、提单、原产地证明、外国卫生证书、生产企业检验报告等资料，及时向上海出入境检验检疫机构办理报检手续。

> 思考：进口食品收货人备案制度、进口食品报检的范围与程序。

学习指南

根据我国《食品安全法》、《国务院关于加强食品等产品安全监督管理的特别规定》等相关规定，对进口食品收货人实行备案管理制度。进口食品企业一般是指与外方签订进口食品购货合同的境内企业。据上海检验检疫局统计，2011 年 1～5 月，上海口岸受理进口酒类报检 9 251 批，6.56 万千升，价值高达 5.35 亿美元，同比分别增长 30.97%、23.19% 和 50.19%。以下以上海口岸为例。

一、进口食品收货人备案程序

1. 下载备案资料

进口企业下载进口食品收货人备案申请表，随附企业法人营业执照、组织机构代码证书、对外贸易经营者备案登记表、食品流通许可证等有关文件。

2. 备案机构受理

备案受理机构为上海出入境检验检疫协会与上海进口食品协会，可选择其中任意一家申请备案。进口企业提出备案申请时，须提交加盖有本公司公章的纸质备案申请表 1 份，电子版格式的备案申请表和随附信息附表，以及随附文件的电子文档（WORD 或 PDF 格式）。

3. 审核发证

上海出入境检验检疫局食监处对企业提交申请资料的真实性、食品安全质量管理制度的有效性、仓储场地的符合性进行考核。经审核合格的企业,给予备案编号,颁发"上海口岸进口食品收货人备案凭证"。

二、入境食品报检范围

1. 进口食品

根据我国《食品安全法》的规定,食品是指各种供人食用或者饮用的成品和原料以及按照传统既是食品又是药品的物品,但是不包括以治疗为目的的物品。

2. 食品添加剂

食品添加剂是指为改善食品品质和色、香、味以及为防腐、保鲜和加工工艺的需要而加入食品中的人工合成或者天然物质。

3. 食品包装材料与食品包装容器

用于食品的包装材料和容器是指包装、盛放食品或者食品添加剂的纸、竹、木、金属、搪瓷、陶瓷、塑料、橡胶、天然纤维、化学纤维、玻璃等制品和直接接触食品或者食品添加剂的涂料。

4. 食品生产经营的工具、设备

用于食品生产经营的工具、设备是指在食品或者食品添加剂生产、流通、使用过程中直接接触食品或者食品添加剂的机械、管道、传送带、容器、用具、餐具等。

三、入境食品报检工作程序

入境食品报检流程如图6-2所示:

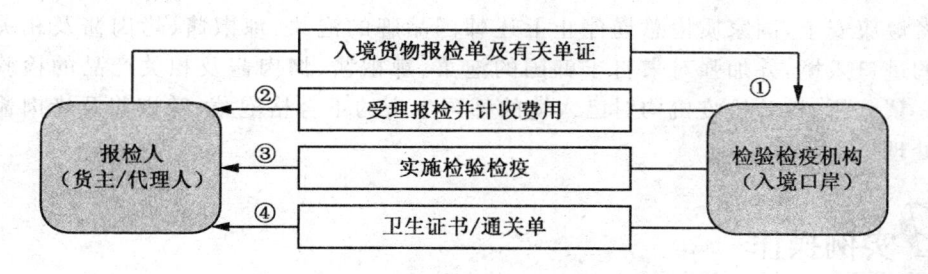

图6-2 入境食品报检流程

1. 入境食品报检时间

收货人或代理人在收到进口食品到达通知书后,及时向口岸地检验检疫机构办理报检手续。

2. 入境食品报检所需资料

报检时需提供入境货物报检单、购货合同、外国发票、外国装箱单、提(运)单、原产地证明、官方卫生证书、第三方检测机构检测分析报告、生产企业出厂检验报告、中文标签样张、外文标签样张及翻译件和反映产品特定属性的证明材料等。

3. 受理施检

检验检疫机构受理报检后,对标签进行提前审核,如不符合要求的需要补正。进口食品到港后,收货人应及时与检验检疫机构联系检验。检验检疫机构对检验检疫合格的食品,签发卫生证书和通关单,检验检疫不合格的,依法监督销毁、退货或进行整理。

四、入境食品收货人管理

1. 自觉遵守我国《食品安全法》及其实施条例、《进出口商品检验法》及其实施条例和相关的法律法规,保证进口食品符合我国相关规定要求。
2. 保证运输和储存条件符合食品安全要求。
3. 建立食品进口和销售记录制度,如实记录进口食品的名称、规格、数量、生产日期、批号、保质期、出口商和购货者名称及联系方式、交货日期、进口卫生证书编号等内容,记录保存期限不得少于2年,并自觉接受监管部门的核查。
4. 未取得卫生证书时,不得擅自销售,否则将依法追究相应责任。

案例分析

某日,我出入境检验检疫机构从韩国生产的中加吉等5个品牌的泡菜、太阳草等2个品牌的辣椒酱和清净园1个品牌的烤肉酱产品中检出寄生虫卵。为维护消费者健康安全,国家质检总局停止上述韩国品牌的泡菜、辣椒酱、烤肉酱及相关产品的进口入境,并加强对来自于韩国的泡菜、辣椒酱、烤肉酱及相关产品的检验工作。请分析,检验检疫机构对已入境的韩国生产的不合格泡菜、辣椒酱及烤肉酱如何处理?

实例操作

一、业务背景

上海食品进出口公司从法国进口一批威士忌酒(WISKY),依据我国《食品安全法》及其实施条例、《进出口商品检验法》及其实施条例和相关的法律法规,报检员赵田填写入境货物报检单,并随附购货合同书、外国发票、装箱单、提单、原产地证明、外国卫生证书、生产企业检验报告等资料(下略),向上海出入境检验检疫机构办理报检手续。

二、入境威士忌酒报检

样例 6—3

中华人民共和国出入境检验检疫
出境货物报检单

报检单位（加盖公章）	上海食品进出口公司 报检专用章			*编号：	
报检单位登记号:3100110908	联系人:赵田	电话:62781456		报检日期:2011年12月22日	

收货人	(中文)上海食品进出口公司	企业性质(划"√")	□合资 □合作 □外资
	(外文)SHANGHAI FOOD IMPORT & EXPORT CORPORATION		
发货人	(中文)		
	(外文)DENSE LIGHT SEMICONDUCTORS PTE LTD		

货物名称(中/外文)	H. S. 编码	原产国	数/重量	货物总值	包装种类及数量
WHISKY MACALLEN HIGHLAND MALT 18YRS 75cl ROYAL SALUTE 70cl	830000	法国	200PCS	11 000.00 美元	40箱

运输工具名称及号码	FU3134		合同号	SOT0405127
贸易方式	一般贸易	贸易国别(地区)	法国	提单/运单号	COS543204
到岸日期	2011.12.21	起运国家(地区)	法国	许可证/审批号	312098734
卸货日期	2011.12.21	起运口岸	巴黎	入境口岸	吴淞海关
索赔有效期至	2013.12.21	经停口岸		目的地	上海

集装箱规格、数量及号码			
合同订立的特殊条款以及其他要求	货物存放地点	上海市逸仙路100号	
	用 途	自营内销	

随附单据(划"√"或补填)	标记及号码	*外商投资财产(划"√")	□是 □否
☑合同 □到货通知	S.F.C	*检验检疫费	
☑发票 ☑装箱单	SOT0405127		
☑提/运单 □质保书	PARIS	总金额 (人民币元)	
□兽医卫生证书 □理货清单	C/NO.1—40		
□植物检疫证书 □磅码单		计费人	
□动物检验证书 □验收报告			
□卫生证书		收费人	
□原产地证			
☑许可/审批文件			

报检人郑重声明： 1.本人被授权报检。 2.上列填写内容正确属实。 签名：赵田	领取证单
	日期
	签名

注:有"*"号栏由出入境检验检疫机构填写 ◆国家出入境检验检疫机构制

样例 6—4

SHANGHAI FOOD IMPORT & EXPORT CORPORATION
328 SHANXI ROAD SHANGHAI, CHINA

PURCHASE CONTRACT

P/C NO: SOT0405127
DATE: OCT. 22, 2011

THE BUYER: SHANGHAI FOOD IMPORT & EXPORT CORPORATION
  328 SHANXI ROAD SHANGHAI, CHINA
  TEL: 021-62781456   FAX: 021-62781454
THE SELLER: DENSE LIGHT SEMICONDUCTORS PTE LTD.
  6 CHANGJ NORTH STREET PARIS FRANCE
  TEL: 33-01-64157986   FAX: 33-01-64157988

THIS CONTRACT IS MADE BY AND BETWEEN THE BUYER AND SELLER, WHEREBY THE BUYER AGREES TO BUY AND THE SELLER AGREES TO SELL THE UNDERMENTIONED COMMODITY ACCORDING TO THE TERMS AND CONDITIONS STIPULATED BELOW.

1. COMMODITY, SPECIFICATIONS, QUANTITY AND UNIT PRICE:

GOODS OF DESCRIPTION	QUANTITY	UNIT PRICE	AMOUNT
WHISKY		FOB PARIS	
MACALLEN HIGHLAND MALT 18YRS 75cl	100PCS	USD55.00	USD5 500.00
ROYAL SALUTE 70cl	100PCS	USD55.00	USD5 500.00

2. COUNTRY OF ORIGIN AND MANUFACTURER: FRANCE, PARIS WHISKY LTD.
3. PACKING: PACKED IN 1 CARTON OF 5 PCS EACH.
4. SHIPPING MARK: S.F.C/ SOT0405127/SHANGHAI/ C/NO.
5. DELIVERY: BEFORE DEC. 31, 2011
6. LOADING PORT: PARIS PORT
7. DESTINATION PORT: SHANGHAI PORT
8. PARTIAL SHIPMENTS: NOT ALLOWED
9. TRANSHIPMENT: ALLOWED
10. TERMS OF PAYMENT: BY 30% T/T IN ADVANCE, THE OTHERS 70% T/T AFTER SHIPMENT
11. INSURANCE: FOR 110% OF THE INVOICE VALUE COVERING ALL RISKS BY BUYER
12. DOCUMENTS: THE SELLER SHALL PRESENT THE FOLLOWING DOCUMENTS TO THE PAYING BANK.

  1) Three copies of Signed Commercial Invoice.
  2) Three copies of Packing List.
  3) within 12 hours after the goods are completely loaded, the Seller shall FAX to notify the Buyer of the contract number, name of commodity, quantity, gross weight, B/L No. and the date of delivery.

Buyer　上海食品进出口公司　合同专用章
SHANGHAI FOOD IMPORT & EXPORT CORPORATION
马 君

Seller
Dense Light Semiconductors Pte Ltd
PETER

样例 6-5

DENSE LIGHT SEMICONDUCTORS PTE LTD 6 CHANGJ NORTH STREET PARIS FRANCE TEL:33-01-64157986 FAX:33-01-64157988	**Commercial Invoice** INVOICE NO. EXY070931			
SHANGHAI FOOD IMPORT & EXPORT CORPORATION 328 SHANXI ROAD SHANGHAI, CHINA TEL:021-62781456 FAX:021-62781454	DATE: DEC. 12, 2011 PAYMENT TERMS: 30% T/T IN ADVANCE, 70%T/T AFTER SHIPMENT			
MARKS: S.F.C SOT0405127 SHANGHAI C/NO. 1-40				
SHIPPED FROM	PARIS	SHIPPED TO		SHANGHAI
DESCRIPTION	QUANTITY	UNIT PRICE		TOTAL AMOUNT
WHISKY MACALLEN HIGHLAND MALT 18YRS 75cl ROYAL SALUTE 70cl	 100PCS 100PCS	FOB PARIS USD55.00 USD55.00		 USD5 500.00 USD5 500.00 USD11 000.00

SAY U.S. DOLLARS ELEVEN THOUSAND ONLY

PETER
DENSE LIGHT SEMICONDUCTORS PTE LTD

样例 6-6

DENSE LIGHT SEMICONDUCTORS PTE LTD 6 CHANGJ NORTH STREET PARIS FRANCE TEL:33-01-64157986 FAX:33-01-64157988	**Packing list** INVOICE NO. EXY070931 DATE: DEC. 12, 2011			
SHANGHAI FOOD IMPORT & EXPORT CORPORATION 328 SHANXI ROAD SHANGHAI, CHINA TEL:021-62781456 FAX:021-62781454	PAYMENT TERMS: 30% T/T IN ADVANCE, 70% T/T AFTER SHIPMENT			
MARKS: S.F.C SOT0405127 PARIS C/NO. 1-40				
SHIPPED FROM		PARIS	SHIPPED TO	SHANGHAI
PACKAGES	DESCRIPTION	QUANTITY	GROSS WEIGHT	NET WEIGHT
 1-20 21-40	WHISKY MACALLEN HIGHLAND MALT 18YRS 75cl ROYAL SALUTE 70cl	 100PCS 100PCS	 160 KGS 160 KGS	 140KGS 140KGS
	TOTAL	200PCS	320KGS	280KGS

SAY TOTAL FORTY CARTONS ONLY.

PETER
DENSE LIGHT SEMICONDUCTORS PTE LTD

三、出入境检验检疫局签证

样例 6-7

中华人民共和国出入境检验检疫
入境货物通关单

编号:310110508

1.收货人　上海食品进出口公司			5.标记及唛码 S.F.C SOTO405127 SHANGHAI C/No.1-40
2.发货人　DENSE LIGHT SEMICONDUCTORS PTE LTD			
3.合同/提(运)单号 SOT0405127/ COS543204	4.输出国家或地区 法国		
6.运输工具名称及号码 FU3134	7.目的地 上海		8.集装箱规格及数量
9.货物名称及规格 WHISKY MACALLEN HIGHLAND MALT 18YRS 75cl ROYAL SALUTE 70cl ＊＊＊＊＊＊＊＊＊＊＊	10. H. S. 编码 830000	11.申报总值 11 000 美元	12.数/重量、包装数量及种类 200PCS 320KGS 40CTNS
13.证明 　　　　上述货物业已报检/申报,请海关予以放行。 　　　　本通关单有效期至 2012 年 1 月 16 日 　　签字:丁毅　　　　　　　　　　　　　　　日期:2011 年 12 月 26 日			
14.备注			

样例 6-8

中华人民共和国出入境检验检疫
ENTRY-EXIT INSPECTION AND QUARANTINE OF THE PEOPLE'S REPUBLIC OF CHINA

ORIGINAL

编号 No.: 310100806602110

卫生证书
SANITARY CERTIFICATE

发货人名称及地址 Name and Address of Consignor	DENSE LIGHT SEMICONDUCTORS PTE LTD		
收货人名称及地址 Name and Address of Consignee	SHANGHAI FOOD IMPORT & EXPORT CORPORATION		
品名 Description of Goods	WHISKY		
加工种类或状态 State or Type of Processing	***	标记及号码 Mark & No.	S.F.C SOTO405127 SHANGHAI C/NO. 1-40
报检数量/重量 Quantity/Weight Declared	2 000 PCS		
包装种类及数量 Number and Type of Packages	40 CTNS		
储藏和运输温度 Temperature during Storage and Transport	***		
加工厂名称、地址及编号（如果适用） Name, Address and approval No. of the approved Establishment(if applicable)	***		
启运地 Place of Despatch	PARIS	到达国家及地点 Country and Place of Destination	SHANGHAI, CHINA
运输工具 Means of Conveyance	AIR	发货日期 Date of Despatch	DEC. 20. 2011

DESCRIPTION OF GOODS

1. THE ABOVE-MENTIONED GOODS ARE MADE OF DOMESTIC FOWLS GOOSE FEATHERS. THESE FEATHERS PRODUCTION OF THE ABOVE MENTIONED GOODS OBTAINED FROM THE SLAUGHTERED DOMESTIC FOWLS FROM A SAFETY AND NON-INFECTED AREA.
2. THE FEATHERS ARE DISINFECTED AND STERILIZED. THE TREATMENT OR THE FEATHERS INVOLVES THE FOLLOWING STEPS: WASHED IN DETERGENT, CLEANED IN FRESH WATER, STERILIZED IN A STEAMER.
3. THE GOODS HAVE BEEN DULY INSPECTED AND FOUND TO BE FREE FROM EVIDENT DISSEMINATING CAUSATIVE AGENT OF ANY CONTAGIOUS OR INFECTIOUS DISEASE.

****

签证地点 Place of Issue _SHANGHAI_ 签证日期 Date of Issue _DEC. 21. 2011_

授权签字人 Authorized Officer _CHENHAO_ 签名 Signature _____

思考与检测

一、单项选择题

1. 《出口食品生产企业备案管理规定》实施的时间是（　　）。
   A. 2011 年 1 月 1 日　　　　　　　　B. 2011 年 8 月 1 日
   C. 2011 年 10 月 1 日　　　　　　　 D. 2011 年 12 月 1 日
2. 根据《出口食品生产企业备案管理规定》对出口食品生产企业实行（　　）。
   A. 备案管理制度　B. 许可证制度　C. 注册制度　D. 批准制度
3. 实施全国出口食品生产企业备案管理工作的机构是（　　）。
   A. 国家质检总局　B. 检验检疫机构　C. 国家认监委　D. A 与 C
4. 出口食品生产企业可在备案证明有效期届满前（　　）提出延续备案申请。
   A. 1 个月　　　B. 3 个月　　　C. 6 个月　　　D. 9 个月
5. 检验检疫机构对存在问题的出口食品生产企业应向（　　）通报。
   A. 国家质检总局　　　　　　　　B. 所在地人民政府
   C. 海关总署　　　　　　　　　　D. 直属检验检疫局
6. 根据我国有关法律法规的规定对进口食品收货人实行（　　）制度。
   A. 批准　　　B. 许可证　　　C. 注册　　　D. 备案管理

二、多项选择题

1. 检验检疫机构实施所辖区域内出口食品生产企业的（　　）工作。
   A. 备案　　　B. 监督检查　　　C. 检验检疫　　　D. 注册登记
2. 检验检疫机构注销出口食品生产企业备案证明的情形是（　　）。
   A. 备案证明有效期届满　　　　　B. 出口食品生产企业依法终止
   C. 2 年内未出口食品　　　　　　 D. 1 年内未出口食品
3. 检验检疫机构对出口食品生产企业暂停使用备案证明的情形是（　　）。
   A. 出口食品因安全卫生问题被进口国通报
   B. 不能按照有关规定履行报检职责
   C. 出口食品经检验检疫发现安全卫生问题
   D. 未按规定办理变更事项
4. 检验检疫机构撤销出口食品生产企业备案证明的情形是（　　）。
   A. 出口食品发生重大安全卫生事故　B. 以欺骗等不正当手段取得备案证明
   C. 出租、转让、倒卖、涂改备案证明　D. 拒不接受监督管理
5. 办理出口食品报检，应向检验检疫机构提交的材料是（　　）。
   A. 厂检单　　　　　　　　　　　B. 出境货物包装性能检验结果单
   C. 出境货物报检单　　　　　　　D. 出境货物通关单

6. 办理进口食品报检,应向检验检疫机构提交的材料是(　　)。
A. 官方卫生证书　　　　　　　B. 第三方检测机构检测分析报告
C. 中文标签样张　　　　　　　D. 生产企业出厂检验报告

三、判断题
1. 检验检疫机构组织实施全国出口食品生产企业备案管理工作。　　(　　)
2. 出口食品生产企业备案证明的有效期为 3 年。　　　　　　　　(　　)
3. 出口食品生产企业建立出口食品生产记录档案的保存期限为 1 年。(　　)
4. 进口食品只要符合购货合同的规定,就可以进行使用或销售。　　(　　)
5. 进口食品未取得卫生证书,不得擅自销售。　　　　　　　　　　(　　)
6. 检验检疫机构对检验检疫合格的进口食品签发入境货物通关单和卫生证书。
　　　　　　　　　　　　　　　　　　　　　　　　　　　　　　(　　)

四、流程示意题
根据入境食品报检流程填写下表:

操作步骤	选择内容	有关单证
1		
2		
3		
4		

学习活动测评表

测评范围	评判标准	总分	自我评价
单项选择题	错 1 个扣 3 分	18	
多项选择题	错 1 个扣 4 分	24	
判断题	错 1 个扣 3 分	18	
流程示意题	错 1 个扣 5 分	22	
案例分析	错 1 个扣 2 分	18	
合　计		100	

项目七 开展业务
——化妆品出入境报检

学习与考证目标
- 了解出口化妆品生产企业备案管理制度
- 熟悉进出口化妆品的检验检疫工作程序
- 掌握进口化妆品收货人备案程序及要求
- 具备出入境化妆品报检工作的基本能力

项目背景

化妆品是指以涂、擦、散布于人体表面任何部位或者口腔黏膜、牙齿,以达到清洁、消除不良气味、护肤、美容和修饰目的的产品。为保证进出口化妆品的安全卫生质量,保护消费者身体健康,根据我国《进出口商品检验法》及其实施条例、《化妆品卫生监督条例》和《国务院关于加强食品等产品安全监督管理的特别规定》等法律、行政法规的规定,对进出口化妆品(包括半成品和成品)实施检验检疫,对出口化妆品生产企业实行备案管理制度。

学习情境一 办理出境化妆品的报检

案例导入

上海雨露进出口公司经营化妆品进出口业务,产品主要出口到东南亚国家或地区。近日,与韩国济州贸易公司签订了洗发剂销售合同,货物备妥后,根据我国《进出口化妆品检验检疫监督管理办法》的规定,向上海出入境检验检疫机构办理出境货物的报检手续。

思考:出口化妆品生产企业备案、出口化妆品报检范围、程序及管理。

学习指南

2012年2月1日起施行的《进出口化妆品检验检疫监督管理办法》规定,国家质检总局主管全国进出口化妆品检验检疫监督管理工作,检验检疫机构负责所辖区域进出口化妆品检验检疫监督管理工作。出口化妆品生产企业应当保证其出口化妆品符合进口国家(地区)标准或者合同要求。进口国家(地区)无相关标准且合同未有要求的,须符合国家质检总局指定的相关标准。

一、出口化妆品生产企业备案管理制度

1. 申请备案时间

2011年10月1日起施行的《非特殊用途化妆品备案管理办法》规定,国产非特殊用途化妆品应在产品投放市场后2个月内,由生产企业向所在行政区域内的省级食品药品监督管理部门申请备案。

2. 申请备案所需资料

其主要包括:国产非特殊用途化妆品备案申请表;产品名称;进口国或地区名称;委托方名称;产品配方;进口国或地区产品质量安全控制标准和要求;产品设计包装(含产品标签、产品说明书);可能有助于备案的其他资料。

3. 受理颁证

省级食品药品监督管理部门收到国产非特殊用途化妆品备案申请后,对备案资料齐全并符合规定形式的,应当场予以备案并于5日内发给备案登记凭证;备案资料不齐全或不符合规定形式的不予备案并说明理由。

二、出口化妆品报检的范围

凡列入《出入境检验检疫机构实施检验检疫的商品目录》及有关国际条约、相关法律、行政法规规定由检验检疫机构检验检疫的化妆品(包括成品和半成品),如香水、花露水、唇用化妆品、眼用化妆品、指(趾)用化妆品、香粉、护肤品、洗发剂、烫发剂、定型剂等。

三、出口化妆品检疫工作程序

出口化妆品的报检流程如图7-1所示：

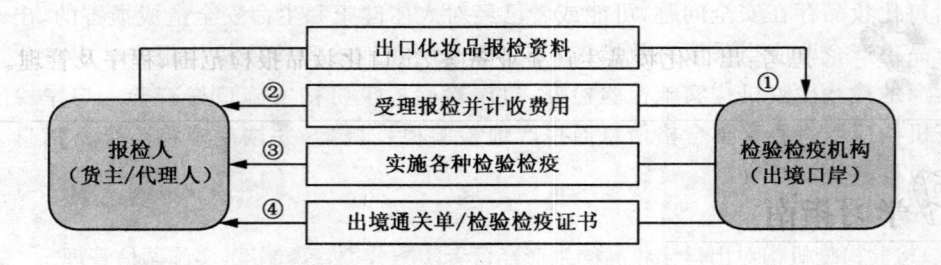

```
            出口化妆品报检资料
        ②   受理报检并计收费用        ①
报检人                                  检验检疫机构
(货主/代理人)  ③  实施各种检验检疫      (出境口岸)
        ④   出境通关单/检验检疫证书
```

图7-1 出口化妆品报检流程

1. 报检的时限

出口化妆品生产企业在装运前向检验检疫机构进行报检。

2. 报检的地点

出口化妆品由产地检验检疫机构实施检验检疫，口岸检验检疫机构实施口岸查验。

3. 报检所需单证

首次出口化妆品报检，应提供的文件是：①出口化妆品企业营业执照、卫生许可证、生产许可证、生产企业备案材料及法律、行政法规要求的其他证明；②自我声明，声明化妆品符合进口国家（地区）相关法规和标准的要求，正常使用不会对人体健康产生危害等内容；③产品配方；④销售包装化妆品成品，应当提交外文标签样张和中文翻译件；⑤特殊用途销售包装化妆品成品，应当提供相应的卫生许可批件或者具有相关资质的机构出具的是否存在安全性风险物质的有关安全性评估资料。

4. 检验检疫

检验检疫机构受理报检后，对出口化妆品进行现场查验、抽样留样、实验室检验。现场查验货证相符情况、产品感官性状、产品包装、标签版面格式、运输工具、集装箱或者存放场所的卫生状况等；抽样时，检验检疫机构出具《抽/采样凭证》，抽样人与发货人或者其代理人应当签字；实验室根据检验检疫机构确定的检验项目和检验要求实施检验，并在规定时间内出具检验报告。

5. 核准颁证

出口化妆品经检验检疫合格的，由检验检疫机构按照规定出具通关证明。进口国家（地区）对检验检疫证书有要求的，应当按照要求同时出具有关检验检疫证书。出口化妆品经检验检疫不合格的，可以在检验检疫机构的监督下进行技术处理，经重新检验检疫合格的，方准出口。不能进行技术处理或者技术处理后重新检验仍不合格的，不准出口。

四、出口化妆品检疫工作的管理

1. 信息通报

出口化妆品存在安全问题，可能或者已经对人体健康和生命安全造成损害的，出口化妆品生产企业应当采取有效措施，并立即向所在地检验检疫机构报告。出口化妆品由产地检验检疫机构实施检验检疫，口岸检验检疫机构实施口岸查验。口岸检验检疫机构应当将查验不合格信息通报产地检验检疫机构，并按规定将不合格信息上报上级检验检疫机构。

2. 日常监督

(1) 检验检疫机构对出口化妆品的生产经营者实施分类管理制度，实施诚信管理。
(2) 监督出口化妆品生产企业质量管理体系及运行情况。
(3) 监督出口化妆品生产企业的原料采购、验收、使用管理制度。
(4) 监督出口化妆品生产企业的生产记录档案、检验记录制度。

案例分析

目前，某外贸公司出口至美国的唇膏、洗手液、沐浴液等 3 批化妆品连续被 FDA 通报，产品被扣留在港口无法入关，企业损失惨重。原因是美国法律对化妆品的定义与中国不同，某些具有特殊功效的化妆品在美国也属于药品的范畴，如具有去头屑功效的洗发香波、具有防晒功效的润肤品等必须符合化妆品和药品的双重要求，而药品是被强制要求向 FDA 登记的，未经 FDA 批准是不能入关的。而该批出口至美国的唇膏恰恰具有防晒功效，没有按药品要求在 FDA 登记。请分析，该案对国内相关企业有何启示？

实例操作

一、业务背景

上海雨露进出口公司向韩国济州贸易公司出口洗发剂一批，拟装 1 个四十英尺集装箱。货物备妥后，根据我国《进出口化妆品检验检疫监督管理办法》的规定，由报检员填写出境货物报检单，并随附销售确认书、发票、装箱单、企业法人营业执照、卫生许可证、生产许可证、自我声明、产品配方等报检资料（略），向上海出入境检验检疫机构办理出境货物的报检手续。

二、出口化妆品报检

上海雨露进出口公司填写出境货物报检单。

样例 7-1

中华人民共和国出入境检验检疫
出境货物报检单

报检单位（加盖公章）：上海雨露进出口公司 报检专用章　　　　　＊编号：_____

报检单位登记号：310785214　联系人：余鹭　电话：58654521　报检日期：2012年2月1日

发货人	（中文）上海雨露进出口公司				
	（外文）SHANGHAI YULU IMPORT & EXPORT CORPORATION				
收货人	（中文）				
	（外文）JIZOU TRADING CORPORATION				
货物名称（中/外文）	H.S.编码	产地	数/重量	货物总值	包装种类及数量
洗发剂 SHAMPOO	33052000	上海	20 000瓶	40 000美元	1 000箱
运输工具名称及号码	SUYUAN V.390	贸易方式	一般贸易	货物存放地点	上海市宝岩路1号
合同号	20111088	信用证号		用途	
发货日期	2012.2.10	输往国家（地区）	韩国	许可证/审批证	
起运地	上海	到达口岸	济州	生产单位注册号	NJ1928456
集装箱规格、数量及号码		1×40'/TEXU3109635896			

合同、信用证订立的检验检疫条款或特殊要求	标记及号码	随附单据（划"√"或补填）
按照合同要求检验　　备案登记凭证号：（沪）G妆备2011000006	JIZOU 20111088 JIZOU C/NO.1-1000	☑ 合同　　　☐ 包装性能结果单 ☐ 信用证　　☑ 许可/审批文件 ☑ 发票　　　☐ ☐ 换证凭单　☐ ☑ 装箱单 ☑ 厂检单

需要证单名称（划"√"或补填）		＊检验检疫费
☐ 品质证书　___正___副 ☐ 重量证书　___正___副 ☐ 数量证书　___正___副 ☐ 兽医卫生证书___正___副 ☐ 健康证书　___正___副 ☑ 卫生证书　1正2副 ☐ 动物卫生证书___正___副	☐ 植物检疫证书　___正___副 ☐ 熏蒸/消毒证书　___正___副 ☐ 出境货物换证凭单___正___副	总金额（人民币元） 计费人 收费人

报检人郑重声明： 1.本人被授权报检。 2.上列填写内容正确属实，货物无伪造或冒用他人的厂名、标志、认证标志，并承担货物质量责任。 　　　　　　　　　　　　　　　　签名：_余鹭_	领取证单 日期 签名

注：有"＊"号栏由出入境检验检疫机构填写　　　◆ 国家出入境检验检疫机构制

三、出入境检验检疫局签发出境货物通关单

样例 7—2

中华人民共和国出入境检验检疫
出境货物通关单

编号：20120210

1. 收货人　JIZOU TRADING CORPORATION			5. 标记及唛码 JIZOU 20111088 JIZOU C/NO. 1—1000
2. 发货人　上海雨露进出口公司			
3. 合同/提(运)单号 20111088/COS94856		4. 输出国家或地区 中国	
6. 运输工具名称及号码 SUYUAN V. 390		7. 目的地 韩国	8. 集装箱规格及数量 1×40'
9. 货物名称及规格 洗发剂 SHAMPOO	10. H. S. 编码 33052000	11. 申报总值 40 000 美元	12. 数/重量、包装数量及种类 20 000 千克 1 000 箱
13. 证明 上述货物业已报检/申报，请海关予以放行。 本通关单有效期至 2012 年 5 月 10 日 签字：丁鸣			日期：2012 年 2 月 10 日
14. 备注			

学习情境二　办理入境化妆品的报检

案例导入

　　上海化妆品进出口公司从法国进口一批迪奥香水(DIOR)，依据我国有关法律法规的规定，办理进口化妆品经营单位备案手续，获得了备案号。近日，收到货代公司的到货通知，于是公司报检员填写入境货物报检单，并随附购货合同书、外国发票、装箱单、提单、声明、产品配方、中文标签样张等资料，及时向上海出入境检验检疫机构办理报检手续。

> 思考：进口化妆品经营单位备案制度、进口化妆品报检范围、程序及监督管理。

学习指南

将于 2012 年 2 月 1 日起施行的《进出口化妆品检验检疫监督管理办法》规定，检验检疫机构根据我国国家技术规范的强制性要求以及我国与出口国家（地区）签订的协议、议定书规定的检验检疫要求对进口化妆品实施检验检疫。

一、进口化妆品经营单位备案

检验检疫机构对进口化妆品经营单位实施备案管理。进口化妆品经营单位申请备案时，提交营业执照、组织代码和与在华责任单位关系证明的文件以及电子备案清单。检验检疫机构对进口化妆品经营单位申报材料的真实和有效性进行审核，核准后予以备案，并给予其备案号。

二、进口化妆品报检范围

进口化妆品的报检范围是：凡列入《出入境检验检疫机构实施检验检疫的商品目录》及有关国际条约、相关法律、行政法规规定由检验检疫机构检验检疫的化妆品（包括成品和半成品）。检验检疫机构根据我国国家技术规范的强制性要求以及我国与出口国家（地区）签订的协议、议定书规定的检验检疫要求对进口化妆品实施检验检疫。

三、进口化妆品检疫工作程序

进口化妆品的报检流程如图 7—2 所示：

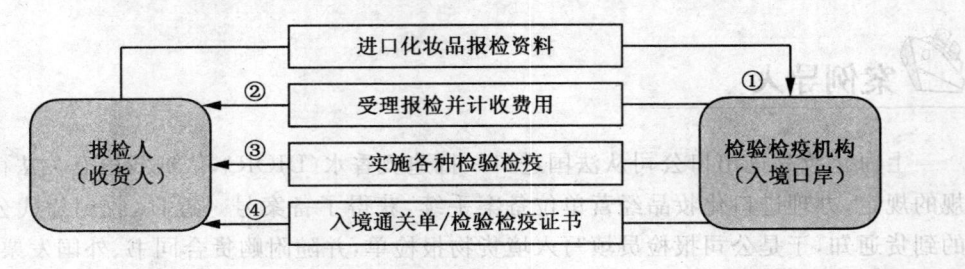

图 7—2 进口化妆品报检流程

1. 报检的时限

进口化妆品的收货人或代理人在收到到货通知后向入境口岸检验检疫机构进行报检。

2. 报检的地点

进口化妆品由口岸检验检疫机构实施检验检疫,也可根据进口检验工作的需要,在其他指定地点检验。

3. 报检所需单证

首次进口化妆品报检应提供的文件是:①符合国家相关规定的要求,正常使用不会对人体健康产生危害的声明;②产品配方;③国家实施卫生许可或者备案的化妆品,应当提交国家相关主管部门批准的进口化妆品卫生许可批件或者备案凭证;④国家没有实施卫生许可或者备案的化妆品,应提供具有相关资质的机构出具的可能存在安全性风险物质的有关安全性评估资料和在生产国家允许生产、销售的证明文件或者原产地证明;⑤销售包装化妆品成品,还应提交中文标签样张和外文标签及翻译件;⑥非销售包装的化妆品成品,还应当提供产品的名称、数/重量、规格、产地、生产批号和限期使用日期(生产日期和保质期)、加施包装的目的地名称、加施包装的工厂名称、地址、联系方式;⑦提供收货人备案号及国家质检总局要求的其他文件。

4. 检验检疫

检验检疫机构受理报检后,对进口化妆品进行现场查验、抽样留样、实验室检验。

(1)现场查验

查验的主要内容包括:①货证相符情况、产品包装、标签版面格式、产品感官性状、运输工具、集装箱或者存放场所的卫生状况;②进口化妆品成品标签的标注应符合我国相关的法律、行政法规及国家技术规范的强制性要求,对化妆品标签内容的真实性和准确性进行检验。

(2)抽样

检验检疫机构凭《抽/采样凭证》抽样,并由抽样人与发货人或者其代理人签字。首次进口的,曾经出现质量安全问题的,进口数量较大的,检验检疫机构加严抽样。对样品按国家相关规定进行管理:合格样品保存至抽样后4个月;特殊用途化妆品的合格样品保存至证书签发后一年,不合格样品应当保存至保质期结束;涉及案件调查的样品,应当保存至案件结束。

(3)实验室检验

根据检验检疫机构确定的检验项目和检验要求实施检验,并在规定时间内出具检验报告。

5. 核准颁证

进口化妆品经检验检疫合格的,检验检疫机构出具《入境货物检验检疫证明》,并列明货物的名称、品牌、原产国家(地区)、规格、数/重量、生产批号/生产日期等。进口化妆品取得《入境货物检验检疫证明》后,方可销售、使用。

进口化妆品经检验检疫不合格,涉及安全、健康、环境保护项目的,由检验检疫机构责令当事人销毁,或者出具退货处理通知单,由当事人办理退运手续。其他项目不合格的,可以在检验检疫机构的监督下进行技术处理,经重新检验检疫合格后,方可销售、使用。

四、进口化妆品监督管理

1. 检验检疫机构对进口化妆品的生产经营者实施分类管理制度,对进口化妆品的收货人实施诚信管理。

2. 进口化妆品存在安全问题,可能或者已经对人体健康和生命安全造成损害的,收货人应当主动召回并立即向所在地检验检疫机构报告。收货人应当向社会公布有关信息,通知销售者停止销售,告知消费者停止使用,做好召回记录。收货人不主动召回的,检验检疫机构可以责令召回。必要时,由国家质检总局责令其召回。

3. 未经检验检疫机构许可,擅自将尚未经检验检疫机构检验合格的进口化妆品调离指定或者认可的监管场所,有违法所得的,由检验检疫机构处以违法所得3倍以下罚款,最高不超过3万元;没有违法所得的,处1万元以下罚款。

4. 不履行退运、销毁义务的,由检验检疫机构处以1万元以下罚款。

案例分析

某日,南通检验检疫局查验人员在对三只二十尺装载皂粒的入境集装箱实施卫生查验时,发现了三只明显异于进口货物包装的纸箱,并将其打开发现了润肤露、浴液等法检化妆品。由于这些物品均未进行申报,而且货主又无法提供卫生行政部门的备案证书,现场查验人员依据我国有关法律法规的规定封存了该批集装箱及货物。请分析,检验检疫机构处理的法律依据如何,该案例对相关企业有何启示?

实例操作

一、业务背景

上海化妆品进出口公司与法国 PTE IMPORT & EXPORT CORPORATION 签订了以迪奥香水(DIOR)为标的的购货合同。近日,收到货代公司的到货通知,公司报检员常琳填写入境货物报检单,并随附购货合同书、外国发票、装箱单、提单、配方、中文标签样张等资料(下略),及时向上海出入境检验检疫机构办理报检手续。

二、进口化妆品报检

样例 7-3

中华人民共和国出入境检验检疫
入境货物报检单

报检单位(加盖公章)	上海化妆品进出口公司 报检专用章				*编号:	
报检单位登记号: 310222908	联系人: 常琳	电话: 62781456			报检日期: 2011年12月2日	

收货人	(中文)上海化妆品进出口公司	企业性质(划"√")	□合资 □合作 □外资
	(外文)SHANGHAI COSMETICS I/E CORPORATION		
发货人	(中文)		
	(外文)PTE IMPORT & EXPORT CORPORATION		

货物名称(中/外文)	H.S.编码	原产国	数/重量	货物总值	包装种类及数量
迪奥香水 DIOR PERFUME	33030000	法国	10 000PCS	200 000.00 美元	200 箱

运输工具名称及号码	FUDL129		合同号	20111227
贸易方式	一般贸易	贸易国别(地区) 法国	提单/运单号	COS212204
到岸日期	2011.12.1	起运国家(地区) 法国	许可证/审批号	31032145454
卸货日期	2011.12.1	起运口岸 巴黎	入境口岸	吴淞海关
索赔有效期至	2013.12.1	经停口岸	目的地	上海

集装箱规格、数量及号码	1×20′/ TEXU310225526
合同订立的特殊条款以及其他要求	货物存放地点: 上海市逸仙路186号
	用途: 自营内销

随附单据(划"√"或补填)	标记及号码	*外商投资财产(划"√") □是 □否
☑ 合同 ☑ 到货通知 ☑ 发票 ☑ 装箱单 ☑ 提/运单 □ 质保书 □ 兽医卫生证书 □ 理货清单 □ 植物检疫证书 □ 磅码单 □ 动物检验证书 ☑ 验收报告 ☑ 卫生证书 □ □ 原产地证 ☑ 许可/审批文件	PTE 20111227 PARIS C/NO.1-200	*检验检疫费 总金额 (人民币元) 计费人 收费人

报检人郑重声明:
1. 本人被授权报检。
2. 上列填写内容正确属实。

签名: 常琳

领取证单
日期
签名

注: 有"*"号栏由出入境检验检疫机构填写　　◆ 国家出入境检验检疫机构制

三、出入境检验检疫局签证

样例 7—4

中华人民共和国出入境检验检疫

入境货物通关单

编号：310110508

1. 收货人 上海化妆品进出口公司			5. 标记及唛码 PTE 20111227 PARIS C/No. 1—200
2. 发货人 PTE IMPORT & EXPORT CORPORATION			
3. 合同/提(运)单号 20111227 COS 212204		4. 输出国家或地区 法国	
6. 运输工具名称及号码 FUDL129		7. 目的地 上海	8. 集装箱规格及数量 1×20'TEXU310225526
9. 货物名称及规格 DIOR PERFUME ＊＊＊＊＊＊	10. H.S. 编码 33030000	11. 申报总值 200000.00 美元	12. 数/重量、包装数量及种类 10 000 PCS 200 CTNS

13. 证明

上述货物业已报检/申报，请海关予以放行。
本通关单有效期至 2012 年 1 月 16 日

签字：丁毅　　　　　　　　　　　　　　　　　日期：2011 年 12 月 26 日

14. 备注

样例 7-5

中华人民共和国出入境检验检疫
入境货物检验检疫证明

收货人	上海化妆品进出口公司		
发货人	——		
品名	香水	报检数/重量	
包装种类及数量	200箱	输出国家或地区	马来西亚
合同号	20111227	标记及号码	PTE 20111227 PARIS C/NO. 1-100
提/运单号	COS202204		
入境口岸	上海口岸		
入境日期	2011年12月1日		

上述货物经检验检疫，准予销售/使用。

日期： 2011 年 12 月 3 日

思考与检测

一、单项选择题

1.《进出口化妆品检验检疫监督管理办法》实施的时间是（　　）。
A. 2012 年 1 月 1 日 B. 2012 年 2 月 1 日
C. 2012 年 3 月 1 日 D. 2012 年 4 月 1 日

2.《非特殊用途化妆品备案管理办法》实施的时间是（　　）。
A. 2011 年 7 月 1 日 B. 2011 年 8 月 1 日
C. 2011 年 9 月 1 日 D. 2011 年 10 月 1 日

3. 国产非特殊用途化妆品的备案机构是省级（　　）管理部门。
A. 工商行政　　B. 检验检疫　　C. 食品药品监督　　D. A 与 C

4. 出口化妆品由（　　）实施检验检疫。
A. 产地检验检疫机构　　B. 口岸检验检疫机构
C. 食品药品监督局　　D. 工商行政管理局

5. 检验检疫机构对进口化妆品经营单位具体实施（　　）。
A. 许可证管理　　B. 备案管理　　C. 注册管理　　D. 监督管理

6. 检验检疫机构对检验检疫合格的进口化妆品出具（　　）。
A. 健康检疫证书　　B. 入境许可证
C. 卫生检疫证书　　D. 入境货物检验检疫证明

二、多项选择题

1. 国产非特殊用途化妆品申请备案所需的资料有（　　）。
A. 备案申请表　　B. 产品名称　　C. 产品设计包装　　D. 产品配方

2. 出口化妆品报检范围主要包括（　　）等产品。
A. 唇用化妆品　　B. 眼用化妆品　　C. 香水　　D. 护肤品

3. 首次出口化妆品报检应提供的文件是（　　）。
A. 自我声明　　B. 产品配方　　C. 外文标签样张　　D. 通关单

4. 检验检疫机构对出口化妆品实施的检验检疫形式主要有（　　）。
A. 现场查验　　B. 抽样留样　　C. 感官检验　　D. 实验室检验

5. 检验检疫机构对出口化妆品生产经营者实行（　　）。
A. 备案管理　　B. 分类管理　　C. 行政管理　　D. 诚信管理

6. 首次进口化妆品报检应提供的文件是（　　）。
A. 自我声明　　B. 产品配方　　C. 外文标签样张　　D. 备案凭证

三、判断题

1. 根据规定,国产非特殊用途化妆品应在产品投放市场前向主管部门申请备案。（　　）
2. 出口化妆品生产企业应保证其出口产品符合进口国标准或合同要求。（　　）
3. 实验室根据检验检疫机构确定的检验项目和要求实施检验后出具检验检疫证书。（　　）
4. 出口化妆品经检验检疫不合格的,必须销毁,不得进行技术处理。（　　）
5. 出口化妆品经检验检疫不合格的,只要进行技术处理就能出口。（　　）
6. 出口化妆品由口岸检验检疫机构实施口岸查验。（　　）

四、流程示意题

根据出口化妆品的报检流程填写下表：

操作步骤	选择内容	有关单证
1		
2		
3		
4		

学习活动测评表

测评范围	评判标准	总分	自我评价
单项选择题	错1个扣3分	18	
多项选择题	错1个扣4分	24	
判断题	错1个扣3分	18	
流程示意题	错1个扣5分	22	
案例分析	错1个扣2分	18	
合　计		100	

项目八 开展业务
——动物及动物产品出入境报检

学习与考证目标
- 了解出境动物及动物产品企业登记制度
- 熟悉入境动物及动物产品审批与收货人备案制度
- 掌握出入境动物及动物产品报检的范围、程序及要求
- 具备出入境动物及动物产品报检工作的基本能力

项目背景

报检人依据商检法、动植物检疫法、卫生检疫法等法律法规的相关规定,凡法定检验检疫的出入境货物、出入境动植物、动植物产品及其他检疫物和来自疫情传染国家和地区的运输工具、货物、人员等,必须及时向口岸检验检疫机构办理报检手续。检验检疫机构依法实施检验检疫,建立相关的管理制度,并进行监督管理。

学习情境一 办理出境动物及动物产品的报检

案例导入

宁波进出口公司向日本山川商社出口冷冻蟹一批,根据我国《进出口水产品检验

检疫监督管理办法》及有关检验检疫等法律法规的规定办理备案,取得资质后与进口商签订了销售合同,并按照合同的要求及时向宁波出入境检验检疫机构办理出境货物的报检手续。

> 思考:出境动物及动物产品企业登记制度、出境动物及动物产品的报检范围、程序及有关监督管理。

学习指南

根据我国《进出境动植物检疫法》及实施条例的规定,对出境动物及动物产品企业实行注册登记制度,对出境的动物、动物产品和其他检疫物按规定实施检疫。

一、出境动物及动物产品企业注册登记制度

1. 生产出境动物产品企业注册

国家对生产出境动物产品的企业,包括加工厂、屠宰厂、冷库、仓库实施卫生注册登记制度。货主或其代理人向检验检疫机构报检的出境动物产品,必须来自注册登记的生产企业并存放于经注册登记的冷库或仓库。

2. 养殖场、中转场的注册

养殖场是指水生动物的孵化、育苗和养殖场所。中转场是指用于水生动物出境前短期集中、存放、分类、加工整理、包装等用途的场所。国家质检总局对出境水生动物养殖场、中转场实施注册登记制度,除捕捞后直接出口的野生捕捞水生动物外,出境水生动物必须来自注册登记养殖场或中转场。

二、出境动物及动物产品报检的范围

1. 动物

动物是指饲养、野生的活动物,如畜、禽、兽、蛇、龟、鱼、虾、蟹、贝、蚕、蜂等。

2. 动物产品

动物产品是指来源于动物未经加工或者虽经加工但仍有可能传播疫病的动物的产品,如生皮张、毛类、肉类、脏器、油脂、动物水产品、奶制品、蛋类、血液、精液、胚胎、骨、芦、角等。

3. 其他检疫物

其他检疫物是指动物疫苗、血清、诊断液、动植物性废弃物等。

三、出境动物及动物产品检疫工作程序

出境动物及动物产品的报检流程如图8-1所示:

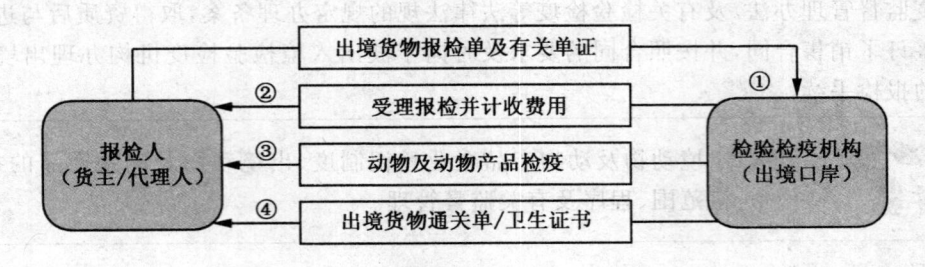

```
报检人                    出境货物报检单及有关单证
(货主/代理人)   ②       受理报检并计收费用         ①   检验检疫机构
                 ③       动物及动物产品检疫              (出境口岸)
                 ④       出境货物通关单/卫生证书
```

图 8-1 出境动物及动物产品报检流程

1. 报检的时限

货主或其代理人应在出境前 7 天报检,须作消毒处理的,应在出境前 15 天报检。

2. 报检的地点

原则上实施产地检验检疫。

3. 报检所需单证

货主或其代理人办理报检时应按规定填写出境货物报检单,并提供出口贸易合同、商业发票、装箱单、出境动物产品生产企业(包括加工厂、屠宰厂、冷库、仓库)的卫生注册登记证等有关单证。如果出境动物产品是属于国家级保护或濒危物种的动物,或濒危野生动植物种国际贸易公约中的中国物种的动物,须递交国家濒危物种进出口管理办公室出具的允许出口证明书。

4. 检验颁证

注册登记养殖场、中转场应当保证其出境水生动物符合进口国或者地区的标准或者合同要求,并向出口商出具《出境水生动物供货证明》。中转场需凭注册登记养殖场出具的《出境水生动物供货证明》接收水生动物。出境水生动物必须凭产地检验检疫机构出具的动物卫生证书或《出境货物换证凭单》及检验检疫封识进入口岸中转场,不得将不同来源的水生动物混装。凡是在口岸中转改变包装的、出口前变更输入国家或地区的或超过规定有效期的,必须重新向口岸检验检疫机构报检。

经检疫合格的,由检验检疫机构签发出境货物通关单,办理出口报关手续。

四、监督管理

检验检疫机构对辖区内取得注册登记的出境水生动物养殖场、中转场实行日常监督管理和年度审查制度。

1. 对养殖场、中转场的监督管理

经检验检疫机构查实,注册登记的养殖场、中转场有下列情形之一的,将注销其相关注册登记:

(1)注册登记有效期届满,未按照规定办理延续手续的;

(2)企业依法终止或者因停产、转产、倒闭等原因不再从事出境水生动物业务的;
(3)注册登记依法被撤销、撤回或被吊销的;
(4)年审不合格且在限期内整改不合格的;
(5)一年内没有水生动物出境的;
(6)因不可抗力事件导致注册登记事项无法实施的;
(7)检验检疫法律、法规规定的应当注销注册登记的其他情形。
2. 对从事出境水生动物捕捞、养殖、中转、包装、运输和贸易的企业的监督管理
(1)处三万元以下罚款,情节严重的吊销其注册登记证书
具体情形是:①发生应该上报的疫情隐瞒不报的;②在检验检疫机构指定的场所之外换水、充氧、加冰、改变包装或者接驳更换运输工具的;③人为损毁检验检疫封识的;④存放我国或者进口国家或者地区禁止使用的药物的;⑤拒不接受检验检疫机构监督管理的。
(2)按照《国务院关于加强食品等产品安全监督管理的特别规定》处罚
具体情形是:①以非注册登记养殖场水生动物冒充注册登记养殖场水生动物的;②以养殖水生动物冒充野生捕捞水生动物的;③提供、使用虚假《出境水生动物供货证明》的;④违法使用饲料、饵料、药物、养殖用水及其他农业投入品的;⑤有其他逃避检验检疫或者弄虚作假行为的。

案例分析

山东畜牧贸易公司出口到保加利亚的 50 吨兔肉被退运回山东青岛口岸,其在未办理检验检疫审批手续和未向检验检疫机构报检的情况下,擅自将兔肉移运至公司仓库内。检验检疫人员在实施日常监督工作时,发现上述情况后,及时封存了被退回的兔肉,并立案调查处理。由于该公司初次遇到退运情况,认为退回自己出口的货物无须办理检疫审批,也无需向检验检疫机构报检,导致了上述违法行为的发生。请分析,检验检疫机构对上述违法行为将如何处理,有何警示?

实例操作

一、业务背景

宁波进出口公司与日本山川商社签订了冷冻蟹出口销售合同,采用航空货物运输,拟装 1 个二十英尺冷冻集装箱。根据我国《进出口水产品检验检疫监督管理办法》及有关检验检疫等法律法规的规定,该公司报检员填写出境货物报检单,并随附销售合同书、发票、装箱

单等报检资料(下略),向宁波出入境检验检疫机构办理出境货物的报检手续。

二、出口冷冻蟹报检

样例 8-1　　　　　　中华人民共和国出入境检验检疫
出境货物报检单

报检单位(加盖公章)　　[宁波进出口公司 报检专用章]　　　　　*编号：_____

报检单位登记号：316123216　联系人：幸婷　电话：65765484　　报检日期：2011年11月18日

发货人	(中文)宁波进出口公司 (外文)NINGBO IMPORT & EXPORT CORPORATION					
收货人	(中文) (外文)YAMKWA TRADING CORPORATION					
货物名称(中/外文)	H.S.编码	产地	数/重量	货物总值	包装种类及数量	
冷冻蟹 FROZEN CRAB	03062490	宁波	1 600千克	16 000美元	160箱	
运输工具名称及号码	FM9134	贸易方式	一般贸易	货物存放地点	宁波市滨江路9号	
合同号	20111088	信用证号		用途		
发货日期	2011.11.31	输往国家(地区)	日本	许可证/审批证	NN319845612	
起运地	上海	到达口岸	大阪	生产单位注册号	NJ99984561	
集装箱规格、数量及号码	1×20'/ TEXU312034564123						

合同、信用证订立的检验 检疫条款或特殊要求	标记及号码	随附单据(划"√"或补填)	
按照合同要求检验 备案号：	YAMKWA 20111188 OSAKA C/NO.1-160	☑ 合同 ☐ 信用证 ☑ 发票 ☑ 换证凭单 ☑ 装箱单 ☑ 厂检单	☑ 包装性能结果单 ☑ 许可/审批文件 ☐ ☐

需要证单名称(划"√"或补填)			*检验检疫费
☐ 品质证书　　__正__副 ☐ 重量证书　　__正__副 ☐ 数量证书　　__正__副 ☐ 兽医卫生证书　__正__副 ☐ 健康证书　　__正__副 ☐ 卫生证书　　__正__副 ☑ 动物卫生证书　1正2副		☐ 植物检疫证书　__正__副 ☐ 熏蒸/消毒证书　__正__副 ☑ 出境货物换证凭单　1正1副	总金额 (人民币元) 计费人 收费人

报检人郑重声明： 1. 本人被授权报检。 2. 上列填写内容正确属实,货物无伪造或冒用他人的厂名、标志、认证标志,并承担货物质量责任。 　　　　　　　　　　　　　　　　签名：幸婷	领取证单 日期 签名

注：有"*"号栏由出入境检验检疫机构填写　　　　◆国家出入境检验检疫机构制

三、出入境检验检疫局签发出境货物通关单

样例8—2

中华人民共和国出入境检验检疫
出境货物通关单

编号：310110218

1. 收货人　YAMKWA TRADING CORPORATION		5. 标记及唛码 OKAWA 20111039 SEOU C/NO.1—1800	
2. 发货人　宁波进出口公司			
3. 合同/提（运）单号 20111188/FM—3249	4. 输出国家或地区 中国		
6. 运输工具名称及号码 FM9134	7. 目的地 日本		8. 集装箱规格及数量 1×20'
9. 货物名称及规格 冷冻蟹 FROZEN CRAB	10. H.S. 编码 03062490	11. 申报总值 16 000 美元	12. 数/重量、包装数量及种类 1 600 千克 160 箱
13. 证明 　　　　上述货物业已报检/申报，请海关予以放行。 　　　　本通关单有效期至 2012 年 2 月 20 日 　　签字：丁鸣			日期：2011 年 11 月 20 日
14. 备注			

学习情境二　办理入境动物及动物产品的报检

案例导入

　　上海在野岛进出口公司与日本山田贸易公司就进口三文鱼交易达成一致意见。依据我国 2011 年 6 月 1 日实施的《进出口水产品检验检疫监督管理办法》的规定，对进口水产品收货人及代理商实施备案管理，对进口两栖类、爬行类、水生哺乳类动物以及其他养殖水产品等实行检疫审批制度，取得进境动植物检疫许可证后，方可签订购货合同。上海在野岛进出口公司照章办理，收到货代公司发出的到货通知后，向上

海检验检疫机构办理入境报检手续。

> 思考:入境动物及动物产品审批制度、收货人备案制度、报检范围及程序。

学习指南

根据我国《进出境动植物检疫法》及其实施条例、《进出口水产品检验检疫监督管理办法》等相关法律法规的规定,对入境动物及动物产品的收货人及代理人实行备案管理制度,对入境动物及动物产品实行检疫审批制度。

一、进境动物及动物产品报检范围

1. 动物

进境动物是指饲养、野生的活动物。其包括大动物、中动物,如黄牛、水牛、牦牛、犀牛、马、骡、驴、骆驼、象、斑马、猪、绵羊、山羊、羚羊、鹿、狮、虎、豹、猴、犲、狼、貉、河马、海豚、海豹、海狮等;小动物,如犬、猫、兔、貂、狐狸、獾、水獭、海狸鼠、实验用鼠、鸡、鸭、鹅、火鸡、鸽、各种鸟类等;水生动物,其指活的鱼类、软体类、甲壳类及其他在水中生活的无脊椎动物等,包括其繁殖用的精液、卵、受精卵,如鱼、鱼苗、虾、蟹、贝、海参、海胆、蛙、鳖、龟、蛇、蜥蜴以及珊瑚类等。

2. 动物产品

动物产品是指来源于动物未经加工或者虽经加工但仍有可能传播疫病的动物的产品,如生皮张、毛类、肉类、动物水产品、奶制品、蛋类、血液、精液、胚胎等。

3. 其他检疫物

其他检疫物是指动物疫苗、血清、诊断液、动植物性废弃物等。

> **相关连接** → **国家禁止的进境动物及动物产品**
>
> 主要有三个部分:动物病原体及其他有害生物;动物疫情流行的国家和地区的有关动物、动物产品和其他检疫物;动物尸体。检验检疫机构对国家禁止的进境动物及动物产品将作退回或者销毁处理,不得入境。

二、进境动物及动物产品检疫审批

下列对象必须事先办理检疫审批手续:

(1) 贸易性的动物、动物产品

进口商在签订动物、动物产品的进口贸易合同前应到检验检疫机构办理检疫审批手续,取得准许入境的《中华人民共和国进境动植物检疫许可证》后再签进口贸易合同。

(2) 过境性的动物、动物产品

要求运输动物过境的,货主或其代理人必须事先向国家动植物检疫机关提出书面申请,提交输出国家或者地区政府动植物检疫机关出具的疫情证明、输入国家或者地区政府动植物检疫机关出具的准许该动物进境的证件,并说明拟过境的路线,国家动植物检疫机关审查同意后,签发《动物过境许可证》。

(3) 科研需要的禁止动物病原体、害虫及其他有害生物

因科学研究等特殊需要,引进进境动植物检疫法所禁止的动物病原体、害虫及其他有害生物,要办理禁止进境物特许检疫审批手续。

相关连接 　　**无须审批检疫的进境动物产品**

无须申请办理检疫审批手续的动物产品主要有:湿(干)皮、已鞣制皮毛、洗净羽绒、洗净毛、碳化毛、毛条、贝壳类、水产品、蜂产品、蛋制品(不含鲜蛋)、奶制品(鲜奶除外)、熟制肉类产品(如香肠、火腿、肉类罐头、食用高温炼制动物油脂)。

三、入境动物及动物产品报检工作程序

入境动物及动物产品报检流程如图 8-2 所示:

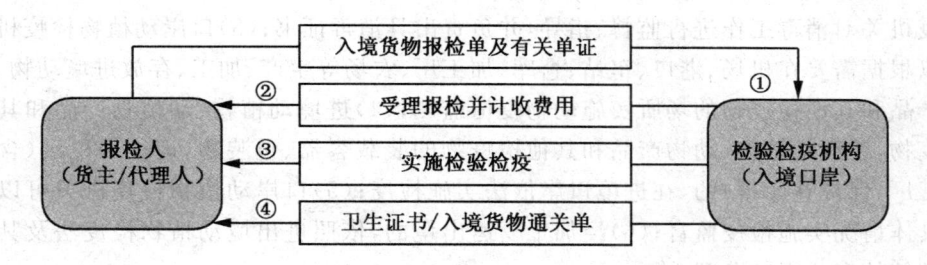

图 8-2　入境动物及动物产品报检流程

1. 入境动物及动物产品报检时间

分三种情况:输入种畜、禽及其精液和胚胎的,应在入境 30 日前报检;输入其他动物的,应在入境 15 日前报检;输入上述以外的动物产品的,在入境时报检。

2. 入境动物及动物产品报检地点

分三种情况:输入动物、动物产品和其他检疫物,应向入境口岸检验检疫机构报

检,由口岸检验检疫机构实施检疫;入境后需办理转关手续的检疫物,除活动物和来自动植物疫情流行国家或地区的检疫物由入境口岸检疫外,其他均在指运地检验检疫机构报检并实施检疫;涉及品质检验且在目的港或到达站卸货时没有发现残损的,可在合同约定的目的地向检验检疫机构报检。

3. 入境动物及动物产品报检所需资料

报检时除填写入境货物报检单外,还需提供的证单有:进口贸易合同、国外发票、装箱单、提运单、产地证、输出国家检疫证书。如为输入动物、动物产品的,还需提供《中华人民共和国进境动植物检疫许可证》;如为分批进口的,还要提供许可证复印件;如为输入活动物的,还应提供隔离场审批证明;如为输入动物产品的,还应提供加工厂注册登记证书;如为一般贸易方式进境的肉鸡产品,还需提供由商务部门签发的《自动登记进口证明》;如为外商投资企业进境的肉鸡产品,还需提供商务主管部门或省级外资管理部门签发的《外商投资企业特定商品进口登记证明》复印件;如为加工贸易方式进境的肉鸡产品,还应提供由商务部门签发的加工贸易业务批准证。

4. 施检颁证

检验检疫机构受理报检后,对检验检疫合格的输入动物、动物产品和其他检疫物签发卫生证书和入境货物通关单。检验检疫不合格的,依法监督销毁、退货处理。

四、入境动物及动物产品管理

国家动植物检疫机关和口岸动植物检疫机关对进境动物、动物产品的生产、加工、存放过程,实行检疫监督制度。(1)进境动物需要隔离饲养的,在隔离期间,应当接受口岸动植物检疫机关的检疫监督;(2)对进境动物进行消毒处理的,口岸动植物检疫机关对消毒工作进行监督、指导,并负责出具消毒证书;(3)口岸动植物检疫机关可以根据需要在机场、港口、车站、仓库、加工厂、农场等生产、加工、存放进境动物、动物产品和其他检疫物的场所实施动物疫情监测;(4)进境动植物、动植物产品和其他检疫物,装载动植物、动物产品和其他检疫物的装载容器、包装物,运往保税区(含保税工厂、保税仓库等)的,在进境口岸依法实施检疫;(5)口岸动植物检疫机关可以根据具体情况实施检疫监督;(6)经加工复运出境的,依照进出境动植物检疫法及其实施条例的有关规定办理。

案例分析

某日,某检验检疫局受理菲菲水产贸易公司进口鱼苗的报检,在准备检验资料的过程中,检验人员发现,还有一批抵达的货值 57 283 美元的进口鱼苗未报检。后经"通关单联网核查"核对,确认该批货物存在逃漏检情况。于是检验人员到该公司向负责人询问详情,并调看其保存的合同、货物调离单、提单等资料后,最终确认该批货物确实没有报检并已使用,违反了关于进口商品检验的法律规定。请分析,检验检疫机构将对该公司如何进行处罚,对相关企业有何启示?

实例操作

一、业务背景

上海在野岛进出口公司与日本山田贸易公司就进口三文鱼(SALMON)达成一致意见后,依据我国《进出口水产品检验检疫监督管理办法》的规定办理备案,并取得对三文鱼的进境动植物检疫许可证后,签订了购货合同。近日,上海在野岛进出口公司收到货代公司发出的到货通知后,报检员童彤填写入境货物报检单,并随附进境动植物检疫许可证、日本官方签发的检验检疫证书、原产地证书、购货合同书、外国发票、装箱单、提单等资料(下略),向上海检验检疫机构办理入境报检手续。

二、入境三文鱼报检

样例 8—3

中华人民共和国出入境检验检疫

入境货物报检单

报检单位(加盖公章):上海在野岛进出口公司 报检专用章　　　　　　　　　　　　　　*编号:_____

报检单位登记号:3100110908　联系人:童彤　电话:62781456　报检日期:2011 年 12 月 9 日

收货人	(中文)上海在野岛进出口公司	企业性质(划"√")	□合资　□合作　□外资		
	(外文)SHANGHAI ZYD IMPORT & EXPORT CORPORATION				
发货人	(中文)				
	(外文)YAMAD TRADING CORPORATION				
货物名称(中/外文)	H.S.编码	原产国	数/重量	货物总值	包装种类及数量
冰鲜三文鱼 FROZEN SALMON	03021210	日本	2 000 千克	20 000 美元	200 箱
运输工具名称及号码		WABE134		合同号	YD2011127
贸易方式	一般贸易	贸易国别(地区)	日本	提单/运单号	FUS3204
到岸日期	2011.12.8	起运国家(地区)	日本	许可证/审批号	3102098732
卸货日期	2011.12.8	起运口岸	大阪	入境口岸	吴淞海关
索赔有效期至	2012.5.8	经停口岸		目的地	上海
集装箱规格、数量及号码				1×20'/ TEXU31203456411	
合同订立的特殊条款以及其他要求		根据合同要求检疫	货物存放地点		上海市逸仙路 214 号
			用途		自营内销

续表

随附单据(划"√"或补填)		标记及号码	*外商投资财产(划"√")	□是 □否
☑ 合同 ☑ 发票 ☑ 提/运单 □ 兽医卫生证书 □ 植物检疫证书 □ 动物检验证书 ☑ 卫生证书 □ 原产地证 ☑ 许可/审批文件	☑ 到货通知 ☑ 装箱单 □ 质保书 □ 理货清单 □ 磅码单 ☑ 验收报告 □	YAMAD YD2011127 OSAKA C/NO.1-200	*检验检疫费	
			总金额 (人民币元)	
			计费人	
			收费人	
报检人郑重声明: 1.本人被授权报检。 2.上列填写内容正确属实。 签名:童彤			领取证单	
			日期	
			签名	

注:有"*"号栏由出入境检验检疫机构填写　　◆国家出入境检验检疫机构制

三、出入境检验检疫局签证

样例8-4　　　　　　　中华人民共和国出入境检验检疫

入境货物通关单

编号:310128871

1.收货人 上海在野岛进出口公司			5.标记及唛码 YAMAD YD2011127 OSAKA C/NO.1-200
2.发货人 YAMAD TRADING CORPORATION			
3.合同/提(运)单号 YD2011127/ FUS3204	4.输出国家或地区 日本		
6.运输工具名称及号码 WABE134	7.目的地 上海		8.集装箱规格及数量 1×20′
9.货物名称及规格 冰鲜三文鱼 ************	10.H.S.编码 03021210	11.申报总值 20 000 美元	12.数/重量、包装数量及种类 2 000 千克 200 箱
13.证明 　　　上述货物业已报检/申报,请海关予以放行。 　　　本通关单有效期至 2012 年 3 月 10 日 签字:丁毅			日期:2011 年 12 月 10 日
14.备注			

思考与检测

一、单项选择题

1.《进出境动植物检疫法》及实施条例规定对出境动物及动物产品企业实行（　　）。
　　A. 许可证管理制度　　　　　　B. 备案登记管理
　　C. 注册登记管理　　　　　　　D. 监督管理制度
2. 对入境动物及动物产品的收货人及代理人实行（　　）。
　　A. 许可证管理制度　　　　　　B. 备案登记管理
　　C. 注册登记管理　　　　　　　D. 监督管理制度
3. 对入境动物及动物产品实行（　　）。
　　A. 检疫审批制度　B. 备案登记制度　C. 注册登记制度　D. 监督管理制度
4. 输入种畜、禽及其精液和胚胎的,应在入境前向（　　）报检。
　　A. 产地检验检疫机构　　　　　B. 口岸检验检疫机构
　　C. 食品药品监督局　　　　　　D. 工商行政管理局
5. 输入种畜的,应在入境前（　　）报检。
　　A. 7日　　　　　B. 10日　　　　　C. 20日　　　　　D. 30日
6. 对进境动物进行消毒处理的,口岸动植物检疫机构负责出具（　　）。
　　A. 健康检疫证书　　　　　　　B. 入境检验检疫证明
　　C. 卫生检疫证书　　　　　　　D. 消毒证书

二、多项选择题

1. 出入境报检的动物是指（　　）。
　　A. 饲养活动物　B. 野生活动物　C. 饲养死动物　D. 野生死动物
2. 出入境报检的动物产品是指（　　）。
　　A. 生皮张
　　B. 奶制品
　　C. 来源于动物未经加工产品
　　D. 经加工后仍有可能传播疫病的动物产品
3. 出入境报检的动物包括（　　）。
　　A. 水生动物　B. 小动物　C. 中动物　D. 大动物
4. 出入境动物及动物产品报检的其他检疫物主要有（　　）等。
　　A. 动物疫苗　B. 血清　C. 诊断液　D. 动植物性废弃物
5. 国家禁止的进境动物及动物产品主要有（　　）。
　　A. 动物病原体及其他有害生物

B. 动物疫情流行国家的有关动物及动物产品
C. 动物尸体
D. 动物疫情流行地区的其他检疫物

6. 出入境动物及动物产品必须事先办理检疫审批手续的是（　　）。
A. 贸易性的动物及产品　　　　B. 过境性的动物及产品
C. 科研需要的动物病原体　　　D. 科研需要的禁止动物病原体

三、判断题

1. 出境动物及动物产品须作消毒处理的，应在出境前7天报检。（　）
2. 出境动物及动物产品报检地点为口岸检验检疫地。（　）
3. 出境动物及动物产品经检疫合格的，出具检验检疫证书。（　）
4. 因科学研究需要引进禁止动物病原体，无需办理检疫审批手续。（　）
5. 输入动物、动物产品和其他检疫物，应向入境口岸检验检疫机构报检。（　）
6. 收货人在动物及动物产品到港后，应及时与检验检疫机构联系检验。（　）

四、流程示意题

根据出境动物及动物产品报检流程填写下表：

操作步骤	选择内容	有关单证
1		
2		
3		
4		

学习活动测评表

测评范围	评判标准	总分	自我评价
单项选择题	错1个扣3分	18	
多项选择题	错1个扣4分	24	
判断题	错1个扣3分	18	
流程示意题	错1个扣5分	22	
案例分析	错1个扣2分	18	
合　计		100	

项目九 开展业务
——木质包装出入境报检

学习与考证目标

- 了解出入境货物木质包装检疫管理的内容
- 熟悉出入境货物木质包装报检的范围
- 掌握出入境货物木质包装施检的程序
- 具备出入境货物木质包装报检工作的基本能力

项目背景

木质包装是指用于承载、包装、铺垫、支撑、加固货物的木质材料，如木板箱、木条箱、木托盘、木框、木桶（盛装酒类的除外）、木轴、木楔、垫木、枕木、衬木等。在国际贸易中，木质包装是一种被广泛使用的包装材料，近年来约有70％的集装箱装运的货物使用木质包装。为防止林木有害生物随木质包装传入转出，我国《进出境动植物检疫法》及其实施条例、国际植物保护公约组织公布的《国际贸易中木质包装材料管理准则》等法律、法规对进出境货物木质包装进行检疫除害处理，加贴IPPC专用标识作了具体规定。

学习情境一　办理出境货物木质包装报检

案例导入

近日,上海机床进出口公司向日本出口一套机电产品,该产品用木条进行外包装,根据《国际贸易中木质包装材料管理准则》的规定进行检疫除害处理,并加施IPPC专用标识。为此,上海机床进出口公司根据检验检疫机构公布的标识加施企业名单,向上海真友木制品包装有限公司购买经有效除害处理并加施IPPC专用标识的木质包装。由于进口商要求上海机床进出口公司出具植物检疫证书或熏蒸消毒证书,故填写出境货物报检单,及时向口岸出入境检验检疫机构办理检疫手续。

> 思考:出境货物木质包装报检的范围、施检程序以及监督管理。

学习指南

自2009年1月1日起,我国所有出境货物木质包装均须按照要求进行检疫处理并加施IPPC专用标识。木质包装不包括经人工合成或经加热、加压等深度加工的包装用木质材料,如胶合板、刨花板、纤维板等,也不包含薄板旋切芯、锯屑、木丝、刨花等以及厚度等于或者小于6毫米的木质材料。

一、除害加施标识

1. 木质包装材料检疫除害处理方法

根据国际植物保护公约组织(IPPC)公布的《国际贸易中木质包装材料管理准则》的规定进行检疫除害处理,其木质包装检疫除害处理方法有以下两种:

(1)热处理(HT)

其要求木材中心温度至少达到56℃,并持续30分钟以上。窑内烘干(KD)、化学加压浸透(CPI)或其他方法只要达到热处理要求,可以视为热处理。如化学加压浸透可通过蒸汽、热水或干热等方法达到热处理的技术指标要求。

(2)溴甲烷熏蒸处理(MB)

其要求最低熏蒸温度不应低于 10℃,熏蒸时间最低不应少于 16 小时。来自松材线虫疫区国家或地区的针叶树木质包装,如日本、美国、加拿大、墨西哥、韩国、葡萄牙及中国台湾地区,熏蒸时间最低不应少于 24 小时。

2. 木质包装除害处理专用标识

进境货物木质包装在输出国家或地区进行检疫除害处理后加施下列专用标识。标识内的"IPPC"为《国际植物保护公约》的英文缩写;"XX"为国际标准化组织(ISO)规定的 2 个字母国家编号;"000"为输出国家或地区官方植物检疫机构批准的木质包装生产企业编号;"YY"为确认的检疫除害处理方法,如溴甲烷熏蒸为 MB,热处理为 HT。"ZZ"为各直属检验检疫局 2 位数代码(如江苏局为 32)。标识颜色应为黑色,采用喷刷或电烙方式加施于每件木质包装两个相对面的显著位置,保证其永久性且清晰易辨。标识为长方形,规格有三种:3×5.5 厘米、5×9 厘米及 10×20 厘米,标识加施企业可根据木质包装大小任选一种,特殊木质包装经检验检疫机构同意可参照标记式样比例确定。标识加施企业应将木质包装除害处理计划在除害处理前向所在地检验检疫机构申报,检验检疫机构对除害处理过程和加施标识情况实施监督管理。除害处理结束后,标识加施企业应当出具处理结果报告单。经检验检疫机构认定除害处理合格的,标识加施企业按照规定加施标识。

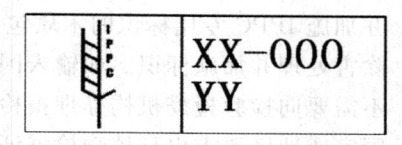

相关连接

标识加施企业资格

对出境货物木质包装实施除害处理并加施标识的企业应向所在地检验检疫机构提出除害处理标识加施资格申请。检验检疫机构对申请材料、企业现场进行评审并报直属检验检疫局动植物处审核。审核合格的,直属检验检疫局颁发《出境货物木质包装除害处理标识加施资格证书》,并在网上公布企业名单及注册登记编号。上海出境货物木质包装标识加施企业部分名单如下:

企业名称	特定标识编号
上海浦检熏蒸消毒中心 联系电话:66980388 传真:56881617	CN—001 MB—31
上海石鹰熏蒸科技有限公司 联系电话:66181862 传真:56848863	CN—003 MB—31
上海真友木制品包装有限公司 联系电话:57894341 传真:57894341	CN—008 HT—31
上海恒道包装材料制造有限公司 联系电话:68720556 传真:58633933	CN—009 HT—31
上海利德木业有限公司 联系电话:59780498 传真:59780994	CN—010 HT—31

二、出境货物木质包装的报检范围

自 2009 年 1 月 1 日起,所有出境货物木质包装均须按照要求进行检疫处理并加施 IPPC 专用标识。出口商应从获得标识加施资格的企业购买经有效除害处理的,并加施 IPPC 专用标识的木质包装,或委托具有标识加施资格的除害处理单位实施除害处理并加施标识。如输入国家或地区已采用木质包装检疫国际标准的,出口商不需要向检验检疫机构办理报检手续,但应接受检验检疫机构的监管和抽查;如输入国家或地区要求出具植物检疫证书或熏蒸消毒证书的,出口商需向检验检疫机构办理报检。

三、出境货物木质包装的报检程序

出境货物木质包装检疫的报检流程如图 9-1 所示:

```
                ┌──────────────────────┐
       ┌───────▶│ 出境货物报检单及有关单证 │───────┐
       │        └──────────────────────┘        │
       │        ┌──────────────────────┐   ①    │
┌──────┴──┐  ②  │ 受理报检并计收费用    │        ▼
│ 报检人   │◀───│                      │  ┌──────────┐
│(货主/  │  ③  ├──────────────────────┤  │检验检疫机构│
│ 代理人) │◀───│ 出口货物木质包装检疫  │  │(产地/口岸)│
│         │  ④  ├──────────────────────┤  └──────────┘
└─────────┘◀───│ 熏蒸消毒证书、植物检疫证书│   ⑤    ▲
                └──────────────────────┘────────┘
```

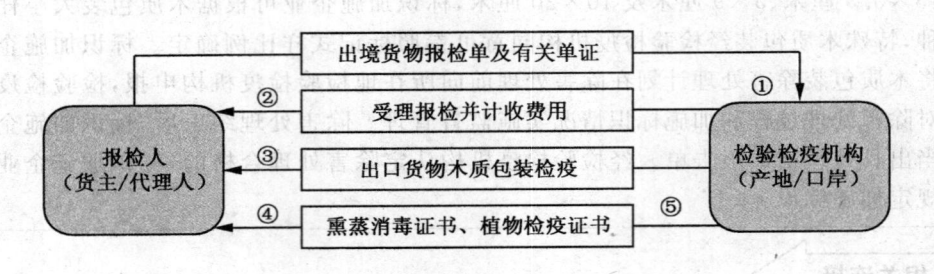

图 9-1 出境货物木质包装报检流程

1. 出境货物木质包装报检时间

要求出具植物检疫证书或熏蒸消毒证书的货主或代理人,应在木质包装除害处理前向当地的出入境检验检疫机构报检,提出出证申请。

2. 出境货物木质包装报检所需证单

对出口货物木质包装实施有效处理并加施标识后,由报检员持有合格凭证正本、处理结果报告单、装箱单、合同等报检单证向检验检疫机构报检。如输入欧盟各成员国的货物木质包装,还必须提供输欧货物木质包装材料声明,如实申报木质包装材料的材种及产地。

3. 出境货物木质包装实施熏蒸

(1)整箱熏蒸。不需要加施"IPPC"标识的,货到场地后直接装箱,根据进口国的要求喷洒不同刻度的熏蒸药剂,进行 24 小时熏蒸;需要加施"IPPC"标识的,货送到场地后,熏蒸队在每个包装的前面和后面加施"IPPC"字样,然后装箱并进行熏蒸。

(2)拼箱熏蒸。其可将同一个目的港、同一个航次的货物放在同一个集装箱内,然后进行熏蒸。

4. 出具熏蒸证书

检验检疫结构对熏蒸达到要求的,向报检人出具植物检疫证书或熏蒸消毒证书。

四、出境货物木质包装检疫监督管理

检验检疫机构对出境货物使用的木质包装实施抽查检疫,对标识加施企业实施日常监督检查,发现问题进行如下处理。

1. 责令整改并暂停标识加施资格

检验检疫机构发现下列情形之一的,责令其整改并暂停标识加施资格。

(1)热处理/熏蒸处理设施、检测设备达不到要求的;
(2)除害处理达不到规定温度、剂量、时间等技术指标的;
(3)经除害处理合格的木质包装成品库管理不规范,存在有害生物再次侵害风险的;
(4)木质包装标识加施不符合规范要求的;
(5)木质包装除害处理、销售等情况不清的;
(6)相关质量管理体系运转不正常,质量记录不健全的;
(7)未按照规定向检验检疫机构申报的;
(8)其他影响木质包装检疫质量的。

2. 取消标识加施资格

检验检疫机构发现下列情形之一的,责令其暂停直至取消标识加施资格。

(1)在国外遭除害处理、销毁或者退货的;
(2)未经有效除害处理加施标识的;
(3)倒卖、挪用标识等弄虚作假行为的;
(4)出现严重安全质量事故的;
(5)其他严重影响木质包装检疫质量的。

如果发现伪造、变造、盗用标识的,依照《中华人民共和国进出境动植物检疫法》及其实施条例的有关规定处罚,视不同情节处于罚款、取消木质包装标识加施企业的加施资格等,情节严重的,将承担相应的法律责任。

案例分析

无锡检验检疫局工作人员在对某货运代理有限公司报检的一批出口钢材实施检验时,发现用于该货物的加固木质包装材料加施了伪造的出境货物木质包装 IPPC 标识。请分析,无锡检验检疫局依法对伪造标识企业做出如何行政处罚?检验检疫机构应如何加强对 IPPC 标识的监管?

实例操作

一、业务背景

上海机床进出口公司向日本出口一套机电产品,该产品用木条框进行外包装,根据日本国的有关规定,进口商要求出具熏蒸消毒证书。为此,上海机床进出口公司委托上海田方报检公司向出入境检验检疫机构办理报检,提供有关报检资料,支付代理报检费用。

二、委托人提供报检资料

上海机床进出口公司提供的报检资料有销售确认书(略)、商业发票(略)、装箱单(略)和报检委托书。

样例 9—1　　　　　　　　　　报检委托书

___上海市___ 出入境检验检疫局:

本委托人郑重声明,保证遵守出入境检验检疫法律、法规的规定。如有违法行为,自愿接受检验检疫机构的处罚并负法律责任。

本委托人委托受委托人向检验检疫机构提交"报检申请单"和各种随附单据。具体委托情况如下:

本单位将于 __2011__ 年 __11__ 月间出口如下货物:

品名	SX型机床	H.S.编码	8463.9000
数(重)量	6箱	合同号	1198524
信用证号		审批文件	
其他特殊要求			

特委托 __上海田方报检公司__（单位/注册登记号）,代理本公司办理下列出入境检验检疫事宜:

☑1.办理代理报检手续;
☑2.代缴检验检疫费;
☑3.负责与检验检疫机构联系和验货;
☑4.领取检验检疫证书;
□5.其他与报检有关的相关事宜。

请贵局按有关法律法规规定予以办理。

委托人(公章): 　上海机床进出口公司　　受委托人(公章): 　上海田方报检公司
　　　　　　　　　　业务专用章　　　　　　　　　　　　　　　　代理报检专用章

2011年11月5日　　　　　　　　　　　2011年11月5日

三、受委托人填写出境货物报检单

样例 9－2　　　　　中华人民共和国出入境检验检疫
出境货物报检单

报检单位(加盖公章)：　　上海田方报检公司
　　　　　　　　　　　　　代理报检专用章　　　　　　　＊编号：＿＿＿＿＿＿＿＿

报检单位登记号：3100110908　　联系人：田方　　电话：65788888　　报检日期：2011 年 11 月 8 日

发货人	(中文) 上海机床进出口公司 (外文) SHANGHAI MACHINE TOOL IMP. & EXP. CORPORATION					
收货人	(中文) (外文) WADABE TRDING CORPORATION					
货物名称(中/外文)	H.S. 编码	产地	数/重量	货物总值	包装种类及数量	
SX 型机床 MACHINE TOOL	8463.9000	上海	6 台	800 000 美元	6 箱	
运输工具名称号码	HUONXIAN V.290		贸易方式	一般贸易	货物存放地点	上海市吴淞路 9 号
合同号	1198524		信用证号		用途	
发货日期	2011.11.31		输往国家(地区)	日本	许可证/审批证	
起运地	上海		到达口岸	大阪	生产单位注册号	31099981
集装箱规格、数量及号码	20'×1 / TEUL3120345856					
合同、信用证订立的检验 检疫条款或特殊要求 按照合同要求检验		标记及号码 WADABE 1198524 OSAKA C/NO.1－6		随附单据(划"√"或补填) ☑ 合同 ☐ 信用证 ☑ 发票 ☐ 换证凭单 ☑ 装箱单 ☐ 厂检单	☐ 包装性能结果单 ☐ 许可/审批文件 ☐ ☐	
需要证单名称(划"√"或补填)					＊检验检疫费	
☐ 品质证书　　　　＿正＿副 ☐ 重量证书　　　　＿正＿副 ☐ 数量证书　　　　＿正＿副 ☐ 兽医卫生证书　　＿正＿副 ☐ 健康证书　　　　＿正＿副 ☐ 卫生证书　　　　＿正＿副 ☐ 动物卫生证书　　＿正＿副			☐ 植物检疫证书　　＿正＿副 ☑ 熏蒸/消毒证书　 1 正 2 副 ☐ 出境货物换证凭单　＿正＿副		总金额 (人民币元)	
					计费人	
					收费人	
报检人郑重声明： 　1. 本人被授权报检。 　2. 上列填写内容正确属实,货物无伪造或冒用他人的厂名、标志、认证标志,并 承担货物质量责任。 　　　　　　　　　　　　　　　　　　　　　签名：＿田方＿					领取证单	
					日期	
					签名	

注：有"＊"号栏由出入境检验检疫机构填写　　　◆国家出入境检验检疫机构制

四、出入境检验检疫局签发熏蒸消毒证书

```
中华人民共和国出入境检验检疫
ENTRY-EXIT INSPECTION AND QUARANTINE
OF THE PEOPLE'S REPUBLIC OF CHINA                    ORIGINAL

         熏蒸/消毒证书      编号 No. 470000658232221
         FUMIGATION/DISINFECTION CERTIFICATE

发货人名称及地址
Name and Address of Consignor   SHANGHAI MACHINE TOOL IMP.& EXP. CORPORATION
收货人名称及地址
Name and Address of Consignee   WADABE TRDING CORPORATION
货物名称
Description of Goods    WOODEN BEAD    Place of Origin  CHINA
报检数量
Quantity Declared    20000PCS           标记及号码
启运地                                  WADABE
Place of Despatch    SHANGHAI           1198524
到达口岸                                OSAKA
Port of Destination  MIAMI              C/NO.1-6
运输工具
Means of Conveyance  BY SEA

承虫和/或灭菌处理 DISINFESTATION AND/OR DISINFECTION TREATMENT
日期                        药剂及浓度
Date  NOV.11.2011    Chemical and Concentration  METHYL BROMIDE 48g/m³
处理方法                    持续时间及温度
Treatment  FUMIGATION   Duration and Temperature   24HOURS 31℃

附加声明  ADDITIONAL DECLARATION

** ** ** **

签证地点 Place of Issue   SHANGHAI    签证日期 Date of Issue  NOV.12.2011
授权签字人 Authorized Officer  YAOJIANPING   签 名 Signature
```

学习情境二　办理入境货物木质包装报检

案例导入

　　近日,上海田方报检公司受上海机械进出口公司的委托,为该公司代理进口 WX 型机床入境报检手续,为此双方签订了报检委托书。上海机械进出口公司向上海田方报检公司提供入境货物报检资料,上海田方报检公司根据有关内容填写入境货物报检单,并及时向口岸出入境检验检疫机构办理报检手续。

> 思考：入境货物木质包装报检范围、程序以及监督管理。

学习指南

进境货物使用木质包装的，货主或其代理人应当向出入境检验检疫机构报检，并配合出入境检验检疫机构实施检疫。对未报检的，出入境检验检疫机构依照有关法律规定进行处罚。

一、入境货物木质包装报检范围

1. 列入目录内的进境货物包装木质

进境货物使用木质包装且货物属于《出入境检验检疫机构实施检验检疫的进出境商品名录》内的，填写入境货物报检单，并在报检单上注明木质包装有关信息。检验检疫机构对木质包装实施检疫，对符合要求的，签发《入境货物通关单》。

2. 未列入目录内的进境货物包装木质

进境货物使用木质包装，但货物不属于《出入境检验检疫机构实施检验检疫的进出境商品名录》内的，针对木质包装填写入境货物报检单，向检验检疫机构报检。检验检疫机构可在海关放行后实施检疫。

相关连接

木质包装传带外来生物的危害

木质包装能够传播松材线虫、小蠹类、长蠹类、白蚁类、吉丁虫类、象虫类、长小蠹类、粉蠹类以及蛾类的美国白蛾、舞毒蛾和木蠹蛾类等11大类几万种有害生物，会给林业资源造成极大的破坏。2003年，全国口岸从进口木质包装中截获包括松材线虫、天牛、双沟异翅长蠹在内的多种林木病虫就有7 000多批。以松材线虫病为例，这种被称为"不冒火的森林火灾"和松树的"癌症"，自1982年传入我国后已造成我国1 600万株松树死亡，直接经济损失达20多亿元人民币，造成森林生态效益损失近216亿元人民币，通常一棵树龄达500年的高大的松树从发病到死亡仅需2～3月。据不完全统计，目前我国有主要外来生物162种，这些外来生物的入侵给我国生态环境、生物多样性和社会经济造成巨大危害，仅对农林业造成的直接经济损失每年就高达574亿元。

据分析，松材线虫是随疫区国家的输华木质包装材料被带入中国的。中国的松墨天牛和云杉花墨天牛可传播松材线虫,一条松墨天牛携带松材线虫的数量最多高达289 000条,如果不能有效地控制国外松材线虫传入我国,中国广泛分布的传媒天牛就可很快地将松材线虫传播开来。

二、入境货物木质包装报检工作程序

入境货物木质包装检疫的报检流程如图9—2所示:

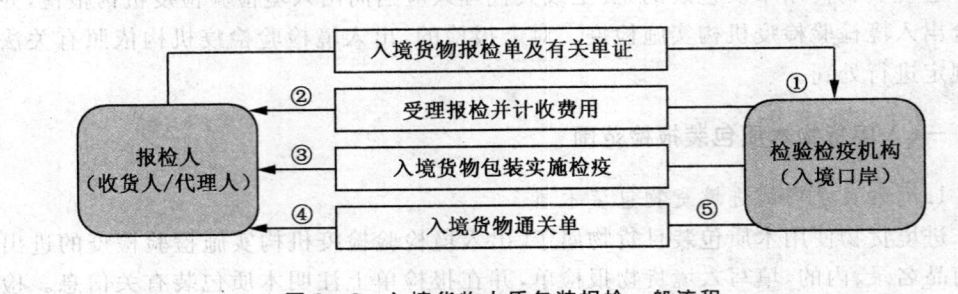

图9—2 入境货物木质包装报检一般流程

1. 入境货物木质包装报检时间

进境货物使用木质包装的,货主或代理人在其入境时按规定时间向当地的出入境检验检疫局办理报检手续。

2. 入境货物木质包装报检所需证单

货主或代理人在向出入境检验检疫局办理报检时,要如实填写入境货物报检单,注明木质包装有关信息,并随附发货商或收货人的IPPC确认声明、进口贸易合同、国外发票、装箱单、提(运)单等有关单证。没有IPPC标识或非木质包装的,还要提供非木质包装声明或官方检疫证书,如熏蒸、热处理证书和植物检疫证书等。

3. 进境货物木质包装检疫

检验检疫机构视下列不同情况进行检疫。

(1)对加施专用标识木质包装进行抽查

对加施IPPC专用标识的木质包装,检验检疫机构与港务、海关、运输、货物代理等部门进行信息沟通,通过联网、电子监管及审核货物载货清单等方式获得货物及包装信息,根据情况进行抽查,集装箱装载货物木质包装的抽查比例不低于20%。

(2)对未加施专用标识木质包装进行处理

对未加施IPPC专用标识的木质包装,在检验检疫机构监督下对木质包装进行除害处理或者销毁处理。

木质包装实施现场检疫,在检验检疫人员到达现场后方可开启箱门,用射灯或强光照射木质包装缝隙和集装箱底板,重点检查木质包装上是否有松材线虫的危害痕迹,是否有天牛、白蚁、蠹虫等钻蛀性害虫,必要时可以实施掏箱检疫。现场检疫中,如果发现的是幼虫(特别是天牛类幼虫),应将为害木块一起留样或送检,便于室内饲养、鉴定;发现病害(包括线虫)症状的,取样送室内检疫。对于没有发现活虫、病害症状的木质包装,按随机抽样原则,抽取代表样品送实验室检疫。取样应取较厚的方木(如木托盘的木墩),每份样品不得少于5块或2千克。经检疫没有发现活的有害生物的,予以放行,出具《入境货物检验检疫证明》。发现活虫、松材线虫的,在检验检疫机构监督下对木质包装进行检疫除害处理、销毁或连同货物一起作退运处理,出具《检验检疫处理通知单》。报检人要求或需对外索赔的,则出具《植物检疫证书》。

经检疫发现木质包装标识不符合要求或截获到活的有害生物的,检验检疫机构监督货主或其代理人对木质包装实施除害处理、销毁处理或联系海关连同货物作退运处理,所需费用由货主承担。

三、入境货物木质包装检疫的管理

1. 木质包装标识企业的分类管理

为规范入境货物木质包装检疫监督管理,防止林木有害生物随进境货物木质包装传入,保护我国森林、生态环境,便利货物进出境,出入境检验检疫机构对输出国家或者地区木质包装标识企业的诚信作出评价,实施分类管理。对信誉好的企业,可以采取减少抽查比例和先行通关后在工厂或其他指定地点实施检疫等便利措施。对信誉不良的企业,可以采取加大抽查比例等措施。对多次出现问题的,国家质检总局可以向输出国家或者地区发出通报,暂停相关标识加施企业的木质包装入境。

2. 入境货物木质包装的监督管理

检验检疫机构依照《中华人民共和国进出境动植物检疫法》及其实施条例的相关规定,对违法现象进行相应的处罚。

(1)行政处罚

行政处罚的情形主要包括:①未按照规定向检验检疫机构报检的;②报检与实际情况不符的;③未经检验检疫机构许可擅自将木质包装货物卸离运输工具或者运递的;④其他违反《中华人民共和国进出境动植物检疫法》及其实施条例的。

(2)罚款

由检验检疫机构处以3万元以下罚款的主要情形是:①未经检验检疫机构许可,擅自拆除、遗弃木质包装的;②未按检验检疫机构要求对木质包装采取除害或者销毁处理的;③伪造、变造、盗用IPPC专用标识的。

国家质检总局认定的检验机构违反有关法律、法规以及本办法规定的,国家质检总局根据情节轻重责令限期改正或者取消认定。检验检疫人员徇私舞弊、滥用职权、玩忽职守,违反相关法律、法规和本办法规定的,依法给予行政处分;情节严重,构成犯罪的,依法追究刑事责任。

案例分析

日前,某检验检疫局受理信义货代公司就来自美国的进境货物木质包装的报检,申报的货物木质包装(木托)数量为1块,但实际包装数量竟多达43块,申报数量与实际携带数量严重不符。请分析,检验检疫局根据我国《进出境动植物检疫法实施条例》的规定,如何进行处罚?

实例操作

一、业务背景

上海机械进出口公司从德国进口1台WX型数控机床,采用木质包装,并加施了IPPC专用标识。上海机械进出口公司收到到货通知后,委托上海田方报检公司办理入境货物报检手续,提供有关报检资料,并在报检委托书上签章。

二、委托人提供报检资料

上海机械进出口公司提供的报检资料有购货确认书(略)、外国发票(略)、外国装箱单(略)、到货通知(略)和报检委托书。

样例 9—3

代理报检委托书

编号：

<u>上海市</u> 出入境检验检疫局：

本委托人（备案号/组织机构代码<u>3103458843</u>）保证遵守国家有关检验检疫法律、法规的规定，保证所提供的委托报检事项真实、单货相符。否则，愿承担相关法律责任。具体委托情况如下：

本委托人将于 <u>2011</u> 年 <u>12</u> 月间进口/出口如下货物：

品　名	WX型数控机床	H.S.编码	8456.1000
数(重)量	1台	包装情况	木框包装
信用证/合同号	2011453	许可文件号	
进口货物收货单位及地址	上海机械进出口公司 上海市伊桑路2号	进口货物提运单号	COS9841
其他特殊要求			

特委托<u>上海田方报检公司</u>（代理报检注册登记号<u>3100110908</u>），代表本委托人办理上述货物的下列出入境检验检疫事宜：

☑ 1. 办理报检手续；
☑ 2. 代缴纳检验检疫费；
☑ 3. 联系和配合检验检疫机构实施检验检疫；
☑ 4. 领取检验检疫证单；
☐ 5. 其他与报检有关的相关事宜_____。

联系人：<u>夏挺</u>
联系电话：<u>56082541</u>
本委托书有效期至 <u>2011</u> 年 <u>12</u> 月 <u>31</u> 日　　委托人(加盖公章)

上海机械进出口公司
报检专用章
2011年12月1日

受托人确认声明

本企业完全接受本委托书。保证履行以下职责：
1. 对委托人提供的货物情况和单证的真实性、完整性进行核实；
2. 根据检验检疫有关法律、法规规定办理上述货物的检验检疫事宜；
3. 及时将办结检验检疫手续的有关委托内容的单证、文件移交委托人或其指定的人员；
4. 如实告知委托人检验检疫部门对货物的后续检验检疫及监管要求。

如在委托事项中发生违法或违规行为，愿承担相关法律和行政责任。

联系人：<u>田方</u>
联系电话：<u>65788888</u>　　　　　　　　受托人(加盖公章)

上海田方报检公司
代理报检专用章
2011年12月1日

第一联：检验检疫机构留存

三、受委托人填写入境货物报检单

样例 9—4

中华人民共和国出入境检验检疫
入境货物报检单

报检单位(加盖公章): | 上海田方报检公司 代理报检专用章 | *编号:_____

报检单位登记号:3100110908　　联系人:田方　　电话:65788888　　报检日期:2011年12月5日

收货人	(中文)上海机械进出口公司	企业性质(划"√")	□合资 □合作 □外资		
	(外文)SHANGHAI MACHINERY IMPORT & EXPORT CORPORATION				
发货人	(中文)				
	(外文)WASTA IMPORT & EXPORT CORPORATION				
货物名称(中/外文)	H.S.编码	原产国	数/重量	货物总值	包装种类及数量
WX型数控机床 CNC MACHINE TOOL	8456.1000	德国	1台	90 000美元	1木箱
运输工具名称号码		TEU01786		合同号	2011453
贸易方式	一般贸易	贸易国别(地区)	德国	提单/运单号	COS9841
到岸日期	2011.12.4	起运国家(地区)	德国	许可证/审批号	
卸毕日期	2011.12.4	起运口岸	汉堡	入境口岸	吴淞
索赔有效期至	2012.12.4	经停口岸		目的地	上海
集装箱规格、数量及号码					
合同订立的特殊条款 以及其他要求		货物存放地点		上海市吴淞路5号	
^		用途			
随附单据(划"√"或补填)		标记及号码	*外商投资财产(划"√")	□是 □否	
☑ 合同	☑ 到货通知	WASTA SHANGHAI 2011453 C/NO.1	*检验检疫费		
☑ 发票	☑ 装箱单	~	总金额 (人民币元)		
☑ 提/运单	□ 质保书	~			
□ 兽医卫生证书	□ 理货清单	~	计费人		
☑ 植物检疫证书	□ 磅码单	~			
□ 动物检验证书	□ 验收报告	~	收费人		
□ 卫生证书					
□ 原产地证					
□ 许可/审批文件					
报检人郑重声明: 1.本人被授权报检。 2.上列填写内容正确属实。 签名 田方			领取证单		
			日期		
			签名		

注:有"*"号栏由出入境检验检疫机构填写　　　　◆国家出入境检验检疫机构制

四、出入境检验检疫局签发入境货物通关单

样例 9—4

**中华人民共和国出入境检验检疫
入境货物通关单**

编号：3108745974

1. 收货人 上海机械进出口公司		5. 标记及唛码 WASTA SHANGHAI 2011453 C/NO.1
2. 发货人 WASTA IMPORT & EXPORT CORPORATION		
3. 合同/提(运)单号 2011453/ COS9841	4. 输出国家或地区 德国	
6. 运输工具名称及号码 TEU01786	7. 目的地 上海	8. 集装箱规格及数量 — — — — —
9. 货物名称及规格 WX 型数控机床 * * * * * *	10. H. S. 编码 8456.1000	11. 申报总值 90 000 美元	12. 数/重量、包装数量及种类 1PC 500KGS 1CTN
13. 证明 　　　　上述货物业已报检/申报，请海关予以放行。 　　　　本通关单有效期至 2012 年 3 月 6 日 　　签字：丁毅　　　　　　　　　　　　日期：2011 年 12 月 6 日			
14. 备注			

思考与检测

一、单项选择题

1. 木质包装除害处理专用标识内的"XX"为 ISO 规定的（　　）国家编号。
　　A. 4 个字母　　　B. 3 个字母　　　C. 2 个字母　　　D. 1 个字母
2. 木质包装除害处理专用标识内的"000"为输出国家（　　）批准的木质包装生产企业编号。
　　A. 官方植物检疫机构　　　　　　B. 工商行政管理局
　　C. 出入境检验检疫局　　　　　　D. 海关
3. 木质包装除害处理专用标识内的"YY"为确认的（　　）方法。
　　A. 植物检疫管理　B. 海关管理　　C. 检疫除害处理　D. 生产管理方法
4. 木质包装除害处理专用标识内的"ZZ"为（　　）的代码。

A. 税务登记 B. 海关注册
C. 直属检验检疫局 D. 商委备案
5. 以下不属于责令其暂停直至取消标识加施资格的情形是（　　）。
   A. 未按照规定向检验检疫机构申报的
   B. 木质包装标识加施不符合规范要求的
   C. 木质包装除害处理、销售等情况不清的
   D. 未经有效除害处理加施标识的
6. 以下不属于责令其整改并暂停标识加施资格的情形是（　　）。
   A. 熏蒸处理设施、检测设备达不到要求的
   B. 在国外遭除害处理、销毁或者退货的
   C. 出现严重安全质量事故的
   D. 未经有效除害处理加施标识的
7. 来自松材线虫疫区国家针叶树木质包装的熏蒸时间最低不应少于（　　）。
   A. 12 小时　　　B. 24 小时　　　C. 36 小时　　　D. 48 小时
8. 国际植物保护公约组织的英语简称是（　　）。
   A. IPPC　　　B. IPP　　　C. IPC　　　D. PPC

二、多项选择题

1. 对于来自美国的货物带有木质包装的应实施检疫，这里所说的木质包装包括（　　）。
   A. 木桶　　　B. 木轴　　　C. 胶合板　　　D. 纤维板
2. 进境货物木质包装是指用于（　　）货物的木材料，但胶合板、纤维板等人造板材除外。
   A. 承载　　　B. 铺垫　　　C. 包装　　　D. 加固
3. 向（　　）出口货物带有木质包装的，需作检疫除害处理。
   A. 美国　　　B. 阿根廷　　　C. 巴西　　　D. 加拿大
4. 对我国不带木质包装的输出货物，但要求出口商出具无木质包装的声明的国家有（　　）。
   A. 美国　　　B. 日本　　　C. 加拿大　　　D. 澳大利亚
5. 木质包装检疫除害处理方法有（　　）。
   A. 热处理　　　B. 销毁　　　C. 除害处理　　　D. 溴甲烷熏蒸处理
6. 输入国家已采用木质包装检疫国际标准的，需办理报检的情形有（　　）。
   A. 要求出具植物检疫证书的　　　B. 要求出具卫生证书的
   C. 要求出具通关单的　　　D. 要求出具熏蒸消毒证书的

三、判断题

1. 木质包装除害处理专用标识必须使用红色,以示警示。　　　　　　（　　）
2. 木质包装除害处理专用标识喷刷在木质包装的正面的显著位置。　　（　　）
3. 获得标识加施资格的企业在除害处理时,无需向所在地检验检疫机构申报。
　　　　　　　　　　　　　　　　　　　　　　　　　　　　　　　（　　）
4. 所有的出境货物木质包装均须按照要求进行检疫处理并加施 IPPC 专用标识。
　　　　　　　　　　　　　　　　　　　　　　　　　　　　　　　（　　）
5. 输入国家已采用木质包装检疫国际标准的,检验检疫机构不对其进行抽查。
　　　　　　　　　　　　　　　　　　　　　　　　　　　　　　　（　　）
6. 检验检疫机构对木质包装实施检疫,对符合要求的,签发入境货物通关单。
　　　　　　　　　　　　　　　　　　　　　　　　　　　　　　　（　　）
7. 对承载加施 IPPC 专用标识的木质包装,检验检疫机构免于抽查。（　　）
8. 出入境检验检疫机构对输出国家木质包装标识企业实施分类管理。（　　）

四、流程示意题

根据出口货物木质包装报检程序填写下表:

步　骤	工作内容	有关单证
1		
2		
3		
4		

五、技能操作题

1. 操作资料

购货合同号:RT061177

受委托人:上海进出口公司(组织机构代码:3109876345)

企业住所:上海市黄兴路 100 号(邮编:200061)

联系人:夏天

电　话:021-56082266　　　　传真:021-56082265

受托人:上海利利报检公司(代理报检注册登记号:3101236345)

电　话:021-56082123　　　　传真:021-56082124

联系人:东田

商品名称:工具(商品编码:2548.1800)

检验检疫机构:上海出入境检验检疫局

数量单价：6PC Combination Spanner 1000 SET USD 10.00/ SET
　　　　　4PC Extra Long Hex Key Set 1000 SET USD 25.00/ SET
　　　　　CFR SHANGHAI
包　　装：每40套装1个木箱
支付方式：D/ P AT SIGHT
装运港：TOKYO JAPAN
目的港：SHANGHAI CHINA
装运期限：LATEST DATE OF SHIPMENT111010
提单编号：LIN091024
提单日期：2011年10月10日
报关口岸：吴淞海关
到岸日期：2011年10月23日
卸毕日期：2011年10月23日
运输工具名称：ZYDA V.0654
商品用途：自营内销
索赔有效期：1年
报检单位登记号：7512Q
贸易方式：一般贸易
货物存放地点：上海市大兴路232号
随附单据：合同、发票、装箱单、植物检疫证书、到货通知

2. 操作要求

请你以上海利利报检公司报检员的身份填写报检委托书和入境货物报检单。

(1) 报检委托书

代理报检委托书

编号：_____

_____出入境检验检疫局：

　　本委托人(备案号/组织机构代码_____)保证遵守国家有关检验检疫法律、法规的规定，保证所提供的委托报检事项真实、单货相符。否则，愿承担相关法律责任。具体委托情况如下：

　　本委托人将于_____年____月间进口/出口如下货物：

品　名		H.S.编码	
数(重)量		包装情况	
信用证/合同号		许可文件号	
进口货物收货单位及地址		进口货物提运单号	
其他特殊要求			

　　特委托_____(代理报检注册登记号_____)，代表本委托人办理上述货物的下列出入境检验检疫事宜：

□1.办理报检手续；
□2.代缴纳检验检疫费；
□3.联系和配合检验检疫机构实施检验检疫；
□4.领取检验检疫证单；
□5.其他与报检有关的相关事宜_____。

联系人：_____
联系电话：_____
本委托书有效期至_____年____月____日　　委托人(加盖公章)

　　　　　　　　　　　　　　　　　　　　　　　　　　　　年　月　日

受托人确认声明

本企业完全接受本委托书。保证履行以下职责：
1.对委托人提供的货物情况和单证的真实性、完整性进行核实；
2.根据检验检疫有关法律、法规规定办理上述货物的检验检疫事宜；
3.及时将办结检验检疫手续的有关委托内容的单证、文件移交委托人或其指定的人员；
4.如实告知委托人检验检疫部门对货物的后续检验检疫及监管要求。
如在委托事项中发生违法或违规行为，愿承担相关法律和行政责任。

联系人：_____
联系电话：_____　　　　　　　　受托人(加盖公章)

　　　　　　　　　　　　　　　　　　　　　　　　　　　　年　月　日

第一联：检验检疫机构留存

(2)入境货物报检单

中华人民共和国出入境检验检疫
入境货物报检单

报检单位(加盖公章):　　　　　　　　　　　　　　　　　　＊编号:_____

报检单位登记号:　　　联系人:　　　电话:　　　报检日期:

收货人	(中文)		企业性质(划"√")	□合资　□合作　□外资
	(外文)			
发货人	(中文)			
	(外文)			

货物名称(中/外文)	H.S.编码	原产国	数/重量	货物总值	包装种类及数量

运输工具名称号码		合同号	
贸易方式		贸易国别(地区)		提单/运单号	
到岸日期		起运国家(地区)		许可证/审批号	
卸毕日期		起运口岸		入境口岸	
索赔有效期至		经停口岸		目的地	
集装箱规格、数量及号码			
合同订立的特殊条款以及其他要求		货物存放地点	
		用　途	

随附单据(划"√"或补填)	标记及号码	＊外商投资财产(划"√")	□是 □否
□合同　　　　□到货通知		＊检验检疫费	
□发票　　　　□装箱单			
□提/运单　　　□质保书		总金额	
□兽医卫生证书　□理货清单		(人民币元)	
□植物检疫证书　□磅码单			
□动物检验证书　□验收报告		计费人	
□卫生证书			
□原产地证		收费人	
□许可/审批文件			

报检人郑重声明:	领取证单	
1.本人被授权报检。	日期	
2.上列填写内容正确属实。		
签名:_____	签名	

注:有"＊"号栏由出入境检验检疫机构填写　　　◆国家出入境检验检疫机构制

学习活动测评表

测评范围	评判标准	总分	自我评价
单项选择题	错1个扣2分	16	
多项选择题	错1个扣3分	18	
判断题	错1个扣2分	16	
流程示意题	错1个扣2分	20	
技能操作题	错1个扣2分	20	
案例分析	错1个扣2分	10	
合　计		100	

项目十 开展业务
——集装箱出入境报检

学习与考证目标
- 了解入境集装箱报检范围
- 熟悉出境集装箱报检范围
- 掌握出入境集装箱报检程序的规定
- 具备出入境集装箱报检工作的基本能力

项目背景

集装箱是进出口货物运输的重要载体,伴随着集装箱运输过程中的有害生物会从一国转入他国。为了加强进出境集装箱检验检疫管理工作,按照我国《进出口商品检验法》《进出境动植物检疫法》《国境卫生检疫法》《食品卫生法》及有关法律、法规的规定,对入境、出境和过境的集装箱实施卫生和动植物检验检疫。

学习情境一 办理出境集装箱报检

案例导入

近日,上海砂轮进出口公司向越南出口 15 万片砂轮片,拟装两个 20 英尺集装箱,向上海出入境检验检疫局办理集装箱及出口货物的报检手续,填写出/入境集装箱报检单,并及时向口岸出入境检验检疫机构办理报检手续。

> 思考:出境集装箱报检的范围、程序以及监督管理。

学习指南

一、出境集装箱报检范围

出境集装箱是指国际标准化组织所规定的集装箱,其报检范围如下:

1. 所有出境的集装箱

所有出境集装箱,包括出境和过境的实箱及空箱,其必须实施卫生检疫。

2. 装载动植物及产品的集装箱

装载动植物及其产品和其他检验检疫物的集装箱,应实施动植物检疫。

3. 装载易腐烂变质食品、冷冻品的集装箱

装运出口易腐烂变质食品、冷冻品的集装箱,应实施清洁、卫生、冷藏、密固等适载性检验。

4. 输入国要求实施检验检疫的集装箱

输入国要求实施检验检疫的集装箱,按要求实施检验检疫。

5. 法规、合同约定实施检验检疫的集装箱

法律、行政法规、国际条约规定或者贸易合同约定的其他应当实施检验检疫的集装箱,按有关规定、约定实施检验检疫。

二、出境集装箱的报检工作程序

集装箱出境前、出境时或过境时,承运人、货主或其代理人必须向检验检疫机构报检。

出境集装箱的报检程序流程如图10-1所示。

1. 出境集装箱报检时间

承运人、货主或其代理人在集装箱装货前应向所在地检验检疫机构报检。

2. 出境集装箱报检所需证单

承运人、货主或其代理人向检验检疫机构报检时,填写出/入境集装箱报检单(样例10-2),并提供相关单据向检验检疫机构办理报检手续。

3. 检验检疫机构受理报检

在出境口岸装载拼装货物的集装箱,由出境口岸检验检疫机构实施检验检疫。

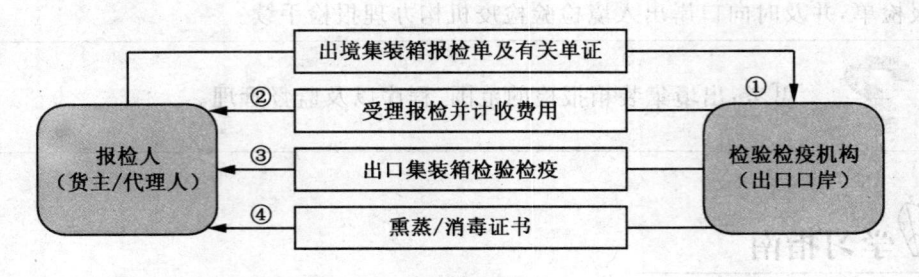

```
                出境集装箱报检单及有关单证
            ┌─────────────────────────────┐
            │                      ①↓     │
            │    ② 受理报检并计收费用      │
  报检人  ←─────────────────────────    检验检疫机构
 (货主/代理人) ③    出口集装箱检验检疫       (出口口岸)
            │                             │
            │    ④    熏蒸/消毒证书        │
```

图 10—1 出境集装箱报检流程

出境易腐烂变质食品的集装箱可在装运前进行预检,由预检人员填写"集装箱适载性检验预检记录"(样例 10—1)。检验检疫人员审核有关单证,确定抽查集装箱数和箱号,并填写"进出境集装箱抽查通知单"(样例 10—3),书面通知报检人。

样例 10—1　　　　集装箱适载性检验预检记录

编号:

申请人						
船名/航次			货 名			
目的地			检验日期	年　月　日　时　分		
检 验 项 目					结 果	
箱体、箱门完好,箱号清晰,安全铭牌齐全。						
箱体无有毒有害危险品标志;箱内清洁、卫生,无有毒有害残留物,且风雨密状况良好。						
未发现病媒生物。						
未发现活害虫及其他有害生物。						
冷藏集装箱温度达到要求。						
罐式集装箱前一次未装运过有毒、有害货物。						
集装箱数量	×20'		×40'		×45'	
规格	集装箱号	规格	集装箱号	规格	集装箱号	
备注	有效期为自预检之日起 21 天					
合计	标箱	检验地点		检验结果	□ 合格　□ 不合格	
预检人员郑重申明:上列填写内容正确属实。 (预检人员所在单位印章)				预检人员签名: 负责人签名:		

4. 检验检疫机构实施检验检疫

报检人接到通知后，将指定集装箱调至检验检疫场地，并及时联系检验检疫人员实施检验检疫。现场查验后，根据情况分别填写"集装箱适载性检验/抽查原始记录"（样例10—4）。对不符合适载性检验要求的集装箱，应经整理或通过调换集装箱等方式达到适载性检验要求。现场检验检疫主要根据集装箱所装载货物性质、是否来自疫区等情况实施以下查验：

(1) 开箱前检疫查验

开箱前，以目视方法核查集装箱箱号、封识号与报检单据是否一致，查看集装箱箱体是否完整、检查集装箱外表包括角件、叉车孔、地板下部等处是否带有软体动物（非洲大蜗牛）、种子、杂草籽、土壤等。

(2) 箱内检疫查验

①对实施过熏蒸处理的集装箱进行查验时，应先对箱内熏蒸气体浓度进行检测，发现熏蒸剂残留超过安全标准(5ppm)的，应立即关闭集装箱并移至安全地点进行通风散毒后，方可实施检疫，防止意外事故发生。

②开箱后，检查箱体、货物、包装、铺垫物、填充物等有无啮齿类动物、鼠咬痕、鼠粪、鼠迹等；检查货物空隙、货物表面有无飞行或附着的蚊、蝇、游离蚤、蜱、螨、蠊蟑等；箱内有无积水及可能孳生的蚊幼虫；检查箱内是否夹带旧服装、旧麻袋、旧塑料器具等废旧物品，是否夹带工业、生活垃圾等；开箱查验的同时检查有无动植物危险性病、虫、杂草、土壤、动物尸体、动植物残留物等。若发现上述疫情应及时采样，进行分类鉴定。

③对于可能被致病微生物污染的集装箱，应进行微生物检测。对于装载放射源、可能超过放射性豁免水平的矿产品以及其他法律法规、国际条约、贸易合同规定必须进行放射性检测货物的集装箱，应实施放射性检测。对于装载有毒有害化学物品或可能被有毒有害化学物品污染的集装箱，应进行化学污染检查。

(3) 适载性检验

装运出口易腐烂变质食品的集装箱的适载性检验工作具体按进出口用集装箱安全与卫生检验规程和进出口用冷藏集装箱安全与卫生检验规程进行。

5. 出口核查

检验检疫后，如需要实施卫生除害处理的，签发检验检疫处理通知书，完成处理后向报检人出具熏蒸/消毒证书。如不需要进行卫生除害处理，则出具集装箱检验检疫结果单。出境口岸检验检疫机构凭启运口岸检验检疫机构出具的"集装箱检验检疫结果单"（样例10—5）或熏蒸/消毒证书放行。法律、法规另有规定的除外。

> **相关连接** ➡ **新造集装箱的检验检疫**
>
> 1. 非木地板集装箱
> 对不使用木地板的新造集装箱,仅作为商品空箱出口时不实施检验检疫。
> 2. 木地板集装箱
> 新造木地板集装箱作为商品空箱出口时,按下列规定办理:
> (1)木地板为进口木地板,且进口时附有用澳大利亚检验检疫机构认可的标准做永久性免疫处理的证书,并经我检验检疫机构检验合格的,出口时可凭该证书放行。
> (2)木地板为国产木地板,且附有澳大利亚检验检疫机构认可的标准做永久性免疫处理的证书,出口时可凭该处理的证书放行。
> (3)进口木地板没有我检验检疫机构签发的合格证书,或使用国产木地板没有用澳大利亚检验检疫机构认可的标准做永久性免疫处理的,应实施出境动植物检验检疫。

三、出境集装箱检疫监督管理

1. 进出境集装箱卫生除害处理

进出境集装箱有下列情况之一的,应当作卫生除害处理:

(1)来自检疫传染病或监测传染病疫区的;

(2)被传染病污染的或可能传播检疫传染病的;

(3)携带有与人类健康有关的病媒昆虫或啮齿动物的;

(4)检疫发现有国家公布的一、二类动物传染病、寄生虫病名录及植物危险性病、虫、杂草名录中所列病虫害和对农、林、牧、渔业有严重危险的其他病虫害的,发现超过规定标准的一般性病虫害的;

(5)装载废旧物品或腐败变质有碍公共卫生物品的;

(6)装载尸体、棺柩、骨灰等特殊物品的;

(7)输入国家或地区要求作卫生除害处理的;

(8)国家法律、行政法规或国际条约规定必须作卫生除害处理的。

2. 过境集装箱检疫

过境集装箱经查验发现有可能中途撒漏造成污染的,报检人应按进境口岸检验检疫机构的要求,采取密封措施;无法采取密封措施的,不准过境。发现被污染或危险性病虫害的,应作卫生除害处理或不准过境。

相关连接

新造集装箱的检验检疫

1. 蒸熏

所谓蒸熏就是利用化学药品的燃烧、化学反应,生成有毒气体,在短时间内达到一定的浓度,来熏杀啮齿动物、媒介昆虫、有害微生物及动植物病虫等。常用的蒸熏剂有溴化甲烷、二氧化硫、氯化物、硫酰氟、环氧乙烷。

2. 消毒

常用消毒剂有过氧乙酸、福尔马林、次氯酸钠。

3. 杀虫

常用的杀虫剂有二氯苯醚菊酯、溴氢菊酯可湿性粉剂、气雾杀虫剂(喷雾弹)、环氧乙烷。

3. 监督管理

从事进出境集装箱清洗、卫生除害处理的单位须经检验检疫机构考核认可,接受检验检疫机构的指导和监督。检验检疫机构对装载法检商品的进出境集装箱实施监督管理,其包括查验集装箱封识、标志是否完好,箱体是否有损伤、变形、破口等。

案例分析

近日,宁波食品公司报检员小刘向宁波检验检疫局提交了一份"集装箱检验检疫结果单",以领取该批货物的通关单。该局工作人员发现"集装箱检验检疫结果单"上"拟装/装载货物"栏中的"脱水山药、脱水叉烧肉"字样有变造的嫌疑,遂立案调查。经调查表明,小刘先前从宁波检验检疫局领取了两份"集装箱检验检疫结果单",一份是拟出口到香港的"脱水叉烧肉",货值7 000多美元;另一份是准备出口的"脱水山药"。由于疏于保管,刘某在准备领取"脱水叉烧肉"这批货物的通关单时,却找不到与此对应的"集装箱检验检疫结果单",便在"脱水山药"对应的"集装箱检验检疫结果单"的拟装/装载货物一栏中打印的"脱水山药"后面自行打印上"脱水叉烧肉"的字样,企图蒙混过关,没想到被宁波检验检疫局工作人员识破。请分析,宁波检验检疫局将依据哪项法律、法规进行处理,如何处理?

实例操作

一、业务背景

上海砂轮进出口公司向越南出口15万片砂轮片,共计2 488箱,拟装两个20英尺集装箱,采用航空货物运输。上海砂轮进出口公司根据出入境检验检疫有关法律法规的规定,填写出/入境集装箱报检单,并随附有关报检资料向上海出入境检验检疫局办理集装箱及出口货物的报检。检验监管人员对载货的两个空集装箱进行检验检疫,核准后对该货实施全过程集装箱监装,然后对装箱完毕的集装箱进行 CIQ 标识签封、拍照后发往越南。

二、出境集装箱报检

1. 上海砂轮进出口公司填写出/入境集装箱报检单

样例 10—2　中华人民共和国出入境检验检疫出/入境集装箱报检单

报检单位(加盖公章): 上海砂轮进出口公司 报检专用章　　　*编号:_____

报检单位登记号:3108810908　联系人:蔡丽　电话:65785432　报检日期:2011 年 12 月 5 日

收货人	(中文)			
	(外文)HULI IMPORT & EXPORT CORPORATION			
发货人	(中文)上海砂轮进出口公司			
	(外文)SHANGHAI GRINDING WHEEL I/E CO.			
集装箱规格及数量	集装箱号码	拟装/装载货物名称	包装/铺垫物种类及数量	
2×20'	TEXU680410 TEXU680411	砂轮片	2 488 纸箱	
运输工具名称号码	TEX1786	起运/到达国家或地区	越南	
起运及经停地点	上海	装运/到货日期	2011.12.10	
提单/运单号	FU—3291	目的地	河内	
集装箱停放地点	上海市宝杨路 321 号	*检验检疫费		
拆/装箱地点	上海市宝山路 1257 号	总金额(人民币元)		
需要证单名称	☑ 集装箱检验检疫结果单 ☐ 熏蒸/消毒证书	计费人		
		收费人		
报检人郑重声明: 1.本人被授权报检。 2.上列填写内容正确属实。 　　　　　　签名: 蔡丽		领取证单		
		日期		
		签名		

注:1.有"*"号栏由出入境检验检疫机构填写;
   2.凡需要出入境货物通关单以及申请委托检验业务的,不适用于本单,一律填写出入境货物报检单。

2.上海出入境检验检疫机构发出抽查通知单

样例 10－3

进出境集装箱抽查通知单

企业名称:上海砂轮进出口公司　　　　　　　　　　报检号:3109874561

报检箱数:2 箱		航　次:V.309	船　名:TEX1786
重箱	废物原料箱	箱数: ×20' ×40' ×45'	拟抽检箱: （注:装运进口废物原料的集装箱按进口废物原料电子监管系统指定的箱号随同货物一并检验检疫,不再另行安排抽查。）		
	其他箱	箱数: ×20' ×40' ×45'	拟抽检箱: 1箱		
空箱		箱数: ×20' ×40' ×45'	拟抽检箱: 1箱		
请报检单位将上述集装箱调至指定检验检疫场地,并及时联系检验检疫机构人员实施检验检疫。				
检验检疫人员:丁琳		电话:65789654	日期:2011.12.6
备注:				

本通知单一式两份,检验检疫机构和报检人各执一份。

3.上海出入境检验检疫机构实施检验检疫

　　上海出入境检验检疫机构实施检验检疫后,根据结果填写下列"集装箱适载性检验/抽查原始记录"。

样例 10－4 集装箱适载性检验/抽查原始记录

编号:31045945001

报检单位	上海砂轮进出口公司	货 名	砂轮片
船名/航次	TEX1786/ V.309	目的地	河内
检验地点	上海市宝杨路 321 号	检验日期	2011.12.6

检验依据:《出入境集装箱检验检疫操作规程》(SN/T1102－2002)

检验检疫项目	结 果
箱体、箱门完好,箱号清晰,安全铭牌齐全。	合格
箱体无有毒危险品标志;箱内清洁、卫生,无有毒有害残留物。	合格
风雨密状况良好。	合格
未发现病媒生物。	合格
未发现活害虫及其他有害生物。	合格
冷藏集装箱温度达到要求。	
罐式集装箱前一次未装运过有毒、有害货物。	

集装箱数量	2×20'	×40'	×45'
规格	集装箱号	规格	集装箱号	规格	集装箱号
20'	TEXU680410 TEXU680411				
备注					
合 计	2 标箱	适载性检验/抽查结果评定:☑合格 □不合格			

检验/抽查人:董丽　　　　　　　　　　　　　　　复核人:夏立

上海出入境检验检疫机构根据"集装箱适载性检验/抽查原始记录"的内容签发"集装箱检验检疫结果单"。

样例 10-5

集装箱检验检疫结果单

No. 310456743

申请人	上海砂轮进出口公司				
船名/航次	TEX1786/ V.309		货　名		砂轮片
目的地	河内		检验日期		2011.12.6
检验结果			合格		
	检　验　项　目				结　果
箱体、箱门完好,箱号清晰,安全铭牌安全。					合格
箱体无有毒有害危险品标志;箱内清洁、卫生,无有毒有害残留物,且风雨密封状况良好。					合格
未发现病媒生物。					合格
未发现活害虫及其他有害生物。					合格
集装箱数量	2×20'		×40'		×45'
规格	集装箱号	规格	集装箱号	规格	集装箱号
20'	TEXU680410 TEXU680411				
以上集装箱符合验箱要求,申报无诈。					
		（盖章）	上海市出入境检验检疫局 检验检疫专用章		
验箱地点/日期	上海市宝杨路321号/2011.12.6		协检人员		王明
检验检疫审核人员	夏立		审核日期		2011.12.6

学习情境二　办理入境集装箱报检

案例导入

近日,上海依依服装进出口公司从日本青山服装贸易公司进口男式西服,采用集装箱运输。当进口货物到达后，填写出/入境集装箱报检单，并随附有关报检资料，向上海出入境检验检疫局办理入境集装箱报检手续。

> 思考：入境集装箱的范围、程序以及监督管理。

学习指南

一、入境集装箱报检范围

进境集装箱是指国际标准化组织所规定的集装箱，其进境前、进境时或过境时，承运人、货主或其代理人必须向检验检疫机构报检。报检范围如下：

1. 所有入境集装箱

所有入境集装箱，包括进境和过境的实箱及空箱，必须实施卫生检疫。

2. 来自动植物疫区集装箱

来自动植物疫区的，装载动植物、动植物产品和其他检验检疫物的，以及箱内带有植物性包装物或铺垫材料的集装箱，应实施动植物检疫。

3. 法规、合同约定实施检验检疫集装箱

法律、行政法规、国际条约规定或者贸易合同约定的其他应当实施检验检疫的集装箱，按有关规定、约定实施检验检疫。

二、入境集装箱报检工作程序

入境集装箱的报检流程如图 10－2 所示：

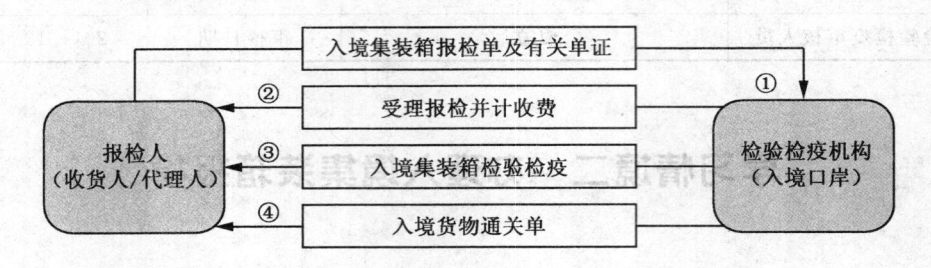

图 10－2 入境集装箱报检一般流程

1. 入境集装箱报检时间

入境集装箱的承运人、货主或其代理人应在办理海关手续前向入境口岸检验检疫机构报检,未经检验检疫机构许可,不得提运或拆箱。

2.入境集装箱报检所需证单

入境集装箱的承运人、货主或其代理人应填写出/入境集装箱报检单,随附到货通知单等有关单据。

3.检验检疫机构受理检疫

检验检疫机构受理进境集装箱报检后,对报检人提供的相关材料进行审核,并对集装箱实施检验检疫或作卫生除害处理,并根据情况分别填写"进境集装箱重箱检疫原始记录"(样例10-8)。如查验不合格的,扩大该批集装箱抽检比例继续查验,直至全部开箱查验。具体情形如下:

(1)法律规定入境口岸查验的集装箱

在入境口岸结关的以及国家有关法律法规规定必须在入境口岸查验的集装箱,由入境口岸检验检疫机构对集装箱及货物一同进行施检,检验检疫合格后出具"入境货物通关单"。如需实施卫生除害处理的,签发"检验检疫处理通知书"。完成处理后,向报检人出具"熏蒸/消毒证书"。

(2)指运地结关的集装箱

入境口岸检验检疫机构受理在指运地结关集装箱的报检后,检查集装箱外表(必要时进行卫生除害处理),办理调离和签封手续,并通知指运地检验检疫机构进行检验检疫。

(3)进口废物原料的集装箱

装运经国家批准进口的废物原料的集装箱,由入境口岸检验检疫机构实施检验检疫。经检验检疫符合国家环保标准的,签发"检验检疫情况通知单";不符合国家环保标准的,出具"检验检疫证书",并移交当地海关、环保部门处理。

过境应检集装箱,由进境口岸检验检疫机构实施查验,离境口岸检验检疫机构不再检验检疫。

4.检验检疫机构判定处置

(1)实施卫生除害处理

查验发现有下列情况之一的,需实施卫生除害处理:

①携带土壤的;②携带有医学媒介生物和其他医学生物的;③检疫发现有国家公布的一、二类动物传染病、寄生虫病名录及植物危险性病、虫杂草名录中所列有害生物和对农、林、牧、渔业有严重危害的其他有害生物的;④发现超过规定标准的一般性病虫害的;⑤携带动物尸体、动植物残留物;⑥载有腐败变质货物、食品的;⑦被传染病污染的。

(2)实施其他除害处理

①查验发现被有害化学物质污染的集装箱必须采取冲洗、擦拭、酸碱中和、稀释等有效清洁措施;②查验发现一般放射性超标的集装箱,在条件许可的情况下,可以

采取放置衰变法、表面去污法、净化处理法等进行防辐射处理。

(3) 实施销毁货物或集装箱连同货物退运处理

查验发现以下情况之一的视情节销毁货物或将集装箱连同货物整体退运：①非装运进口废物原料的集装箱夹带有废旧物品的；②严重超过放射性标准的且无法实施防辐射处理的货物的(不包括专用放射源)；③特殊物品包装泄漏或被污染的；④国家法律、行政法规针对具体情况有明确规定的。

案例分析

近日，上海检验检疫局浦江分局的检验检疫人员在现场查验一批来自美国装载钢材的共十个集装箱的二级马口铁时，发现其中一个集装箱的角落散落着少许黑色芝麻状颗粒。经检疫发现，该黑色颗粒包含十几个种类的植物种子，其中包括二类危险性有害生物菟丝子种子。请分析，检疫人员按规定如何对集装箱进行检疫处理？

实例操作

一、业务背景

上海依依服装进出口公司从日本青山服装贸易公司进口5 000套男式西服，采用集装箱运输。上海依依服装进出口公司收到到货通知后，填写出/入境集装箱报检单，随附购货确认书(略)、外国发票(略)、外国装箱单(略)等报检资料，向上海出入境检验检疫局办理入境集装箱报检手续。

二、入境集装箱报检

1. 上海依依进出口公司填写入境集装箱报检单

样例 10-6　　　　　　　中华人民共和国出入境检验检疫
　　　　　　　　　　　　　出/入境集装箱报检单

报检单位(加盖公章)：　[上海依依进出口公司 报检专用章]　　＊编号：_____

报检单位登记号：310212123　联系人：依依　电话：65213785　报检日期：2011 年 12 月 15 日

收货人	(中文)上海依依进出口公司
	(外文)SHANGHAI YIYI IMPORT & EXPORT CORPORATION
发货人	(中文)青山服装商社
	(外文)AOYAMA CLOTHES TRADE CORPORATION

集装箱规格及数量	集装箱号码	拟装/装载货物名称	包装/铺垫物种类及数量
1×40'	TEXU32680412	男式西服	

运输工具名称号码	TEXU4086	起运/到达国家或地区	中国
起运及经停地点	大阪	装运/到货日期	2011.12.04
提单/运单号	TX 4332	目的地	上海
集装箱停放地点	上海市淞沪路 121 号	＊检验检疫费	
拆/装箱地点	——	总金额(人民币元)	
需要证单名称	□ 集装箱检验检疫结果单 ☑ 熏蒸/消毒证书 □	计费人	
		收费人	

报检人郑重声明：	领取证单	
1. 本人被授权报检。 2. 上列填写内容正确属实。 　　　　　签名：__依依__	日期	
	签名	

注：1. 有"＊"号栏由出入境检验检疫机构填写。
　　2. 凡需要出入境货物通关单以及申请委托检验业务的，不适用于本单，一律填写出入境货物报检单。

　　2. 检验检疫机构实施检疫

　　上海口岸检验检疫机构对承载男式西服的集装箱发出下列抽查通知单，根据实施检疫的结果填写进境集装箱重箱检疫原始记录。上海口岸检验检疫机构在检验检疫过程中未发现任何医学媒介生物、有毒有害物质和其他残留物，于是签发"集装箱检验检疫结果单"，并在提货单上盖章放行。

样例 10-7

进出境集装箱抽查通知单

企业名称：上海依依进出口公司　　　　　　　　　　　　　　报检号：310987999

报检箱数：1 箱			航　次：V.230	船　名：TEXU4086
重箱	废物原料箱	箱数： ×20' ×40' ×45'	拟抽检箱： （注：装运进口废物原料的集装箱按进口废物原料电子监管系统指定的箱号随同货物一并检验检疫，不再另行安排抽查。）	
	其他箱	箱数： 1×20' ×40' ×45'	拟抽检箱： 1 箱	
空箱		箱数： ×20' ×40' ×45'	拟抽检箱：	
请报检单位将上述集装箱调至指定检验检疫场地，并及时联系检验检疫机构人员实施检验检疫。				
检验检疫人员：丁琳		电话：65789654		日期：2011.12.16
备注：				

本通知单一式两份，检验检疫机构和报检人各执一份。

样例 10-8

进境集装箱重箱检疫原始记录

报检号：3103454933

船名/航次：	TEXU4086/ V.230	提单号：	TX 4332
报检集装箱数：	1 箱	起运国家或地区：	日本
货物名称：	男式西服	收货人（代理）：	上海依依进出口公司

现场检疫	检出情况	时间：2011 年 12 月 16 日	地点：上海市淞沪路 121 号	抽查数量：1 箱
		1. 箱表携带土壤、杂草及其他有害生物； ☑ 无 □ 有			
		2. 啮齿动物及其痕迹、蚊、蝇、蟑螂等医学媒介生物； ☑ 无 □ 有			
		3. 夹带废旧物品、生活垃圾及其他有毒有害物质； ☑ 无 □ 有			
		4. 箱内土壤、杂草、动物尸体、动植物残留物等； ☑ 无 □ 有			
		5. 其他			

截获疫情	名称	学名（拉丁文）	死（活）	检出量	备注
	—	—	—	—	

检疫评定	☑ 经检疫合格，同意进境。 □ 经检疫处理，符合检验检疫要求，同意进境。 检疫员：理化　2011 年 12 月 16 日 审核人：田名　2011 年 12 月 16 日

样例 10-9

集装箱检验检疫结果单

No. 310456111

申请人	上海依依进出口公司				
船名/航次	TEXU4086/ V.230		货名	男式西服	
目的地	上海		检验日期	2011.12.16	
检验结果	合格				
检 验 项 目					结 果
箱体、箱门完好,箱号清晰,安全铭牌安全。					合格
箱体无有毒有害危险品标志;箱内清洁、卫生,无有毒有害残留物,且风雨密封状况良好。					合格
未发现病媒生物。					合格
未发现活害虫及其他有害生物。					合格
集装箱数量	20'		1×40'	×45'	
规格	集装箱号	规格	集装箱号	规格	集装箱号
		40'	TEXU32680412		

以上集装箱符合验箱要求,申报无诈。

（盖章） 上海出入境检验检疫局
检验检疫专用章

验箱地点/日期	上海市淞沪路121号/2011.12.16	协检人员	王小琳
检验检疫审核人员	田名	审核日期	2011.12.16

思考与检测

一、单项选择题

1. 承运人、货主或其代理人向检验检疫机构报检时,填写（　　）。
   A. 出境货物报检单　　　　　　　　B. 入境货物报检单
   C. 出/入境集装箱报检单　　　　　D. 出境集装箱报检单

2. 在出境口岸装载拼装货物的集装箱由（　　）检验检疫机构实施检验检疫。
   A. 口岸　　　　　B. 产地　　　　　C. 报关地　　　　　D. 工商注册地
3. 出境装载（　　）的集装箱可在装运前进行预检。
   A. 冷冻食品　　　　　　　　　　B. 快餐食品
   C. 易腐烂变质食品　　　　　　　D. A 与 B
4. 检验检疫机构在开箱前实施检疫查验,以下表述错误的是（　　）。
   A. 核查集装箱箱号　　　　　　　B. 核查封识号
   C. 进行微生物检测　　　　　　　D. 查看集装箱箱体
5. 检验检疫机构在出境集装箱实施卫生除害处理后向报检人出具（　　）。
   A. 熏蒸/消毒证书　　　　　　　B. 出境货物通关单
   C. 卫生证书　　　　　　　　　　D. 检验检疫证书
6. 检验检疫机构对出境集装箱实施检验检疫后向报检人出具（　　）。
   A. 熏蒸/消毒证书　　　　　　　B. 出境货物通关单
   C. 卫生证书　　　　　　　　　　D. 集装箱检验检疫结果单

二、多项选择题

1. 出境集装箱报检范围是（　　）。
   A. 出境实箱　　　B. 过境实箱　　　C. 出境空箱　　　D. 过境空箱
2. 出境集装箱报检范围是（　　）。
   A. 所有出境集装箱　　　　　　　B. 装载动植物及产品集装箱
   C. 装载易腐烂变质食品集装箱　　D. 装载冷冻品集装箱
3. 装运出口易腐烂变质食品、冷冻品的集装箱应实施（　　）等适载检验。
   A. 清洁　　　　　B. 卫生　　　　　C. 冷藏　　　　　D. 密固
4. 出境口岸检验检疫机构凭启运口岸检验检疫机构出具的（　　）放行。
   A. 熏蒸/消毒证书　　　　　　　B. 出境通关单
   C. 许可证书　　　　　　　　　　D. 集装箱检验检疫结果单
5. 进出境集装箱应当作卫生除害处理的情形有（　　）。
   A. 装载尸体、棺柩、骨灰等特殊物品的
   B. 装载腐败变质有碍公共卫生物品的
   C. 可能传播检疫传染病的
   D. 来自检疫传染病或监测传染病疫区的
6. 集装箱需实施卫生除害处理的情形有（　　）。
   A. 携带土壤的　　　　　　　　　B. 被传染病污染的
   C. 载有腐败变质货物的　　　　　D. 携带动物尸体的

三、判断题

1. 对不使用木地板的新造集装箱,仅作为商品空箱出口时也必须实施检验检疫。
（   ）

2. 入境口岸检验检疫机构对集装箱及货物一同进行施检,合格后出具入境货物通关单。
（   ）

3. 入境口岸检验检疫机构受理在指运地结关集装箱的报检后,检查集装箱外表。
（   ）

4. 过境应检集装箱由进境口岸检验检疫机构实施查验,离境时再次检验检疫。
（   ）

5. 特殊物品包装泄漏或被污染的集装箱实施卫生除害处理。（   ）

6. 非装运进口废物原料的集装箱夹带有废旧物品的,该货物作销毁处理。
（   ）

四、流程示意题

根据入境集装箱的报检程序填写下表:

步　骤	工作内容	有关单证
1		
2		
3		
4		

学习活动测评表

测评范围	评判标准	总分	自我评价
单项选择题	错1个扣3分	18	
多项选择题	错1个扣4分	24	
判断题	错1个扣3分	18	
流程示意题	错1个扣2分	20	
案例分析	错1个扣2分	20	
合　计		100	

项目十一 快捷放行
——检验检疫费用、证单、放行

学习与考证目标

- 了解检验检疫业务收费范围、标准及规定
- 熟悉检验检疫证单的种类及签发程序
- 掌握出入境检验检疫证单与通关放行的关系
- 具备出入境报检工作的基本能力

项目背景

依法收费是检验检疫机构的重要职责之一,依法缴费是出入境关系人的基本义务,缴费后获取证单是出入境关系人的基本权利。国家质检总局统一管理全国出入境检验检疫签证工作,各地的出入境检验检疫机构负责签证工作的实施。凡符合进出口货物检验检疫放行条件的,检验检疫局予以放行。

学习情境一 出入境检验检疫的收费

案例导入

进口商品的检验分为两种:一种是法定检验商品,必须接受商检机构的检验,其收费属于行政事业性收费;另一种是非法定检验商品,收货人如果有特殊需要,可由

商检机构进行检验,这项收费是商检机构的经营服务性收费。但是,某记者调查发现,企业报检同一批货物,不管是否属于法定检验商品,某出入境检验检疫局的报检大厅都会开出两张票据,其收费项目都笼统地写着"入境检验检疫费",分别盖的公章是某出入境检验检疫局和某出入境检验检疫局机关服务中心。经了解,该服务中心的经营范围并没有"入境检验检疫"这项服务,而收取的费用比法定收费还高,企业又没有得到相应的检验检疫服务。

> 思考:出入境检验检疫收费办法适用的范围、内容及规定。

学习指南

一、出入境检验检疫收费

1. 收费办法适用范围

出入境检验检疫费是指在进出口环节中由出入境检验检疫机构依法收取的检验检疫费用。其适用范围如下:

(1)各级检验检疫机构及其所属事业单位

各级检验检疫机构及其所属事业单位是指国家质检总局及其所属事业单位,各直属检验检疫局、分支检验检疫局、检验检疫办事处及其所属事业单位,包括事业单位下属从事检验检疫相关业务的企业。

(2)出入境关系人

即与出入境相关的货主及其代理人和其他相关单位、个人。货主及其代理人是指出入境货物的生产经营企业、收发货人、承运人,以及代理生产经营企业、承运人报检的单位、个人,包括具备代理报检资格的代理报检公司、货代公司、船代公司。与出入境检验检疫相关的单位、个人是指出入境交通工具负责人、出入境人员、组织办理出入境人员检验检疫手续单位、申请检验检疫机构考核注册的机构、委托检验检疫机构及其事业单位实施检验鉴定业务的单位和个人、经检验检疫机构资质认可从事与检验检疫相关特定业务的单位和个人、检验检疫机构授权承担检验检疫相关业务的单位和个人等。

2. 检验检疫业务收费范围

下列为法定检验检疫对象,检验检疫机构对其实施强制性检验检疫业务,并依据有关规定收取费用。

(1)出入境人员

出入境人员是指所有的出入境人员,含按规定实施传染病监测体检和预防接种的出入境人员。

(2)出入境货物

出入境货物是指列入《出入境检验检疫机构实施检验检疫的进出境商品目录》内的出入境货物,以及未列入该目录的,但国家有关法律、法规规定必须实施检验检疫的出入境货物。

(3)出入境运输工具

出入境运输工具是指所有的出入境交通工具,含船舶、航空器、列车、汽车和其他车辆。

(4)出入境集装箱

出入境集装箱是指所有的出入境集装箱。

(5)其他法定检验检疫物

其他法定检验检疫物是指除上述以外,检验检疫相关法律、法规、规章规定必须实施检验检疫的对象。

二、出入境检验检疫收费规定

1. 检验检疫业务收费规定

(1)按货值计算检验检疫费时的收费规定

收费标准中以货值为基础计费的(即为"率"),以出入境货物的贸易信用证、发票、合同所列货物总值或海关估价为基础计收。检验检疫机构采用货物总值的凭证种类顺序应依次为贸易信用证、发票、合同、海关完税价格。检验检疫费以人民币计算,不足最低收费标准的,按最低额收取,元以下为四舍五入计。

(2)按一批计算检验检疫费时的收费规定

检验检疫机构对出入境货物的计费以"一批"为一个计算单位。"一批"是指同一品名(H.S.编码相同)在同一时间(报检时间相同),以同一个运输工具,来自或运往同一地点,同一收货、发货人的货物。列车多车厢运输,满足以上条件的,按一批计;单一集装箱多种品名货物拼装,满足以上条件的,按一批计。

(3)关于同批货物涉及多项检验检疫业务计算方式的规定

检验检疫计算方式分为:检验检疫;数量、重量鉴定;包装鉴定;实验室检验;财产鉴定;安全监测;检疫处理。同批货物涉及多项检验检疫业务的,每项费用分别计算,累计收费。同批货物检验检疫费超过5 000元的,超过部分按80%计收。

(4)关于抽样检验的收费规定

检验检疫机构对法定检验检疫的出入境货物按照有关检验检疫操作规程或检验检疫条款规定抽样检验代表全批的,均按全批收费。

(5)关于品质检验和重量鉴定不同实施方式的收费规定

①货物品质检验费按不同品质检验方式计算。由检验检疫机构进行检验的,按收费标准的 100% 收取品质检验费,如为进料或来料加工出境货物品质的检验,按收费标准的 70% 计收;由检验检疫机构会同有关单位,如由生产企业、收货人共同进行检验的,按收费标准的 50% 收取品质检验费。

②货物重量鉴定费按不同鉴定方式计算。由检验检疫机构独立鉴重的,按收费标准的 100% 收取鉴重费;由检验检疫机构监督鉴重的,或利用其他单位的鉴定设备完成重量鉴定的,按收费标准的 50% 收取鉴重费。

(6)货物品质的其他收费规定

①对危险品、有毒有害货物的品质检验、重量鉴定、包装使用鉴定以及装载上述货物的运输工具装运条件的鉴定,按其收费标准加一倍计收。

②出入境贵稀金属单价每公斤超过 20 000 元的,超过部分免收品质检验费。

③同批货物同时实施品质检验与价值鉴定的,只计收财产鉴定费。财产鉴定费不属于货物检验检疫费的组成部分。

④出入境货物每批总值不足 2 000 元的,免收品质检验费、含数量或重量鉴定费、包装鉴定费,只收证书(单)工本费;涉及其他检验检疫业务的,如卫生检验、卫生检疫、动植物检疫等按规定收取相应费用。

(7)关于另收实验室检验项目、鉴定项目费的收费规定

有以下情况之一的,检验检疫机构另收实验室检验项目、鉴定项目费:

①收费标准中规定另行收取实验室检验项目、鉴定项目费的;

②外国政府或双(多)边协议或出入境关系人要求增加检验检疫操作规程以外的检验项目、鉴定项目的;

③法律、法规或国家质量监督检验检疫总局规章规定增加检验检疫操作规程以外检验项目、鉴定项目,且明确要求另行收费的。

(8)关于重新检验检疫的收费规定

检验检疫机构对已实施检验检疫的出入境法定检验检疫对象,因各种原因须重新报检并检验检疫的,按收费标准另行收取费用。其有下列三种情况:

①输入或前往国家(地区)更改检验检疫要求的

主要有两种情形:①出口货物或出境人员入境的国家(地区)更改了检验检疫要求;②更改入境国家(地区)后,其有不同检验检疫要求的。需要重新实施检验检疫的,另行收费,不需要重新实施检验检疫的,只收取签发证书(单)费。

②货物更换包装或拼装的

主要有货物更换包装、货物拼装、货物并批三种情况。需要重新实施检验检疫的,另行收费。

③超过检验检疫有效期或证书(单)报运出口期限的

出境人员或出口货物离境时,超过检验检疫有效期,需要重新实施检验检疫,另

行收费。如果超过证书(单)报运出口期限,未超过检验检疫有效期,仅更换证书(单),只收取签发证书(单)费。

④在口岸查验过程中,发现货证不符、批次混乱,需重新整理的

在口岸查验过程中,发现货证不符、批次混乱,需重新整理的,且重新检验检疫的,按收费标准另行收费。

(9)关于检验检疫不合格且重新加工整理的收费规定

经检验检疫机构检验检疫不合格并已签发不合格通知单的出口货物,按全额收取检验检疫费。经检验检疫机构同意对不合格货物重新加工整理,检验检疫机构减半收取检验检疫费,其仅适用于品质检验费。

(10)关于检验检疫机构委托其他检验单位检验的收费规定

检验检疫机构委托经质检总局资质认可的检验机构或其他检测单位对法定检验检疫对象实施检验的,检验检疫机构支付其检验费,再按收费标准向出入境关系人收取。

(11)关于检验检疫机构凭其他检验单位检验结果出证的收费规定

法律、行政法规规定出入境货物由有关检验单位实施检验,检验检疫机构凭检验结果出证的,检验检疫机构只收取签发证(单)工本费,不收取检验费等其他任何费用。

(12)关于出境货物产地检验检疫后口岸检验检疫机构签证放行的收费规定

口岸检验检疫机构凭产地检验检疫机构签发的换证凭单查验换证的,只收取签发证(单)工本费,不收取查验费等其他任何费用。

(13)关于过境动植物、动植物产品的收费规定

入境口岸检验检疫机构只对过境植物、动植物产品的运输工具和包装物实施检疫,按规定收取运输工具和包装物检验检疫费。根据有关法律、行政法规规定,需对植物、动植物产品抽样检疫的,按收费标准收费。过境动物的检疫按照动物检疫收费项目标准收取检疫费。

(14)关于食品及食品加工设备卫生检验的收费规定

检验检疫机构对进口食品,食品添加剂,食品容器,包装材料,食品用工具、设备,用于食品和食品用工具设备的洗涤剂、消毒剂等,实施卫生监督检验的,按收费标准收取卫生检验费用。进口食品单一品种在100吨以下和非单一品种在500吨以下的,按小批量食品收费标准计收。

(15)关于小额边境贸易检验检疫的收费规定

边境口岸每批次价值在人民币10万元以下(含10万元)的小额边境贸易检验检疫收费,按收费标准的70%计收;每批次价值在人民币5万元以下(含5万元)的小额边贸易检验检疫收费,按收费标准的50%计收。

2.其他有关检验检疫收费的规定

(1)关于撤销检验检疫的收费规定

出入境关系人因故撤销检验检疫时,检验检疫机构未实施检验检疫的,不得收费;已实施检验检疫的,按收费标准的100%计收。因检验检疫机构责任撤销检验检疫的,不得收费。

(2)关于检验检疫费用缴纳期限和滞纳金收取办法的规定

出入境关系人应按照有关法律、法规和收费标准按时足额缴纳检验检疫费用。自检验检疫机构开具收费通知单之日起20日内,出入境关系人应缴清全部费用,逾期未缴的,自第21日起,每日加收未缴纳部分5‰的滞纳金。出入境关系人对检验检疫费有异议而造成逾期缴纳的,滞纳金计收方法同上。

(3)关于检验检疫收费许可证和票据的规定

检验检疫机构应严格按照收费标准收费,按规定到指定的价格主管部门办理收费许可证,出具财政部规定使用的票据。

(4)关于检验检疫机构收费监督的规定

检验检疫机构应公开收费项目和收费标准,接受价格、财政部门的检查监督,不得擅自增加或减少收费项目,不得擅自提高或降低收费标准,不得重复收费。

3.出入境检验检疫收费标准

出入境检验检疫收费标准由三部分内容构成:

(1)出入境检验检疫收费标准

出入境检验检疫收费标准部分内容

编号	名 称	计费单位	收费标准	最低费额	备 注
一	货物及运输工具检验检疫费				
(一)	货物检验检疫费			60元	
1	品质检验	货物总值	1.5‰		含出口危险货物小型气体容器包装检验。
2	食品及其加工设备卫生检	货物总值	1.2‰		小批量食品按货物总值的4‰收费。
(二)	运输工具检验检疫费				
1	检疫				
(1)	船舶(包括废旧船和修理船)				客轮加收50%。
a	10 001总吨以上	艘次	330		
b	5 001～10 000总吨	艘次	260		
(2)	飞机				
a	起飞重量100吨以上	架次	50		

（2）出入境检验检疫有关检疫处理等业务收费标准

出入境检验检疫有关检疫处理等业务收费标准部分内容

编号	名称	计费单位	收费标准	最低费额	备注
一	检疫处理费				
（一）	运输（装载）工具检疫处理				药品按实另行收费。
1	船舶				客轮加收50%。
（1）	一般检疫处理				
a	一般船舶	每总吨	0.05	200元	
（2）	熏蒸检疫处理	每总吨	0.6		
2	飞机				
（1）	起飞重量201吨以上	架次	400		
（2）	101~200吨	架次	300		
3	火车	车厢次	80		
4	汽车				8吨以上加一倍收费。
（1）	汽车消毒	辆次	20		
5	集装箱	标箱次	20		箱体熏蒸按每标箱40元收费。
（二）	货物检疫处理				
1	一般检疫处理				
（1）	货物	吨	3		

（3）出入境检验检疫有关实验室检验项目、鉴定项目收费标准

出入境检验检疫有关实验室检验项目、鉴定项目收费标准部分内容

编号	名称	计费单位	收费标准（元）	备注
一	动植物实验室检验项目收费			
（一）	动物试验			其他动物试验按实耗收费。
1	玻片凝集反应	每头份	4	
2	试管凝集反应	每头份	6	
3	琼脂扩散试验	每头份	6	
4	补体结合试验	每头份	13	
5	间接血凝（抑制）实验	每头份	6	

学习情境二 出入境检验检疫证单与通关

案例导入

国家质检总局接到日本有关方面的通报,称我国某地厂商出口的冷冻饺子外包装上检测到的微量敌敌畏。对此,国家质检总局与当地出入境检验检疫局先后对企业留存的饺子样品以及相邻11天的产品留样都进行了检测,全部样品都没有检测出甲胺磷。与此同时,对生产加工、运输和口岸通关等环节进行调查,也无发现存在异常问题。该地出入境检验检疫局说:"经过实地调查,检验检疫机构和海关根据规定采取的是"验证放行"的方式给予通关,也就是不开箱检验的方式,装载货物的集装箱的箱体、箱门和铅封完好无损。事后,日本方面承认中国产冷冻饺子外包装上检测到的微量敌敌畏,已基本确定是来自日本销售方店内使用的杀虫剂所污染。

思考:检验检疫证单的种类及适用的范围、签发程序及作用。

学习指南

一、检验检疫证单的种类与适用

1. 证书类

(1)出境货物检验检疫类

格式/编号	证单名称及适用范围	规定签发人	签字范围
C1—1	检验证书:适用于出境货物的品质、规格、数量、重量、包装等检验项目,证书具体名称根据需要打印。	授权签字人	检验类 鉴定类
C1—2—1	生丝品级及公量证书:用于证明丝类品级及公量。	授权签字人	检验类
C1—2—2	捻线丝品级及公量证书:用于证明捻线丝品级及公量。	授权签字人	检验类
C1—2—3	绢丝品质证书:用于证明绢丝品质。	授权签字人	检验类
C1—2—4	双宫丝品级及公量证书:用于双宫丝品级及公量。	授权签字人	检验类

续表

格式/编号	证单名称及适用范围	规定签发人	签字范围
C1-2-5	初级加工丝品质及重量证书:用于证明初级加工丝品质及重量。	授权签字人	检验类
C1-2-6	柞蚕丝品质及公量证书:用于证明柞蚕丝品质及公量。	授权签字人	检验类

（2）出境货物卫生类

格式/编号	证单名称及适用范围	规定签发人	签字范围
C2-1	卫生证书:用于经检验符合卫生要求的出境食品以及其他需要实施卫生检验的货物。	授权签字人	卫生类 食品类
C2-2	健康证书:用于食品加工的化工产品、纺织品、轻工品等与人、畜健康有关的出境货物。	授权签字人	卫生类 食品类

（3）出境兽医类

格式/编号	证单名称及适用范围	规定签发人	签字范围
C3-1	兽医（卫生）证书:用于符合检疫要求的出境动物产品。	官方兽医	兽医类
C3-2-1	兽医卫生证书:用于输往俄罗斯的牛肉。	官方兽医	兽医类
C3-2-2	兽医卫生证书:用于输往俄罗斯的猪肉。	官方兽医	兽医类
C3-2-3	兽医卫生证书:用于输往俄罗斯的动物性原料,如皮革、羊毛等。	官方兽医	兽医类

（4）出境动物检疫类

格式/编号	证单名称及适用范围	规定签发人	签字范围
C4-1	动物卫生证书:适用符合各类检疫要求的出境动物。	官方兽医	动物检疫类

（5）出境植物检疫类

格式/编号	证单名称及适用范围	规定签发人	签字范围
C5-1	植物检疫证书:用于符合各类检疫要求的出境植物、植物产品以及其他检疫物。	授权签字人	植物检疫类
C5-2	植物转口检疫证书:用于从输出方经中国转口到第三方符合各类检疫要求的出境植物、植物产品以及其他检疫物。	授权签字人	植物检疫类

（6）运输工具检疫类

格式/编号	证单名称及适用范围	规定签发人	签字范围
C6－1	船舶入境卫生检疫证：用于没有染疫的或不需要实施卫生处理的入境船舶。	检疫医师	运输工具类
C6－2	船舶入境检疫证：用于入境卫生检疫时，需实施某种卫生处理或离开本港后应继续接受某种卫生处理的船舶。	检疫医师	运输工具类
C6－3	交通工具卫生证书：用于申请电讯卫生检疫的交通工具，包括船舶、飞机、火车等。	检疫医师	运输工具类
C6－4	交通工具出境卫生检疫证书：用于出境运输工具卫生检疫。	检疫医师	运输工具类
C6－5	除鼠证书/免予除鼠证书：前者用于船舶实施鼠患检查后发现鼠患并进行除鼠；后者用于船舶实施鼠患检查后，未发现鼠患。	授权签字人	运输工具类
C6－6	运输工具检疫证书：用于经动植物检疫合格的运输工具，经卫生检疫合格的入境运输工具，但入境船舶用 C6－1 或 C6－2。	授权签字人	运输工具类

(7) 检疫处理类

格式/编号	证单名称及适用范围	规定签发人	签字范围
C7－1	熏蒸/消毒证书：用于经检验检疫处理的出入境货物、动植物及其产品、包装材料、废旧物品以及装载容器等。	授权签字人	检疫处理类
C7－2	运输工具检疫处理证书：用于对出入境运输工具熏蒸、消毒、除虫及员工与旅客用食品、饮用水、垃圾、污水等检疫处理。	授权签字人	检疫处理类

(8) 国际旅行健康类

格式/编号	证单名称及适用范围	规定签发人	签字范围
C8－1	国际旅行健康证书：用于对出入境旅客的健康证明。	医师	人员检疫类
C8－2	国际预防接种证书：用于对国际旅行人员的预防接种。	施种人	人员检疫类

(9) 入境货物检验检疫类

格式/编号	证单名称及适用范围	规定签发人	签字范围
C9－1	检验证书：用于检验不合格须索赔的入境货物或报检人要求或交接、结汇、结算要求的证书，具体名称根据需要打印。	授权签字人	检验类 鉴定类
C9－2	卫生证书：用于经卫生检验合格的入境食品、食品添加剂等或卫生检验不合格须索赔的入境食品、食品添加剂等。	授权签字人	卫生类 食品类

续表

格式/编号	证单名称及适用范围	规定签发人	签字范围
C9—3	兽医卫生证书:用于经检疫不符合要求的入境动物产品。	官方兽医	兽医类
C9—4	动物检疫证书:适用经检疫不符合要求的入境动物。	官方兽医	动物检疫类
C9—5	植物检疫证书:用于经检疫不符合要求的入境植物、植物产品以及木质包装物、植物性废弃物、土壤、菌种等其他物品。	授权签字人	植物检疫类
Ce—1	空白证书:用于规定格式以外的品质检验、鉴定等证书,如品质证书、数/重量证书、外商投资财产价值鉴定证书等。	授权签字人	检验类 鉴定类
Ce—2	空白证书:用于规定格式以外的涉及卫生检疫、食品卫生检验、动植物检疫等的证书,如卫生证、健康证、兽医证、农残证、放射证、尸体/棺柩/骸骨/骨灰入/出境许可证、延期证书等。	证书内容定	动植检疫类 食品检疫类 卫生类
Ce—3	空白证书:用于需要正反面打印的证书,如输欧盟水产品和肠衣的卫生证书。	证书内容定	兽医类 卫生类
C0—0	证书续页:用于多页的情况。	证书内容定	兽医类 卫生类

2.凭单类

(1)申请单类

格式/编号	证单名称及适用范围	规定签发人	签字范围
B1—1	入境货物报检单:用于入境货物、包装铺垫材料、集装箱等及外商投资财产鉴定的申报。	报检签字人	申请类
B1—2	出境货物报检单:用于出境货物、包装铺垫材料、集装箱等申报。	报检签字人	申请类
B1—3	出境货物运输包装检验申请单:用于申请法检出境货物运输包装性能检验和危险货物包装的使用鉴定。	报检签字人	申请类
B1—4	航海健康申报书:用于出入境船舶船方向口岸检验检疫机构提供的书面报告。	报检签字人	申请类
B1—5	船舶鼠患检查申请书:用于出入境船舶鼠患检查申请。	报检签字人	申请类
B1—6	入境检疫申明卡:用于入境旅客健康申明和携带物申报。	报检签字人	申请类
B1—7	预防接种申请书:适用预防接种的申请。	报检签字人	申请类
B1—8	更改申请书:用于报检人申请更改、补充或重发证书以及撤销报检等。	报检签字人	申请类
B1—9	出入境集装箱报检单:用于出入境空箱和装载非法检货物的集装箱检验检疫的申报(装载法检商品的集装箱使用编号1—1或1—2报检单与货物一并申报)。	报检签字人	申请类

(2)通关类

格式/编号	证单名称及适用范围	规定签发人	签字范围
B2-1-1	入境货物通关单(一式两联):用于在本地报关并实施检验检疫的入境货物的通关,包括调离海关监管区。	检务签字人	通关类
B2-1-2	入境货物通关单(一式四联):用于在本地报关,但异地检验检疫的入境货物的通关,包括调离海关监管区。	检务签字人	通关类
B2-2	出境货物通关单(一式两联):用于国家法律法规、行政法规规定必须经检验检疫合格的出境货物的通关。	检务签字人	通关类

(3)结果单类

格式/编号	证单名称及适用范围	规定签发人	签字范围
B3-1	进口车辆随车检验单:用于进口机动车辆的检验,一车一单签发。	检验经办人	检验类
B3-2	出境货物运输包装性能检验结果单:用于经检验合格的出境货物包装性能检验。	授权签字人	检验类
B3-3	出境危险货物运输包装使用鉴定结果单:用于证明包装容器适合装载出境危险货物。	授权签字人	检验、鉴定类
B3-4	集装箱检验检疫结果单:适用装运出口易腐烂变质食品、冷冻品集装箱的适载检验;装载其他法检商品集装箱的检验;出入境集装箱的卫生检疫和动植物检疫。	检验检疫经办人	检验检疫类
B3-5	放射监测/处理报告单:用于对放射性物质实施监测或处理。	检疫医师	检疫类

(4)通知单类

格式/编号	证单名称及适用范围	规定签发人	签字范围
B4-1	入境货物检验检疫情况通知单:用于入境货物分港卸货或集中卸货分拨数地的检验检疫(仅限于检验检疫系统内部使用)。	检验检疫经办人	检验检疫类
B4-2	检验检疫处理通知书:用于对运输工具(含饮用水、垃圾等)、集装箱、货物、废旧物品、食品的检疫处理以及放射性检测;入境废物原料经查验不符合环保要求,需退货处理或需进行检疫处理;入境食品经检验检疫不合格,需进行检验检疫处理。	授权签字人	检验检疫类
B4-3	出境货物不合格通知单:用于经检验检疫不合格的出境货物、包装等。	授权签字人	检验类

(5)凭证类

格式/编号	证单名称及适用范围	规定签发人	签字范围
B5－1	入境货物检验检疫证明：用于经检验检疫合格的法检入境货物，但入境食品经检验合格的，暂用C9－2"卫生证书"。	检验检疫经办人	检验检疫类
B5－2	进口机动车辆检验证明：用于进口机动车辆换领行车牌证。	检验经办人	检验类
B5－3	出境货物换证凭单：用于对未正式成交的经预检符合要求的货物；产地检验检疫合格的并在口岸查验换证的货物；经检验检疫合格，在异地报关的货物。	授权签字人	检验检疫类
B5－4	抽/采样凭单：用于检验检疫机构抽取/采集样品时给对方出具的凭证。	授权签字人	检验检疫类
B5－5	出入境人员携带物留检/处理凭证：用于出入境旅客携带动植物及其产品的留检或没收处理。	检疫官	检疫类
B5－6	国际旅行人员留验/隔离证明：用于对染疫人签发隔离证书；对染疫嫌疑人签发留验证书。	医师	人员检疫类
B5－7	境外人员体格检查记录验证证明：用于对外籍人士、港澳台人员、华侨和非居住在中国境内的中国公民在境外经体检后所出具的体检记录的验证，合格者签发此证。	医师	人员检疫类
B5－8	预防接种禁忌证明：用于出入境人员需实施预防接种而本人又患有不适于预防接种之禁忌症者。	医师	人员检疫类

3. 监管类

（1）动植物检疫审批类

格式/编号	证单名称及适用范围	规定签发人	签字范围
B0－1	中华人民共和国进境动植物检疫许可证：用于动物、动物产品及动物遗传物质；水果、土壤、栽培介质、烟叶、谷物、豆类及其饲料；因科学研究等特殊需要引进的植物微生物、昆虫、螨类、软体动物及其转基因生物材料、禁止入境的植物繁殖材料的审批。	检验检疫经办人	检验检疫类

（2）口岸卫生监督类

格式/编号	证单名称及适用范围	规定签发人	签字范围
B0－2	中华人民共和国国境口岸储存场地卫生许可证：用于储存国境口岸出入境货物的场所（冷库、保税仓库等）的卫生许可。	检验经办人	检验类
B0－3	中华人民共和国国境口岸服务行业卫生许可证：用于签发给国境口岸宾馆、餐厅、小卖部、公共场所等服务行业经营单位，作为准予营业的凭证。	授权签字人	检验检疫类
B0－4	健康证明书：用于国境口岸和交通工具从事饮食、饮用水工作人员以及国境口岸公共场所服务人员的健康证明。	检疫官	人员检疫类

(3) 卫生检疫类

格式/编号	证单名称及适用范围	规定签发人	签字范围
B0—2	入/出境特殊物品卫生检疫审批单：用于对微生物、人体组织、生物制品、血液及其制品等特殊物品审批后出具的许可证明。	检验经办人	检验类
B0—7	艾滋病检验报告单：用于经采血样做艾滋病检验后签发的报告单	检验师（医师）	人员检疫类
B0—8	国际旅行人员健康检查记录：用于出入境人员传染病监测体检的结果记录。	检验师（医师）	人员检疫类
B0—9	国境口岸及入/出境交通工具食品饮用水从业人员体检表：用于国境口岸公共场所和出入境交通工具食品饮用水从业人员实施体格检查的结果记录。	检验师（医师）	人员检疫类
B0—11	出入境人员传染病报告卡：用于出入境人员传染病监测中发现疫情时进行上报。	检验师（医师）	人员检疫类

二、检验检疫证单的法律效用

检验检疫证单的法律效力由检验检疫机构的法律地位所决定。检验检疫机构根据我国法律规定行使出入境检验检疫行政职能，按照我国法律法规、国际惯例、国际条约、国际贸易合同等有关规定，依法从事出入境检验检疫工作并据此签发证单。由此而见，检验检疫证单必将产生明显的法律效用。其主要体现在以下几个方面：

1. 检验检疫机构代表国家履行国际义务的重要手段

当今，世界经济呈现一体化发展趋势，国与国之间的经济文化交往日益频繁，为保护各国的安全、卫生、健康和环保，有关国际组织在检验检疫方面制定了许多国际法则、国际公约与国际惯例。如国际兽医局（OIE）制定的《国际动物卫生法典》、国际植物保护公约组织（IPPC）制定的《国际植保公约》、《濒危野生动植物种国际贸易公约》等，已被世界各国接受和遵守。检验检疫机构据此签发的检验检疫证单，如兽医卫生证书、卫生证书、动物卫生证书、植物检疫证书、交通工具卫生检疫证书、国际旅行健康证书、国际预防接种证书等，是代表国家履行国际义务职责。

2. 出入境货物通关的重要依据

检验检疫证单作为出入境货物通关的重要依据，其表现如下：

（1）凡列入《出入境检验检疫机构实施检验检疫的进出口商品目录》范围内的进出口货物（包括转关运输货物），海关一律凭货物报关地出入境检验检疫机构签发的《入境货物通关单》或《出境货物通关单》验放。

（2）未列入《出入境检验检疫机构实施检验检疫的进出口商品目录》范围的进出口货物，国家法律、法规另有规定须实施检验检疫的，海关亦凭检验检疫机构签发的

《入境货物通关单》或《出境货物通关单》验放。

(3)有些出境货物，尤其是涉及社会公益、安全、卫生、检疫、环保等方面的货物，入境国家海关根据其国家法令或政府规定要求，凭检验检疫机构签发的证单，如品质证书、兽医证书、健康卫生证书、熏蒸消毒证书等作为通关验放的重要依据。

3. 海关征收和减免关税的主要凭证

检验检疫证单作为海关征收和减免关税的主要凭证体现为下列三个方面：

(1)有些国家海关凭商业发票和依据检验检疫证单上的检验检疫结果作为征收进出境货物关税，有的海关还委托检验检疫机构对货物的品种、质量成分等进行鉴定，以检验检疫证单作为把关或计收关税的主要凭证。

(2)对到货后因发货人责任造成的残损、短缺或品质等问题的入境货物，发生换货、退货或赔偿等现象时往往涉及免征关税或退税，检验检疫机构签发的证书可作为通关免税或者退税的主要凭证。

(3)检验检疫机构签发的产地证书是进口国海关征收或减免关税的有效凭证。一般产地证是享受最惠国税率的有效凭证，普惠制产地证是享受给惠国减免关税的主要凭证。

4. 履行交接、进口国准入的必要证件

检验检疫证单作为履行交接、进口国准入的必要证件，其表现如下：

(1)在国际贸易中，大多凭证单进行交易，为确保所交易的货物符合合约规定，需要官方检验检疫机构签发各种检验检疫证书作为交接的一个必要证件。

(2)在国际贸易中，多数国家为保护本国的利益，制定相关的入境许可条例，如凭检验检疫出具的卫生证书、木质包装熏蒸证书、植物检疫证书、兽医证书等方可入境。因此，进口国海关将凭出口商提供规定的检验检疫证书作为入境的必要证件。

5. 结算或议付货款的有效凭证

在国际贸易合同或信用证检验检疫条款中，通常规定以检验检疫证书中所列的货物品质、规格、成分、公量等检验检疫结果来判断买卖双方是否按合同规定履约，并将检验检疫证书作为结算或议付的凭证。因此，卖方在结算或议付货款时必须向银行提交合同、信用证所规定的检验检疫证书由其审核，否则会遭致银行拒付。

6. 办理索赔、仲裁及诉讼的法律依据

在进出口业务活动中，承运人或其他贸易关系人获取的检验检疫证单，都是一份明确责任范围的证明文件。在发生商务纠纷或争议时，检验检疫机构签发的证单是证明事实状态，明确责任归属的重要法律文件。有关当事人可凭检验检疫机构签发的检验证单向责任人提出索赔，作为仲裁或诉讼时举证的重要法律依据。

7. 办理验资的有效证明文件

在外商投资企业及各种对外补偿贸易方式中，境外投资者以实物作价投资的，或用投资资金从境外购买的财产，对此检验检疫机构办理外商投资财产鉴定工作，按规定出具价值鉴定证书,证明投资各方投入财产价值量。各地会计师事务所凭检验检疫机构的价值鉴定证书办理外商投资财产的验资工作。

三、出入境检验检疫证单的签发程序

出入境检验检疫证单的签发程序一般包括受理报检或申报、审单、计费、收费、拟制与审签证稿、缮制与审校证单、签发证单、归档等环节,其中由检务部门负责统一管理,财务部门负责收费,施检部门负责拟制与审签证稿。

出入境检验检疫证单签发程序及内容如表11－1所示。

表11－1　　　　　　　　出入境检验检疫证单签发程序及内容

环节	内容
报检/申报 （报检单位）	报检人应按有关法律、法规的规定向检验检疫机构报检或申报,受理报检人员则按出入境检验检疫报检规定的要求核查报检人的报检资格。受理入境流向货物检验申请时,须凭电子转单信息受理报检,特殊原因除外,但须在报检的"特殊要求"栏内注明入境货物通关单号。
审核单据 （检务部门）	受理报检人员应对报检单据是否齐全和符合要求,索赔或出运是否超过有效期等进行核准。查验换证申请时,必须是出境货物换证凭条或注明"一般报检"的"出境货物换证凭单"正本。对信用等级高且具备电子方式传输随附单证条件的报检人,经检验检疫机构批准,可凭电子形式的随附单证受理报检。采用电子审单的,应结合电子审单指令对报检单及随附单证进行审核。上述操作无误后,方可受理报检。
计费/收费 （财务部门）	计费人员应按"出入境检验检疫收费办法"等有关规定进行计费,并核实业务系统的计费结果,如与应收费用不符则人工更正。收取检验检疫费后出具规定使用的票据。有条件的,可采用电子缴费方式收费。
拟制审签证稿 （施检部门）	出入境货物经检验检疫合格的,由施检人员拟制检验检疫证稿,部门审核人员审签;不合格的或签发索赔证书的,由部门负责人员审签。特殊情况的,由施检部门报分管局领导核定,并由施检部门核准并根据需要拟制证稿。涉及品质检验的证稿应包括抽(采)样情况、检验依据、检验结果和评定意见等内容。证稿应符合进口国对证书内容的要求及国际贸易通行的做法。
缮制审校证稿 （检务部门）	检务部门应按规定和证稿内容缮制与审校证单,检验检疫证单编号必须与报检单编号一致,同一批货物分批出具同一种证书的,在原编号后加－1、－2……以示区别。一份证书涉及多个施检部门的,由主施检部门拟制证稿并组织会签。现场签证的,经施检、检务部门负责人和分管局领导同意,施检人员可直接签发证单,但应补办核签手续。
签发证证单 （检务部门）	缮制证单人员不得同时承担签发证单工作。证单实行手签制,分别由兽医官、授权检疫官、检疫医师、医师、授权签字人等签名后签发。对外签发证单应盖中英文签证印章,两页以上的证单应在前页证书编号处与后页的左上角之间加盖骑缝章。检验检疫证书的正本对外签发,向报检人提供二份副本,检验检疫机构留存一份副本。电子证单及其签证信息与纸质证单等效。国外官方机构对签字人有备案要求的,由备案签字人签发。国外对检验检疫证书有备案要求的,由国家质检总局统一办理。

四、出入境检验检疫证单的管理

1. 代签和汇总签证
(1)代签
对产地检验检疫口岸查验换证的出境货物,应由报检人申请,需要在口岸更改或补充原证单的内容的,口岸检验检疫机构可凭产地检验检疫机构书面委托予以办理。
(2)汇总签证
入境货物一批到货分拨数地的,由口岸检验检疫机构出证。特殊情况不能在口岸进行整批检验检疫的,可办理异地检验检疫手续,并由口岸检验检疫机构汇总有关检验检疫机构出具的检验检疫结果出证;口岸无到货的,由到货最多地的检验检疫机构汇总出证,如需口岸检验检疫机构出证的,应由该口岸检验检疫机构负责组织落实检验检疫和出证工作。
入境货物发生品质、重量或残损等问题,应根据致损原因、责任对象的不同,分别出证。因多种原因造成综合损失的变质、短重或残损,可以汇总出证,但应具体列明不同的致损原因。

2. 更改、补充或重发证单
(1)检验检疫证单的更改或补充
检验检疫证单发出后,报检人提出更改或补充内容的,应填写更改申请单,经检务部门审核批准后,予以办理。更改、补充涉及检验检疫内容的,还需由施检部门核准。品名、数(重)量、包装、发货人、收货人等重要项目更改后与合同、信用证不符的,或者更改后与输入国法律、法规规定不符的,均不能更改。超过检验检疫证单有效期的,不予更改、补充或重发。
(2)重发证单
①更改证单的,应收回原证单(含副本)。确有特殊情况不能退回的,应要求申请人书面说明理由,经法定代表人签字、加盖公章,并在指定的报纸上声明作废,经检务部门负责人审批后,方可重新签发。
②对更改证单,能够退回原证单的,签发日期为原证签发日期;不能退回原证单的,更改后的证单(REVISION)在原证编号前加"R",并在证单上加注"本证书/单系×××日签发的×××号证书/单的更正,原发×××号证书/单作废",签发日期为更改证单的实际签发日期。
③签发重发证单(DUPLICATE),能够退回原证单的,签发日期为原证签发日期;不能退回原证单的,在原证编号前加"D",并在证单上加注"本证书/单系×××日签发的×××号证书/单的重本,原发×××号证书/单作废",签发日期为重发证单的实际签发日期。
④签发补充证单(SUPPLEMENT),在原编号前加"S",并在证单上加注"本证

书/单系×××日签发的×××号证书/单的补充",签发日期为补充证单的实际签发日期。

3. 出入境检验检疫证单和签证印章管理规定

出入境检验检疫证单和签证印章管理内容如下:

(1)检验检疫证单和签证印章的格式、规格、种类,以及证单用纸、签证印章材料,由国家出入境检验检疫局统一确定、统一印制、统一管理。检验检疫证单统一加印证单印刷号,实行数字区段管理。

(2)检验检疫证单和签证印章由各检验检疫局检务部门领取并统一管理,分别由专人保管。存放证单必须设立专用库房,存放签证印章必须设立保险柜。

(3)检务部门应建立证单及签证印章的登记、保管、领用、核销等制度。对施检部门因业务工作需要领取的检验检疫证单,实行批准登记及核销制度,登记内容包括申领证单种类、数量、用途及申领人姓名。经施检部门负责人核签,检务部门负责人批准后方可领取,并在规定期限内进行核销。检务部门日常工作中产生的作废证单应及时核销。

(4)启用新的证单及签证印章时,各直属检验检疫局要对相应废止的证单及签证印章进行清查,由检务部门统一集中处理。

(5)各检验检疫局要定期检查证单及签证印章的保管、使用情况。如发现丢失、毁坏等问题,应及时向领导报告,及时查处。对造成损失者要追究有关人员责任,情节严重构成犯罪的,移交司法机关处理。

4. 丢失检验检疫证单的声明作废

检验检疫证单作为贸易结汇、通关等的重要凭证,企业应妥善保管和使用,一旦丢失,应及时报告检验检疫机构,并在国家质总局指定的《国门时报》上声明作废。中国国门时报社凭声明单位的营业执照复印件和公函等有效文件受理刊登。各地检验检疫机构在受理重发证单的申请时,应审核其在《国门时报》上刊登的作废声明。

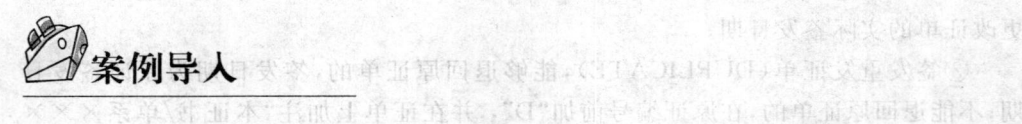

学习情境三　出入境检验检疫直通放行

案例导入

海南出入境检验检疫局近日公布:一汽海马汽车有限公司等 8 家出口企业,获准实行出口货物检验检疫区域直通放行。实施直通放行后,将口岸、内地两道关口合而为一,企业在口岸免去的吊箱、仓储等占用费,一个集装箱可省去约 500 元,每批货物通关时间也提前1~2天。

> 思考：申请实施直通放行企业的条件、直通放行的程序。

学习指南

一、直通放行企业的申请

直通放行是指检验检疫机构对符合规定条件的进出口货物实施便捷高效的检验检疫放行方式，分为进口直通放行和出口直通放行。从2008年7月18日起，进出口企业可向所在地出入境检验检疫机构提出直通放行申请，各直属出入境检验检疫局依据《进出口货物检验检疫直通放行管理规定》对符合直通放行条件的进出口货物实施出入境检验检疫直通放行。直通放行工作的实施以企业诚信管理和货物风险分析为基础，以信息化管理为手段，坚持"谁检验检疫，谁承担责任"的原则。

1. 申请实施直通放行企业的条件

申请实施直通放行的企业必须符合下列所有条件：

（1）严格遵守国家出入境检验检疫法律法规，2年内无行政处罚记录；

（2）检验检疫诚信管理（分类管理）中的A类企业（一类企业）；

（3）企业年进出口额在150万美元以上；

（4）企业已实施HACCP或ISO9000质量管理体系，并获得相关机构颁发的质量体系评审合格证书；

（5）出口企业同时应具备对产品质量安全进行有效控制的能力，产品质量稳定，检验检疫机构实施检验检疫的年批次检验检疫合格率不低于99%，1年内未发生由于产品质量原因引起的退货、理赔或其他事故。

2. 申请实施直通放行企业的程序

申请直通放行的企业应填写直通放行申请书（样例11-1），并提交符合申请实施直通放行企业的条件的相关证明性材料，向所在地检验检疫机构提出申请。检验检疫机构对企业提交的材料进行审核，核准后报国家质检总局备案，并统一公布。经过核准备案的直通放行企业进行报检时，可自愿选择检验检疫直通放行方式或原放行方式。

二、进口直通放行

进口直通放行是指对符合条件的进口货物，口岸检验检疫机构不实施检验检疫，货物直运至目的地,由目的地检验检疫机构实施检验检疫的放行方式。

样例 11-1

<u>直通放行申请书</u>

申请单位名称:_____
备案登记号码:_____
联 系 人:_____
联系电话:_____
申请日期:_____

1. 实施进口直通放行货物的条件

申请实施进口直通放行的货物应符合下列所有条件:

(1)未列入《不实施进口直通放行货物目录》;

(2)来自非疫区(含动植物疫区和传染病疫区);

(3)用原集装箱(含罐、货柜车,下同)直接运输至目的地;

(4)不属于国家质检总局规定须在口岸进行查验或处理的范围。

2. 进口直通放行业务程序

(1)在口岸报关直通放行的进口货物

报检人向口岸检验检疫机构申领入境货物通关单(四联单),货物通关后直运至目的地,由目的地检验检疫机构实施检验检疫。口岸检验检疫机构经总局电子通关单数据交换平台向海关发送通关单电子数据,同时通过"入境货物口岸内地联合执法系统"将通关单电子数据以及报检及放行等信息发送至目的地检验检疫机构。通关单备注栏应加注"直通放行货物"字样并注明集装箱号。

(2)在目的地报关直通放行的进口货物

报检人直接向目的地检验检疫机构报检,经其受理报检后,签发《入境货物通关单》(三联单),通关单备注栏应加注"直通放行货物"字样并注明集装箱号。目的地检验检疫机构通过总局电子通关单数据交换平台向海关发送通关单电子数据的同时,通过"入境货物口岸内地联合执法系统"将通关单电子数据、报检及放行等信息发送至入境口岸检验检疫机构。

(3) 进口直通放行的货物

报检人应向目的地检验检疫机构指定的地点接受检验检疫。口岸与目的地检验检疫机构应密切配合，采取有效监管措施，加强监管。对需要实施检疫且无原封识的进口货物，口岸检验检疫机构应对集装箱加施检验检疫封识(包括电子锁等)，利用GPS监控系统对进口直通放行货物运输过程进行监控。集装箱加施封识的，应将加施封识的信息通过"入境货物口岸内地联合执法系统"发送至目的地检验检疫机构。

进口直通放行的货物经目的地检验检疫机构实施检验检疫合格后，应向检验检疫机构申请启封检验检疫封识，未经检验检疫机构同意不得擅自开箱、卸货。货物经检验检疫不合格且无有效检疫处理或技术处理方法的，由目的地检验检疫机构监督实施销毁或作退货处理。目的地检验检疫机构在完成检验检疫后，通过"入境货物口岸内地联合执法系统"将检验检疫信息反馈至入境口岸检验检疫机构。进口直通放行货物的检验检疫费由实施检验检疫的目的地检验检疫机构收取。

三、出口直通放行

出口直通放行是指对符合条件的出口货物，经产地检验检疫机构检验检疫合格后，企业可凭产地检验检疫机构签发的通关单在报关地海关直接办理通关手续的放行方式。

1. 直通放行的范围

国家质检总局按照风险分析、科学管理的原则，制定《实施出口直通放行货物目录》，其有2 623个货物，并实行动态调整。见表11-2。

表11-2　　　　　　　　实施出口直通放行货物部分目录

商品编码	商品名称及备注	计量单位	海关监管条件	检验检疫类别
0407001010	种用濒危野禽蛋	个/千克	A/B	P/Q
0407001090	种用禽蛋	个/千克	A/B	P/Q
0502101000	猪鬃	千克	A/B	P/N.Q
0502102000	猪毛	千克	A/B	P/Q
0502103000	猪鬃或猪毛的废料	千克	A/B	P/Q
0502901100	山羊毛	千克	A/B	P/N.Q
0502901200	黄鼠狼尾毛	千克	A/B	P/N.Q
0502901910	濒危獾毛及其他制刷用濒危兽毛	千克	A/B	P/N.Q
0502901990	其他獾毛及其他制刷用兽毛	千克	A/B	P/N.Q

申请实施出口直通放行的货物应在《实施出口直通放行货物目录》内,但有除外情况。不能实施出口直通放行的情形是:①散装货物;②出口援外物资和市场采购货物;③在口岸需更换包装、分批出运或重新拼装的;④双边协定、进口国或地区要求等须在口岸出具检验检疫证书的;⑤国家质检总局规定的其他不适宜实施直通放行的情况。

2. 出口直通放行业务程序

(1)报检

企业选择出口直通放行方式的,办理报检手续时,应直接向产地检验检疫机构申请出境货物通关单,并在报检单上注明"直通放行"字样。

(2)施检

产地检验检疫机构检验检疫合格并对货物集装箱加施封识后,直接签发通关单,在通关单备注栏注明出境口岸、集装箱号、封识号,经总局电子通关单数据交换平台向海关发送通关单电子数据,并可通过GPS监控系统对直通放行出口货物运输过程进行监控。

(3)监控

口岸检验检疫机构通过"电子通关单联网监控系统"及时掌握经本口岸出境的出口直通放行货物信息,在不需要企业申报、不增加企业负担的情况下,对到达口岸的直通放行货物实施随机查验。查验内容主要是集装箱封识,封识完好即视为符合要求。对封识丢失、损坏、封识号有误或箱体破损等异常情况,要进一步核查,并将情况及时通过"电子通关单联网监控系统"反馈产地检验检疫机构。

对出口直通放行后的退运货物,口岸检验检疫机构应当及时将信息反馈产地检验检疫机构。实施出口直通放行的货物需更改通关单的,由产地检验检疫机构办理更改手续并出具新的通关单,同时收回原通关单。因特殊情况无法在产地领取更改后的通关单的,发货人或其代理人可向口岸检验检疫机构提出书面申请,口岸检验检疫机构根据产地检验检疫机构更改后的电子放行信息,通过"电子通关单联网监控系统"打印通关单,同时收回原通关单。

四、直通放行监督管理

国家质检总局负责全国进出口货物检验检疫直通放行工作的管理,各地检验检疫机构负责本辖区进出口货物检验检疫直通放行工作的实施,并对直通放行企业实施监督管理,对违规现象依据有关规定进行处罚。

1. 依法处罚

企业在直通放行过程中违反检验检疫法律法规的,检验检疫机构依据有关法律法规予以处罚。

2. 停止直通放行

检验检疫机构对有下列情况之一的,向该企业发出停止直通放行通知单(样例11-2),停止其进出口直通放行,并报国家质检总局备案。停止直通放行的企业1年内不得重新申请直通放行。

(1)企业资质发生变化,不再具备本规定第六条规定条件的;
(2)出口直通放行的货物因质量问题发生退货、理赔,造成恶劣影响的;
(3)直通放行后擅自损毁封识、调换货物、更改批次或改换包装的;
(4)非直通放行货物经口岸查验发现有货证不符的;
(5)企业有其他违法违规行为,受到违规处理或行政处罚的。

样例 11-2

```
                                        编号:
              停止直通放行通知单
            :
    你单位由于           违法违规行为,受到违规处理或行政处罚。根据检验检疫有
关法律、法规的规定,自    年    月    日起停止直通放行。
    特此告知。
                                        (印章)
                                         年  月  日
```

学习情境四　出入境检验检疫绿色通道

案例导入

企业获得绿色通道待遇后,出口货物经产地检验检疫合格后,电子转单到口岸局,口岸局通过检验检疫绿色通道免于查验,直接向报关地海关发送电子通关单,货物在口岸可实现"当天报检、当天放行",缩短了出境换证时间,节省了通关费用。按照一个标准货柜最低节约500元的口岸综合成本费(含滞留口岸仓储、掏箱、查验等费用)计算,根据口岸的查验比例,一年可为出口企业节约40余万元成本。

思考:申请实施直通放行企业的条件、直通放行的程序。

学习指南

一、申请实施绿色通道制度企业的条件

1. 检验检疫绿色通道制度的含义

检验检疫绿色通道制度简称绿色通道制度,是指对于诚信度高、产品质量保障体系健全、质量稳定、具有较大出口规模的生产、经营企业(含高新技术企业、加工贸易企业),经国家质检总局审查核准,对其符合条件的出口货物实行产地检验检疫合格、口岸检验检疫机构免于查验的放行管理模式。

绿色通道制度实行企业自愿申请原则。国家质检总局主管全国出口货物绿色通道制度的监督管理和实施绿色通道制度企业的核准工作,直属出入境检验检疫局负责所辖地区实施绿色通道制度企业的审查和监督管理工作,出入境检验检疫机构负责所辖地区实施绿色通道制度企业的申请受理、初审和日常管理工作。国家质检总局根据出口货物检验检疫的实际情况以及绿色通道制度的实施情况确定、调整实施绿色通道制度出口货物的范围。散装货物、品质波动大、易变质和需要在口岸换发检验检疫证书的货物,不实施绿色通道制度。

2. 申请实施绿色通道制度的条件

申请实施绿色通道制度的企业应当具备以下条件:

(1)具有良好信誉,诚信度高,年出口额500万美元以上;

(2)已实施ISO9000质量管理体系,获得相关机构颁发的生产企业质量体系评审合格证书;

(3)出口货物质量长期稳定,2年内未发生过进口国质量索赔和争议;

(4)1年内无违规报检行为,2年内未受过检验检疫机构行政处罚;

(5)根据国家质检总局有关规定实施生产企业分类管理的,应当属于一类或者二类企业;

(6)法律法规及双边协议规定必须使用原产地标记的,应当获得原产地标记注册;

(7)国家质检总局规定的其他条件。

二、申请实施绿色通道制度企业的程序

1. 提出申请

申请企业应到所在地检验检疫机构索取并填写《实施绿色通道制度申请书》(样例11-3),并提交申请企业的ISO9000质量管理体系认证证书(复印件)及其他有关文件。

样例 11-3　　　　　　　　实施绿色通道制度申请书

申请单位名称					
报检单位登记号		联系人		联系电话	
年出口量	批次				
	金额(万美元)				
出口主要产品					
ISO9000 质量管理体系审核证书号码					
本企业申请实施绿色通道制度并承诺如下内容: 　1. 遵守出入境检验检疫法律法规和《出入境检验检疫报检规定》; 　2. 采用电子方式进行申报; 　3. 出口货物货证相符、批次清楚、标记齐全,可以实施封识的必须封识完整; 　4. 产地检验检疫机构检验检疫合格的出口货物在运往口岸过程中,不发生换货、调包等不法行为; 　5. 自觉接受检验检疫机构的监督管理。					
申请单位 法人代表签章: 　　　　　　　　　　　　　　　　　　　　　　　　申请单位印章 　　　　　　　　　　　　　　　　　　　　　　　　年　　月　　日					
施检部门审核意见	年　　月　　日				
检部门审核意见	年　　月　　日				
直属检验检疫局 审核意见	年　　月　　日				
备注					

2. 审查核准

检验检疫机构对申请文件进行审查,对企业的质量保障体系情况、出口货物质量情况、有无违规报检行为或者其他违反检验检疫法律法规行为等情况进行核实和调查,并提出初审意见上报直属检验检疫局审查。

直属检验检疫局对初审意见及相关材料进行审查,并将审查合格的企业名单及相关材料报国家质检总局。

3. 核准公布

国家质检总局对符合绿色通道制度相关要求的企业予以核准,并将企业名单对外公布。至 2008 年 12 月,获准实施绿色通道制度的出口企业有 1 030 家。

三、实施绿色通道制度出口货物的放行程序

1. 受理报检

产地检验检疫机构对符合下列规定的,按照实施绿色通道制度受理报检:

(1)实施绿色通道制度的自营出口企业,报检单位、发货人、生产企业必须一致;

(2)实施绿色通道制度的经营性企业,报检单位、发货人必须一致,其经营的出口货物必须由获准实施绿色通道制度生产企业生产。

2. 报检系统的资格确认

对于获准实施绿色通道制度的出口企业,由所在地检验检疫机构在CIQ2000系统报检子系统对其绿色通道资格予以确认。

3. 审核管理

(1)检验检疫机构工作人员在受理实施绿色通道制度企业电子报检时,应当严格按照实施绿色通道制度的要求进行审核,对不符合有关要求的应当在给企业的报检回执中予以说明。

(2)在施检过程中发现有不符合实施绿色通道制度要求的,应当在"检验检疫工作流程"或者相关的检验检疫工作记录的检验检疫评定意见一栏加注"不符合实施绿色通道制度要求"字样。

(3)对实施绿色通道制度出口货物的报检单据和检验检疫单据加强审核,对符合条件的必须以电子转单方式向口岸检验检疫机构发送通关数据。在实施转单时,应当输入确定的报关口岸代码并出具《出境货物转单凭条》。

4. 审查放行

口岸检验检疫机构对于实施绿色通道制度企业的出口货物启动CIQ2000系统报检子系统绿色通道功能,严格审查电子转单数据中实施绿色通道制度的相关信息。审查无误的,直接签发出境货物通关单。

实施绿色通道制度的企业在口岸对有关申报内容进行更改的,口岸检验检疫机构不得按照绿色通道制度的规定予以放行。

四、实施绿色通道制度的监督管理

产地检验检疫机构对实施绿色通道制度的企业建立管理档案,定期对绿色通道制度实施情况进行统计,加强其监督管理。口岸检验检疫机构发现实施绿色通道制度企业不履行自律承诺的或者有其他违规行为的,应当及时报口岸所在地直属检验检疫局,口岸所在地直属检验检疫局核实无误的,通报产地直属检验检疫局,由其暂停该企业实施绿色通道制度,并向国家质检总局报送取消该企业实施绿色通道制度资格的意见。国家质检总局核实后,取消该企业实施绿色通道制度的资格。

思考与检测

一、单项选择题

1. 检验检疫机构对出入境货物的计费是以（　　）为一个计算单位。
   A. 一批　　　　B. 一件　　　　C. 一包　　　　D. 一箱

2. 检验检疫费不足最低收费标准的，按最低额收取，以下表示正确的是（　　）。
   A. 540.09 元　　B. 540.59 元　　C. 540.95 元　　D. 541.00 元

3. 根据《出入境检验检疫收费办法》的规定，同批货物检验检疫费超过 5 000 元的，超过部分按（　　）计收。
   A. 60%　　　　B. 70%　　　　C. 80%　　　　D. 90%

4. 检验检疫机构会同有关单位共同进行品质检验，按收费标准的（　　）收取检验费。
   A. 40%　　　　B. 50%　　　　C. 60%　　　　D. 70%

5. 出入境货物每批总值不足 2 000 元的，征收（　　）。
   A. 证书（单）工本费　　　　B. 品质检验费
   C. 数量或重量鉴定费　　　　D. 包装鉴定费

6. 符合绿色通道制度相关要求的企业名单，由（　　）对外公布。
   A. 直属检验检疫局　　　　B. 国家质检总局
   C. 口岸检验检疫局　　　　D. 产地检验检疫局

二、多项选择题

1. 《出入境检验检疫收费办法》适用的范围是（　　）。
   A. 各级检验检疫机构　　　　B. 检验检疫机构所属事业单位
   C. 出入境货物生产经营企业、收发货人　　D. 代理报检的单位、个人

2. 检验检疫机构对出入境货物的计费是以"一批"为一个计算单位，其应理解为（　　）。
   A. 同一个 H.S. 编码和报检时间　　B. 同一个运输工具
   C. 来自或运往同一地点　　　　D. 同一收货、发货人的货物

3. 检验检疫计算方式分为（　　）等类型。
   A. 检验检疫　　　　B. 数量、重量、包装、财产鉴定
   C. 安全监测　　　　D. 实验室检验

4. 申请实施绿色通道制度企业的条件是（　　）。
   A. 500 万美元以上年出口额　　B. 2 年内无进口国质量索赔和争议
   C. 1 年内无违规报检行为　　　　D. 2 年内无受过检验检疫机构行政处罚

5. 直通放行工作的实施以（　　）为基础。

A. 品质管理　　　B. 货物风险分析　　C. 企业诚信管理　　D. 口岸登记放行
　6. 不能实施出口直通放行的情形是（　　）。
　　A. 散装货物　　　　　　　　　　B. 出口援外物资和市场采购货物
　　C. 在口岸需更换包装的货物　　　D. 在口岸需重新拼装的货物

三、判断题

1. 单一集装箱多种品名货物拼装，即使满足"一批"条件的，也不可按一批计。（　　）
2. 列车多车厢运输，满足"一批"条件的，按一批计。（　　）
3. 同批货物涉及多项检验检疫业务的，不得累计收费。（　　）
4. 进料或来料加工出境货物品质的检验，应按收费标准的100%计收。（　　）
5. 财产鉴定费不属于货物检验检疫费的组成部分。（　　）
6. 直通放行执行"谁检验检疫，谁承担责任"的原则。（　　）

四、流程示意题

根据实施绿色通道制度出口货物的放行程序填写下表：

步　骤	工作内容	有关单证
1		
2		
3		
4		

学习活动测评表

测评范围	评判标准	总分	自我评价
单项选择题	错1个扣3分	18	
多项选择题	错1个扣4分	24	
判断题	错1个扣3分	18	
流程示意题	错1个扣5分	40	
合　计		100	